U0959857

权威·前沿·原创

皮书系列为

“十二五”“十三五”国家重点图书出版规划项目

BLUE BOOK

智库成果出版与传播平台

社会心态蓝皮书

BLUE BOOK OF
SOCIAL MENTALITY

中国社会心态研究报告（2020）

ANNUAL REPORT ON SOCIAL MENTALITY
OF CHINA (2020)

主　编／王俊秀
副主编／陈满琪

社会科学文献出版社
SOCIAL SCIENCES ACADEMIC PRESS (CHINA)

图书在版编目(CIP)数据

中国社会心态研究报告.2020 / 王俊秀主编. --北京：社会科学文献出版社，2021.3
（社会心态蓝皮书）
ISBN 978-7-5201-7806-8

Ⅰ.①中… Ⅱ.①王… Ⅲ.①社会心理-研究报告-中国-2020 Ⅳ.①C912.6

中国版本图书馆CIP数据核字（2021）第004991号

社会心态蓝皮书
中国社会心态研究报告（2020）

主　　编 / 王俊秀
副 主 编 / 陈满琪

出 版 人 / 王利民
责任编辑 / 吴　丹　张　媛

出　　版 / 社会科学文献出版社 · 皮书出版分社（010）59367127
地址：北京市北三环中路甲29号院华龙大厦　邮编：100029
网址：www.ssap.com.cn
发　　行 / 市场营销中心（010）59367081　59367083
印　　装 / 天津千鹤文化传播有限公司

规　　格 / 开　本：787mm × 1092mm　1/16
印　张：15　字　数：221千字
版　　次 / 2021年3月第1版　2021年3月第1次印刷
书　　号 / ISBN 978-7-5201-7806-8
定　　价 / 168.00元

国家社会科学基金重大项目“社会心理建设：社会治理的心理学路径”（项目批准号16ZDA231）资助成果

社会心态蓝皮书编委会

本书作者

（按文序排列）

王俊秀　周迎楠　刘晓柳　苗瑞凯　谭旭运
吕　邈　豆雪姣　赵桑榆　张　舒　陈满琪
应小萍　赵德雷　赵　岩　侯博文　高明华
高文珺

主要编纂者简介

王俊秀　中国社会科学院研究生院发展社会学博士，中国社会科学院社会学研究所社会心理学研究室主任，社会心理学研究中心主任，研究员，博士生导师。国家社会科学基金重大项目“社会心理建设：社会治理的心理学路径”（项目批准号16ZDA231）首席专家。中国社会科学院国家治理智库研究员，中国社会科学院新媒体研究中心特聘研究员。中国社会心理学会副会长，环境心理学专业委员会、应用心理学专业委员会副主任，大数据网络心理学专业委员会主任。中国社会学会犯罪社会学专业委员会副会长。北京市社会心理学会副理事长。2008～2009年美国加州大学洛杉矶分校社会学系访问学者。主要研究领域：①社会心态，在《社会学研究》《社会》《社会学评论》《新华文摘》《中国社会科学文摘》《江苏社会科学》《社会科学战线》《光明日报》等学术报刊发表《社会心态：转型社会的社会心理研究》《社会心态的结构和指标体系》《作为社会心态能量的社会情绪》等20多篇社会心态的论文和研究报告，出版了专著《社会心态理论：一种宏观社会心理学范式》（2014）、合著《当代中国社会心态研究》（2013）；②监控社会，出版了专著《监控社会与个人隐私》（2007）；③风险社会，主要关注风险的社会认知，个人与社会视角下的风险防范，完成了中国社会科学院国情调研重点课题“风险认知与风险行为策略——民众风险心态测量与调查”，主持2010年度国家社科基金项目“个人与社会关系视角下的公共风险规避与应对”；④汽车社会，主编了汽车社会蓝皮书《中国汽车社会发展报告（2011）》《中国汽车社会发展报告（2012～2013）》。

陈满琪　首都师范大学心理学系博士，中国社会科学院社会学研究所社会心理学研究中心副主任，副研究员，硕士生导师。中国社会心理学会理事。2017 年斯坦福大学社会学系访问学者。主持完成中国社会科学院国情调研课题 1 项。曾参与中国社会科学院重大课题、中国与挪威合作课题等多个项目，在《亚洲社会心理学》《心理科学》等国内外核心期刊上发表论文 20 多篇。主要研究领域：①社会心态，包含了情感分层和道德情绪，代表作为《情感分层的初步探讨》；②情绪心理学，包含群体情绪、社会情绪和情绪对决策的影响，代表作为 *Priming Modernity and Work Experiences Strengthens the Association between Fairness/Harm Concerns and Anger*、《群体情绪及其测量》。

摘　要

本书是中国社会科学院社会学研究所社会心理学研究中心“社会心态蓝皮书课题组”年度研究成果《中国社会心态研究报告》的第九本。本书主题是新冠肺炎疫情初期的社会心态，撰写者主要来自中国社会科学院社会学研究所社会心理学研究中心，全书从风险感知与未来预期、社会情绪和社会心态、抗疫信心与社会态度三个方面力图还原从国内疫情初期到疫情防控常态期民众社会心态的特点、变化历程，展望了疫情对未来社会心态的影响。

本书发现，民众的风险感知程度在疫情不同阶段存在差异，不同群体的风险感知程度也有差异且受信息公开程度的影响，民众对未来一年生活的预期明显下降。疫情中民众的社会情绪以担忧和乐观为主，积极情绪随疫情的进展呈现上升趋势，消极情绪随疫情进展呈下降趋势，社会心态随疫情得到控制日渐积极。民众对政府的满意度、信任度维持在较高水平，提高民众对官方媒体和官方信息的信任，疫情信息发布及时、公开透明，提升了民众抗疫信心。疫情对未来社会心态的影响应着重注意避免不良社会情绪增加、人际不信任加深、社会共识难以形成和一些不良的个体价值观盛行的风险，为此，应从个体心理健康到社会心态培育入手，理顺社会心理服务体系建设的机制，建构常态下的社会心理建设体系，消除疫情影响的同时着眼于未来社会治理和应急管理。

关键词： 社会心态　社会心理建设　新冠肺炎疫情

目 录

Ⅰ 总报告

Ⅱ 风险感知与未来预期

Ⅲ 社会情绪与社会心态

Ⅳ 抗疫信心与社会态度

皮书数据库阅读使用指南

总 报 告

General Report

B.1

新冠肺炎疫情下的社会心态及其影响（2020）

王俊秀*

摘　要： 本报告是对新冠肺炎疫情不同阶段社会心态调查数据的分析。疫情初期，社会心态表现为民众广泛关注，但对疫情重视程度不足；疫情较大规模暴发后，全国防控措施全面升级，民众对疫情的重视程度进一步提高，对政府部门工作的满意度明显提高，战胜疫情的信心有较大提升；疫情得到缓解后，民众生活满意度、社会公平感、社会信任等社会心态指标总体较好，但普遍面临较大的经济压力、就业压力和工作业绩压力；国内疫情得到基本控制后，面对疫情的全球蔓延，国

* 王俊秀，研究员，博士生导师，中国社会科学院社会学研究所社会心理学研究室主任、社会心理学研究中心主任，中国社会科学院社会心理与行为实验室研究员，研究方向为社会心态、风险社会等。

内外对比效应使得民众对我国疫情防控工作评价有所提升；疫情防控常态化后，民众更赞成采取严控模式，多数民众认为我国疫情防控做得最好。

关键词： 社会心态　新冠肺炎疫情　疫情防控　政府满意度

2020年初开始的新冠肺炎疫情给中国社会带来了巨大滞阻和危害，8万多人确诊，死亡人数近5000人，全社会经历了太多的哀伤、痛苦、焦虑、担忧、恐惧、恐慌，疫情使得中国的经济社会活动停摆，四个多月过去了，人们的生活还未恢复正常。当中国疫情得到基本控制的时候，疫情开始在全球流行，到5月初中国以外的确诊病例超过了400万，死亡人数超过了30万，[①] 疫情全球蔓延的态势还没有扭转的迹象，被称为"第二次世界大战"以后最大公共事件的这场疫情不知会对世界造成怎样的破坏。这场疫情是对中国社会的大考，也是对全球化和全球治理的考验，疫情常态化下的中国社会将如何发展，社会心态会有怎样的改变？在疫情初期，中国社会科学院社会学研究所社会心理学研究中心进行了疫情下社会心态的调查，了解和记录了民众在这段艰难时期的心态历程，我们也对疫情对中国民众社会心态的近期和长期影响进行了研究，希望通过我们的研究、观察和思考对疫情常态化下社会心态的走势进行预测，并对未来社会心态与社会治理提出政策建议。

一　疫情不同阶段的社会心态特点

本次疫情下社会心态调查采用在线问卷调查形式，通过在线调查平台问卷宝持续进行，调查对象为18～70岁中国居民，调查时间为2020年1月24日至3月30日，根据疫情进展，对调查题目进行部分调整，主要是根据需

① 截至2020年5月15日。

要增加调查题目，前后调查的样本量近50000份。以下内容是根据不同阶段数据分析的结果。

从百度指数新闻头条的搜索指数看，新冠肺炎疫情受到关注是始于2020年1月20日，此时的日搜索量从前一天的5000多跃升到5万多，整个疫情期间关注度最高的时段是从武汉“封城”的1月23日开始的，一直到2月14日百度搜索量都在10万以上，1月31日达到了90多万的最高搜索量，之后在3月30日和31日境外病例输入再次引起大家关注，出现了10万以上的搜索量，2月14日以后在7万左右波动，3月更低一些，4月逐渐下降到3万左右，这一数据间接反映疫情社会心态的波动（见图1）。

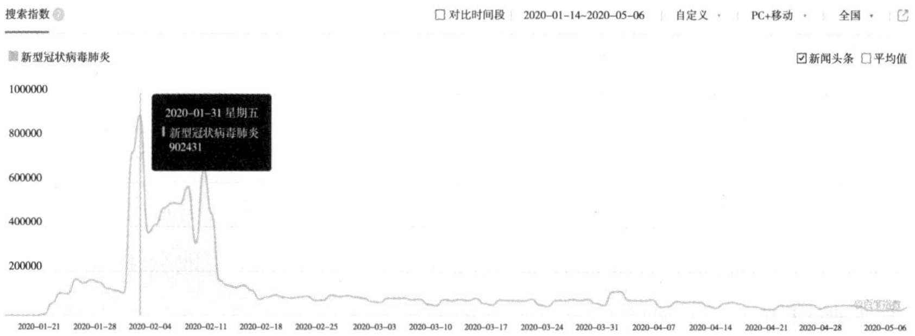

图1　疫情期间百度指数新闻头条搜索量波动

数据来源：百度指数。

（一）疫情初期

1. 疫情初期的三个阶段

新型冠状病毒肺炎疫情从出现到2020年1月25日，可以根据疫情初期社会心态的特点分为三个阶段：第一个阶段是信息缺失阶段。社交媒体开始传播一些零星消息，到2019年12月31日武汉市卫健委发布27人感染不明原因肺炎的通报，官方发布了“可防、可控”言论，影响了人们对疫情严重性的判断，武汉以外的民众很少关注到这一疫情的出现。直到2020年1

月20日左右深圳市、北京市相继出现感染病例，钟南山院士接受央视采访肯定新型冠状病毒肺炎存在人传人现象，社会哗然，人们才真正开始重视疫情。一些地方开始抢购口罩，进入第二个阶段——社会关注阶段。由于春节的临近，全社会的日常活动并未受疫情太大影响，依旧按照春节前惯有的节奏进行，全国的节日喜庆与武汉疫区信息交织，到1月23日凌晨武汉“封城”，使得人们意识到疫情的严重，直到除夕夜，武汉市疫情处于失控状态的消息在网络传播，进入第三个阶段——惊慌阶段。这个阶段社会情绪表现激烈，对相关部门的防控不力表现出强烈的不满、愤怒。

2. 广泛关注疫情，但重视程度不足

疫情初期的调查显示，99.2%的受访者对新型冠状病毒肺炎疫情表示关注，其中非常关注的占79.1%，40.8%的受访者表示每天花一两个小时关注疫情相关信息，45.6%的受访者每天超过3个小时。调查显示，多数人开始重视这一重大疫情是从2020年1月20日开始的。

民众对疫情重视不足直接反映在他们对新型冠状病毒肺炎防控的忽视，只有67.6%的受访者认为周围人比较重视疫情，也就是有超过三成受访者感觉周围人对疫情并不重视，有40.2%的人表示其所在地公共场所很少或没有人戴口罩。

3. 社会情绪表现为普遍的担忧，较高比例的恐惧、愤怒、悲伤和恐慌

受访者对于新型冠状病毒肺炎疫情的情绪中，担忧情绪最为普遍，占79.3%，接着是恐惧（40.1%）、愤怒（39.6%）和悲伤（38.6%），也存在一定比例的恐慌情绪（33.4%），相对来说积极情绪比例较低，如乐观（21.6%）和平静（14.2%）。

4. 社交媒体成为疫情信息主要传播渠道，官方媒体信任度高于民间渠道

社交媒体微信（82.4%）和微博（75.8%）成为受访者了解新型冠状病毒肺炎疫情最主要的渠道，其次是传统的电视渠道（42.9%），然后是网站和新闻客户端（40.8%），周围人口口相传的形式也有部分人使用（29.0%），报纸（7.85%）和本地论坛（7.72%）使用的人很少。其中，微信是唯一所有年龄群体都使用的主要信息渠道。

虽然民众的信息来源渠道以互联网为主，但是人们更信任官方权威媒体，民众认为最可靠的是中央媒体（如央视、人民网）发布的信息（89.5%），接下来依次是公益组织（77.4%）、地方新闻媒体（75.6%）和商业网站（如新浪网、凤凰网）（71.8%）发布的信息。

（二）疫情暴发期

1月26日，确诊病例数开始快速上升，1月27日开始全国确诊病例超过千人，一直持续到2月18日，这段时间是疫情暴发期。

1. 对疫情的重视程度进一步提高，防控行为基本到位

防控措施全面升级后，民众对疫情的重视程度进一步提高，这一时期的调查数据显示，99.7%的受访者表示持续关注新型冠状病毒肺炎疫情，认为周围人比较重视疫情的比例由67.6%增加到89.1%。公共场所戴口罩的比例达到85.4%，外出回家后洗手、外出回家后换衣服、不去人流较多场所、减少外出次数等个人防护措施的比例都大幅增加到96%以上。

2. 疫情的关注点转向医学专业机构、医学科研进展

除了继续关注个人和家人安全和疫情进展信息外，民众关注点有所转移，最关注的信息从政府部门应对防控措施，转向医学专业机构、医学科研进展。调查显示，受访者最希望了解的信息中，专业机构、科研部门疫情防治研究进展的比例增加了5.1个百分点，“政府部门、有关机构采取的应对、防控、治理等措施”的比例从47.8%下降到44.2%，对疫情感染扩散信息的关注从52.3%下降到49.5%。

3. 信息公开和透明的要求基本得到满足，对主流媒体的信任度提高

随着主流媒体关于疫情报道的增加，网络平台和传统媒体都开通了各种形式的信息获取通道，降低了民众获取疫情信息的难度，特别是来自疫区一线政府官员和医学专家定期召开新闻发布会、电视直播、网络直播等信息发布形式的广泛采用，民众认为政府的信息公开与透明程度有所上升。受访者认为信息公开及时的比例由48.6%上升至64.1%，认为疫情信息透明的比例从50.1%增加到66.6%。民众对政府发布信息的信任程度也有明显提升，

受访者对政府部门发布的疫情整体判断信任程度从76%上升至85.6%，对地方新闻媒体信息的信任程度从75.6%增加至84.2%，对中央媒体信息的信任程度从89.5%增加至93.3%。受访者对新闻媒体的满意度有所上升，满意的比例从72%增加到了75.6%。受访者最信任的信息来源是医学专家、中央媒体、政府部门，信任程度均超过85%。

4. 对政府部门工作的满意度明显提高

民众充分肯定了地方政府部门在此轮疫情控制中的表现，对政府防控举措的肯定使民众对政府的满意度提升至七成左右。受访者对所在区（县）政府部门的满意度从60.6%上升到75.5%，对卫健委的满意度从63.6%上升到67%，对疾控专家、医疗机构、医护人员的满意度一直保持在90%以上。认为地方政府应对此次疫情的表现较SARS有提升和进步的民众比例从58.3%上升到70.7%。

5. 对政府部门、医学科研人员、医疗机构等战胜疫情的信心有较大提升

社会各界全力投入疫情防控的态势使民众对政府部门的信心提升，选择“非常有信心”和“比较有信心”的比例从70.5%增加到84.1%，其中非常有信心的比例从16.9%增加到24.9%，上涨了8个百分点。对医护人员的信心从93.8%上升到96.4%；对科研人员的信心，从94.3%上升到96.9%；对广大民众的信心也从56.1%上升到71.5%。

（三）疫情缓解期

2月19日到2月底为疫情缓解期，这个时期每日新增确诊病例在300~900人波动变化，且新增确诊病例主要来自武汉，全国大部分地区疫情得到控制（见图2）。

1. 防疫物资需求依然强烈，心理咨询需求缺口较大，生活物资需求基本满足

调查显示，受访者购买口罩的需求完全没有满足和不太满足的比例依然最大（湖北省内59.6%，省外52.3%；下同），其后依次是购买医用酒精（55.3% vs 40.9%）和购买消毒液（50.8% vs 40.2%）的需求。在日常生活保障物资方面，湖北省内民众购买日常必备药品（37.3% vs 18.2%）、医

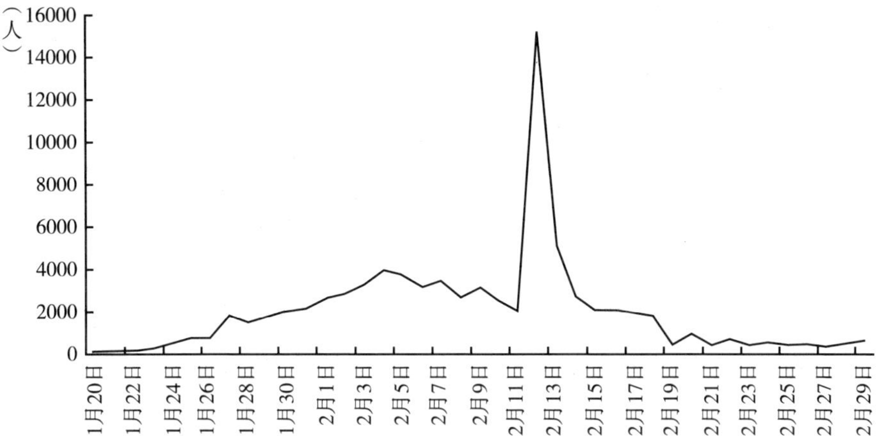

图2　全国每日新增确诊病例

数据来源：根据国家卫健委公布的每日新增确诊病例数据整理。

疗咨询（36.0% vs 19.5%）、购买蔬菜等食品（33.1% vs 14.5%）完全没有满足和不太满足的比例明显高于省外民众。值得注意的是，对心理咨询的需要，有38.9%的湖北省内受访者选择完全没有满足和不太满足；省外受访者也有22.9%的人选择完全没有满足或不太满足。

2. 受访者认为对疫情一线医护人员的关爱、信息公开透明程度、对社会心态和公众情绪的引导及应对和防控措施等方面仍有较大不足

受访者认为疫情防控工作中不足之处主要集中在对疫情一线医护人员的关爱（47.7%），信息公开透明程度（42.4%），对社会心态、公众情绪的引导（42.0%），以及政府部门的应对和防控措施（35.5%）等四个方面。湖北省内受访者认为政府部门的应对和防控措施方面的不足（46.3% vs 37.1%）明显高于省外地区，认为对来自武汉人员登记的个人隐私信息保护不够的比例（24.4% vs 25.3%）略低于湖北省外受访者。

3. 民众生活满意度、社会公平感、社会信任等社会心态指标总体较好，但普遍面临较大的经济压力、就业压力和工作业绩压力

调查发现，湖北省外受访者选择生活比较满意和非常满意的比例是83.8%，认为社会公平程度比较公平和非常公平的比例是71%，选择比较

赞同和非常赞同社会上大多数人都可以信任的比例为62.5%，而湖北省内受访者做出相应选择的比例则明显低于省外受访者，分别是69.5%、45.7%、51.4%。与此相对，湖北省内受访者在经济压力（60.8% vs 44.6%）、就业压力（53.0% vs 40.4%）、工作业绩压力（56.6% vs 43.6%）等生活压力方面明显高于省外受访者，未来一年收入略有下降和下降较多的比例（52.7% vs 42.5%）更大。

4. 九成以上的受访者对医护人员和志愿者组织工作感到满意和非常满意

调查显示，不论湖北省内省外，九成以上的受访者对防疫一线的医护人员（93.6% vs 95.3%）和志愿者组织（93.2% vs 93.7%）当前的工作感到满意和非常满意，对大型互联网平台和医疗机构工作满意和非常满意的比例也在八成以上。受访者对社区组织、公益组织、慈善组织、疾控专家、新闻媒体的满意比例也比较高，但湖北省内的受访者比例均显著低于省外地区，湖北地区受访者对武汉市政府部门和卫健委的当前工作满意比例均没有超过50%。

5. 大多数受访者认为未来生活会做出一些改变

在调查涉及的各方面，受访者认为未来生活中可能或一定会做出改变的比例均在90%以上，但认为各类行为“一定会改变”的比例存在差别，具体来看，九成受访者表示一定会尊重医护人员，80%的受访者表示一定会不歧视弱势群体、自觉维护公共场所卫生、拒绝吃野味、勤消毒勤洗手，且湖北省内外民众态度无差别。

（四）境外病例输入期

2月底3月初，国内疫情得到基本控制后，境外病例增加，2月28日开始，中国以外新增新冠肺炎病例超过千人，并逐渐增多，境外输入病例开始增加，给刚刚平复的疫情带来新的不确定性。这个阶段是从2月底到4月中旬，这个时期社会心态出现了新的变化。

1. 国内外疫情的对比效应使得国内社会心态指标更积极

进入3月，国内疫情得到基本控制，但欧美国家疫情暴发，形势比国内疫情最严重的时候还要严峻，对比之下，国内从疫情风险最高的地区变成了风险较低地区。受对比效应的影响，国内居民的社会情绪指标表现更为积极。持乐观情绪受访者的比例从47.8%提升到52.7%，有担忧情绪的受访者比例从49.8%降至45.8%，有悲伤情绪的受访者比例从25.8%降至22.0%，有愤怒情绪的受访者比例从22.9%降至19.4%。除社会情绪外，在社会心态的其他指标上，如生活满意度、社会公平感和社会信任感等也在疫情全球绵延后出现不同程度的提升，对生活满意的比例从84.7%提升至87.7%，认为社会公平的比例从62.4%提升至71.2%，认为社会上多数人可以信任的比例从54.8%提升至61.1%。

2. 较低社会阶层民众社会心态的不利影响

疫情对国内民众生活的影响非常严重，短期内不会有大的改变，受影响最大的是社会地位相对较低的民众。调查中自我归类为下层社会阶层的受访者基本上是受教育程度在高中及以下、月收入在3000元以下、从事非固定工作或失业、身体健康状况中等偏下的人。下层认同的受访者担忧情绪的缓解程度较大，与疫情缓解时期的调查数据相比，担忧人数的比例从59.5%下降到46.7%，远高于其他阶层，乐观情绪的比例从52.1%下降到48.7%，受访者生活满意的比例从77.7%降至76.2%。

3. 民众对国内疫情风险判断变得谨慎乐观，对疫情未来发展态势的担忧增加

虽然全球疫情形势日益严峻，但我国疫情形势日趋稳定，对输入型疫情防控措施得力，这使得人们对于感染新冠肺炎风险的判断更为积极。与2月份的调查数据相比，认为自己在疫情期间安全的比例从87.9%提升至90.9%，认为新冠肺炎治愈率高的比例从86.8%提升至88.4%，认为新冠肺炎比SARS更严重的比例从67.5%降至65.4%。虽然人们对于疫情在国内进一步蔓延的风险判断降低，但疫情全球蔓延日趋严重的形势增加了人们对于疫情未来发展的担忧，认为疫情未来一个月会有所缓解的比例从92.1%降至89.7%。

4. 国内外对比效应使得中国疫情防控工作评价提升

疫情初期正值中国传统节日春节，受访者对政府部门和专业机构在疫情防控、医疗物资供应、医护人员防护、疫情信息公开和疫区民众生活保障等方面存在的问题意见突出、满意度不高，随着疫情防控的开展，受访者对疫情信息公开等方面的满意度出现了明显的上升，但对政府疫情工作的满意度评价依然不太高。随着疫情在全球急速蔓延，各国在疫情防控中采取了不同的防控策略，疫情在意大利、西班牙和美国等发达国家并没有得到很好的控制，这些国家的医疗物资供应、医护人员的保护、政府对民众疫情防控措施的引导等方面都出现了问题，特别是意大利、美国的疫情以惊人的速度蔓延，确诊感染病例上升的幅度和总量都远超过武汉最严重的时候。与国际疫情防控行动和效果的对比效应使得人们对我国政府疫情防控工作的评价有较大提升。对于武汉市政府防控工作满意的比例从 50.7% 提升至 63.2%，对国家卫健委满意的比例从 64.2% 提升至 76.2%，认为武汉“封城”及时的比例从 51% 提升至 65.5%，认为信息公开及时的比例从 81.8% 提升至 85.0%，对政府部门抗击疫情有信心的比例从 83.4% 提升至 85.0%。

5. 就业和生活压力增大，下层认同群体压力感尤为明显

3 月以来，随着国外疫情的暴发，一些开工企业遇到了取消订单和订单不足等问题，这为未来就业带来更大的风险和不确定性。2 个多月的疫情已经严重影响到一些无固定收入群体，越来越多的人会感受到生活压力的增加。从国内疫情发展后期到全球疫情暴发期，感到自己 2020 年有就业压力的比例平均从 40.8% 增加到 43.8%，而下层认同的受访者压力感最强，增幅最大，从 48.8% 增加到 57.7%。感到有工作业绩压力的比例从 45.1% 增加到 48.3%，下层认同受访者从 50.4% 增加到 59.0%。认为自己未来一年内收入会下降的比例从 48.3% 增加到 52.1%，下层认同受访者认为自己收入会下降的人数最多，而中层认同的受访者增幅则更大，从 42.0% 增加到 49.5%。

（五）疫情防控常态期

3月底中央提出疫情防控的常态化，4月8日武汉“解封”，但此时境外输入病例还比较多，大约10天后，境外输入病例明显下降，多数时候日增都是个位数，4月30日北京解除一级响应，真正标志着疫情防控进入常态化阶段。境外输入与本土病例还时有发生，国际疫情依然严重，国内民众的生活、工作并未完全恢复，疫情难以速战速决，进入常态化状态，随着常态化的持续，社会心态必然会有新的变化。

1. 疫情带来经济困难和生活困扰，民众对未来一年生活的预期明显下降

疫情给许多民众当下的生活带来了困难，影响面较大。3月20～30日的调查显示，42.4%的受访者认为生意经营困难大，39%的受访者认为经济问题困难大，就业问题和交通问题分别为37%和35%。在疫情对2020年生活的不利影响的调查中，48.2%的受访者认为未来经济收入降低，39.8%的受访者认为个人发展困难，38.6%的受访者认为经营困难，36.7%的受访者认为就业困难。疫情虽然得到了有效控制，但疫情带来的次生灾难对社会的影响更大。

2. 更多民众赞成采取严控模式，民众倾向于极低的风险概率

新冠肺炎疫情全球大暴发后，各国在不同阶段采取了不同的疫情防控模式。我们把疫情防控的模式分为三种：第一种是采取对待流感的方式，不严格管控；第二种是适度宽松，不采取严格的隔离措施；第三种是严格管控、严防死守。调查结果显示，70.2%的民众选择严格管控，仅有24%的民众选择适度宽松，选择不严格管控的比例仅为5.8%，可见，多数人选择支持严格管控模式，中等收入受访者选择适度宽松模式的比例较高。

在解除疫情防控时机上总是存在一定风险的，解除越晚全社会的经济损失和生活困难越大，但及早全面恢复正常生活也就意味着要接受一定的风险。通过调查了解民众可以接受的出现新增新型冠状病毒肺炎病例的最大风险概率，结果显示，40.3%的受访者接受的概率为0，25.5%的受访者接受的概率为1%，21.8%的受访者接受的概率为10%，9.4%的受访者接受的

概率为 30%，仅有 3.3% 的受访者接受的概率为 50%。可见，民众表现出强烈的风险厌恶。民众可接受的风险概率的大小直接影响他们对防控模式的选择，承担风险越小越寻求严格管控模式，那些认为未来一个月疫情缓解的人更赞成严格管控模式。也就是说，民众更倾向于选择通过严格管控达到完全的风险回避。

3. 多数民众认为我国疫情防控比大多数国家都好

疫情全球大暴发后自然形成与我国疫情防控的对比，通过对比对我国之前的疫情防控工作产生了后期对前期的反向影响，在一定程度上提升了对我国疫情防控工作的评价。调查显示，64.9% 的民众认为我国在这次疫情的应对比所有国家都好，28.6% 的民众认为比大多数国家好，两项相加达到了 93.6%，表现出极高的满意度。

二　疫情对未来社会心态的影响

（一）疫情中的社会比较效应、家庭团聚、疫情控制等因素使得疫情期间社会心态多数指标得分提高

尽管疫情防控中暴露出许多社会心理问题，社会情绪受到不利影响，但是也要看到在抗击新冠肺炎疫情中社会整体表现出积极的心态和行动。中国社会科学院社会学研究所社会心理学研究中心（以下简称“中心”）在 2019 年 10 ~ 12 月进行了全国社会心态调查，这是中心年度常规调查，为了了解疫情对社会心态的影响，中心在疫情期间再次启动了这一调查，目的是对比疫情前与疫情中的社会心态差异。这次调查的样本量为 7759 人，疫情前样本为 2759 人，疫情后为 5000 人。

根据这一调查结果，疫情前后除了对陌生人的信任出现明显下降，美好生活体验中的个人物质维度出现下降外，社会心态的多数指标都出现了上升。产生这一变化的原因可能是多方面的，第一，疫情给很多人带来了苦难，一些家庭悲惨的经历在网上传播，人类自然的共情心会体验苦难，同时

也会更加珍惜当下。用社会比较理论来解释，与苦难者相比，多数人更容易感到自己的幸运，从而产生相对积极的感受。医护人员、政府部门、社会组织、志愿者、企业等的全力付出，也使得社会的评价提升，疫情的有效控制使得国家认同感提高。第二，疫情危机使得人们处于应急时期，人们对社会环境和现状的预期下降，所采用的评价标准降低，使得对社会现状的评价相对升高。第三，疫情给多数人带来生活不便，但在发达的物流和网络信息下，人们并未产生与世隔绝的感受，难得的春节长假期为家庭团聚、消遣提供了充足的时间，家人一起共度一个“长假期”，发达的网络活动补偿了人们的心理体验。第四，虽然调查中许多人对未来一年的经济和个人生活不乐观，但这是在疫情防控常态化时出现的，由于调查时期疫情刚得到好转，人们对近期形势是乐观的。社会心态指标是否会回落，以及过多久会回落有待继续研究。

（二）受疫情影响，一段时间应急反应性负向情绪上升

疫情社会心态调查显示，1 月 24 日至 25 日，负向社会情绪开始快速上升，这是由于疫情初期疫情相关信息缺乏，各种关于肺炎病患的消息在社交网络传播，官方媒体没有权威信息发布，不确定性使得民众的担忧、恐惧、悲伤情绪上升。虽然随着疫情防控升级，负向情绪出现一定程度下降，但负向情绪在较高的状态持续了 3 周左右，湖北省内居民的负向情绪持续时间更久，之后，随着疫情的控制负向情绪逐渐下降，但也高于正常程度。

疫情引发的反应性负向情绪不仅不利于健康，而且引发了一些不良的社会情绪，比如表现为对于来自疫区人员或其他地区人员、海外归国人员的怨恨，在网络上出现谩骂、攻击行为，甚至对与自己意见不一致的专家、政府官员和其他人员表现出敌意和攻击，采取极端化的社区封闭方式和敌对的对待“外人”的态度。

（三）疫情期网络传播渠道在某种程度上为谣言传播提供了温床

新冠肺炎疫情是一种新病毒引起的传染病，医学专家也在研究和临

床中逐渐增加对它的认识，但疫情防控的过程中却一直有不实信息在流传，如“钟南山院士建议盐水漱口防病毒”“大蒜水能治新冠肺炎”“桑拿、汗蒸能预防新冠病毒”等。还有一些谣言在社会流传，有研究者对276条官方公布的处罚谣言进行分析后发现，涉及感染的谣言占比62%，如散布感染患者从医院跑了；威胁恐吓类谣言占比10%，如谣言称“新型冠状病毒性肺炎看不好，有谁传染上就会一针打死”。与2003年短信传谣不同，随着智能手机的普及，微信成为主要的不实信息传播渠道，大量的虚假无效防控方式在传播，反映出权威信息传播不及时、传播方式不到位。

微信传播属于熟人型传播，彼此信任度较高，对传递信息真假的警惕性较弱。一些自媒体用耸人听闻的标题吸引流量，传播“阴谋论”的谣言。在信息社会的“信息过载”下，部分老年人、农村人口等文化程度低的群体缺乏媒体素养和科学素养，无法分辨信息的可靠性和真实性，存在信息鸿沟。建立有效的信息管理机制仍任重道远。

（四）人际关系疏离，人际不信任风险增加

针对传染病的疫情，防控的措施是各种形式的分隔，对个人采取自我隔离、医学观察、集中隔离、隔离治疗等形式，在空间上采取社区封闭、城市交通封闭、国门关闭等形式。这些疫情的防控形式一定程度上造成了人际的疏离，特别是对于陌生人，成为“危险的陌生人”。对比疫情前和疫情中的陌生人信任调查发现，疫情前的10～12月，陌生人信任得分为5点量表的4.07，疫情期间下降到3.79。

社会学家鲍曼（2003）认为，共识只是由思想见解不同的人们达成的一致，它是艰难谈判和妥协的产物，是经历多次争吵、许多次反对和偶尔的对抗后的结果。但不沟通、不妥协，甚至不惜置人于死地的冲突态势，难以达成社会共识。造成这一现象的原因是社会阶层基础上不同文化程度、不同年龄、不同人生经历进一步分化为不同的群体，交叉形成不同的圈层，这些不同的圈层在互联网、信息时代所接受的信息不同，关注的问题也不同。大

数据时代的信息推送使得这些圈层存在于各自的“信息茧房”，彼此隔绝，长此以往形成思想鸿沟，格格不入，无法沟通。

（五）疫情防控常态化下的全球性风险增加

当疫情防控常态化后，人们将不得不与新冠肺炎长期共存，应急的生活常态化与人的应激能力的有限性形成矛盾，疫情常态化和疫情次生灾害的扩大都为人们未来的生活增加了不确定性。

许多人认为这次疫情是“第二次世界大战”以来影响最大的事件，这是一次和平时期的“战争”，新冠肺炎疫情在短短几个月席卷全球，使得400多万人感染，30多万人死亡，[①] 出现了从未有过的世界性经济社会活动停摆。疫情之下世界经济前景黯淡，全球化受到威胁，共同体被破坏。在越来越个体化的后现代，要面对诸多人类未见的全球性风险，社会的脆弱性超出了人们的想象，社会、国家的力量难以做到让人们免于苦难，这种“末日感”“无常感”可能会使得本已严重的“活在当下”“为自己而活”个体价值观成为更多人的生活哲学，社会凝聚力将受到更大挑战。

三　社会心态引导与社会心理建设

新冠肺炎疫情防控常态化使得疫情带来的社会心理影响加深，这一特大公共卫生事件不同于以往发生的地震、泥石流等自然灾害，自然灾害对灾民的伤害是瞬间发生的，应急救援的时间较短，社会心理应激的时间相对短暂，创伤后应急心理障碍出现得也比较快。本次疫情与自然灾害不同的另一个方面，甚至与SARS疫情不同的是灾难受害者广泛，直接和间接影响全社会。这些都使得疫情对个体和社会心理的消极影响更大、更持久。随着新冠肺炎疫情的持续，疫情的压力和生活压力将持续，这无疑增加了社会负担和社会心理负担。因此，要关注疫情防控常态化下的社会心理建设，从个体心

---

① 截至2020年5月15日。

理健康到社会心态培育入手，理顺社会心理服务体系建设的机制，建构常态化下的社会心理建设体系，消除疫情影响的同时着眼于未来社会治理和应急管理。党的十九大报告提出要“加强社会心理服务体系建设，培育自尊自信、理性平和、积极向上的社会心态”，这是未来社会心理建设工作的指导思想。

（一）个体心理健康促进和心理疗愈

疫情发生后，全国各地的心理学工作者迅速行动，积极进行突发卫生事件的心理危机干预。他们通过网络为疫情防控期间不同人群提供心理支持、心理疏导、危机干预等服务。国家卫健委发布了一系列文件指导疫情紧急心理危机干预、心理援助活动。一些心理学专业工作者援助武汉疫区，开展对医护人员和患者的心理咨询和危机干预。疫情期间的心理服务基本上是针对个体的心理健康问题、家庭问题、子女教育问题、疫情期间个人生活等问题，起到了疫情期间民众心理支持的作用。

但是，这三个月来心理服务的对象中新冠肺炎患者、死难者家属、一线医护人员、一线疫情防控的干部和民警等风险暴露最严重者还比较少，但这个身心经历了激烈冲击和伤害的群体数量庞大，数以百万计。他们有的经历了严重的疾病和死神搏斗，有的经历了与家人的生离死别，甚至多位家人遇难，有的在疫情期间用坚强的意志完成了一线最危险的疫情防控任务。疫情得到控制后一些人可能会出现严重的心理健康问题，需要心理辅导和干预。卫生部门和高校应该组织医疗系统和高校心理学专业人员为他们提供主动的心理辅导。对于那些疫情期间因感染新冠肺炎或其他原因失去家人和亲人的市民，政府和各界应该组织专业的援助和心理干预。对于那些在疫情期间直接参与患者救治等风险暴露程度较高的人员，政府不仅要给予精神和物质奖励，更要给予心理危机干预的援助和治疗。对于疫情严重的社区，可以视严重程度进行心理治疗社区形式的心理干预。

（二）社会心理服务的制度建设和社会心态培育

这次疫情中心理咨询、心理治疗专业人员在疫情期间发挥了积极的作用，但是也要看到心理服务在国内还处于发展初期，如何面对全社会开展广泛的社会心理服务还需要不断探索。仅从个体层面做心理咨询、心理辅导是不够的，要重视中观和宏观层面的社会心理建设。党的十九届四中全会对于社会心理建设提出了新的表述，把社会心理服务体系建设作为“完善正确处理新形势下人民内部矛盾有效机制”，指出“……健全社会心理服务体系和危机干预机制”。在疫情防控常态化下，这一精神具有重大的意义。

首先，要从制度层面理顺社会心理服务体系建设的机制，目前社会心理服务体系建设由国家卫健委牵头，作为医疗专业部门，国家卫健委出台的社会心理服务体系建设的指导文件全部落在了心理健康上，而对于党的十九大要求的社会治理和社会心态培育则基本没有涉及，这是由卫健委自身业务属性决定的，应该从管理机制上理顺这一问题，确立由综合性社会治理部门负责的社会心理服务体系建设领导机制。

其次，利用社会心理学规律完善社会治理，要总结此次疫情的经验和教训，学术界和政府管理部门要根据疫情中暴露出的问题探索社会心理建设的有效途径，切实落实党的十九大提出的把社会心理服务体系建设作为社会治理重要手段的要求。重视社会心理学在社会治理中的运用，鼓励政府官员和机关干部学习一些社会治理相关的心理学知识，如管理心理学的风险决策和组织管理，传播心理学的网络信息传播机制、社区心理学的社区凝聚和社会互助、灾害心理学的危机管理和应急管理等，通过社会心理服务体系建设促进社会治理现代化。

再次，借鉴国外心理学在应急管理中的作用，提升国内应急管理水平。如美国应急管理部门借鉴了心理学家布朗芬布伦纳的生态系统理论，构建了一个自然灾害和灾难危机的生态系统模型，用来系统分析灾难中从个体家庭、地方媒体、口口相传、地方电话、警察、当地心理健康机构、教堂邻里、地方政府、国家媒体、国家专业组织、国际专业组织等在应急响应中的位置和作用，值得我国应急管理部门借鉴，用于在疫情过后重新研究和优化公共卫生事件的应急管理。

最后，要重视社会心态的引导，建立专门的社会心态智库和研究机构，特别是风险应急管理下的社会心态研究机构，持续动态监测社会心态的变化，持续研究疫情进展和新形势下的负向情绪变化、民众生活态度和社会价值观念的变化等，及时发现社会心态风险，为政府决策提供建设性建议。重视常态化下社会心态的引导，制定积极的舆论宣传策略，努力消除疫情带来的不良社会心理影响，创造积极向上的社会心态氛围。

参考文献

齐格蒙特·鲍曼：《共同体》，欧阳景根译，江苏人民出版社，2003。

风险感知与未来预期

Risk Perception and Future Expect

B.2

新冠肺炎疫情下不同风险感知人群的特点

周迎楠　刘晓柳*

摘　要： 新型冠状病毒肺炎（COVID－19）疫情是自 2003 年“非典”疫情以来的又一次重大公共卫生风险事件。面对疫情，可能有的人会高估其带来的风险，也有的人会低估其带来的风险。人们感知到的疫情风险不同，其情绪和行为反应也不尽相同。报告探究了新型冠状病毒肺炎疫情下影响人群不同风险感知的人口学因素，并进一步探究了风险过高估计组、过低估计组和正确估计组三组人群的情绪和行为特点。结果发现，男性倾向于低估风险，年龄较大的调查对象倾向于高估风险，受教育程度较低和月收入较高的调查对象则倾向于高估或低估风险；风险过高估计组和过低估计组的调查对象对于疫情的积极情绪感受

* 周迎楠，中国社会科学院大学博士研究生，研究方向为社会心理学；刘晓柳，中国社会科学院社会学研究所，博士，研究方向为社会心态、美好生活需要、心理健康。

更为强烈，同时，风险过低估计组的调查对象对于疫情的消极情绪感受相对较弱；与风险正确估计组相比，风险过高估计组和过低估计组的调查对象采取了更多不合理的疫情防范行为。

关键词： 新型冠状病毒肺炎　风险感知　情绪　防范行为

一　研究背景

在全球化、知识经济和科技革命浪潮的冲击下，社会正在发生重大变化，我们正在进入一个风险社会，风险更成为一个热点话题（刘金平、黄宏强、周广亚，2006）。公众的风险感知（Risk Perception）状况是社会状况的晴雨表，它可以相当确切地反映出整个社会发展、变化对人们心理状况造成的影响以及人们的反应（谢晓非、徐联仓，2002）。“风险感知”的研究可以提供一个认识和理解公众对于各种风险事件的反应基础，也可增进公众与技术专家、决策人员之间有关风险信息的沟通（谢晓非、徐联仓，1995）。未来的风险治理就是要提高全社会的风险感知能力，推动全社会来参与风险应对和管理（王俊秀，2015）。此次暴发的新冠肺炎疫情正是在风险社会背景下产生的重大公共卫生风险事件，关系到每个社会成员的身体和心理健康状况甚至生命安全。人们对此次疫情的风险感知影响着其面对疫情的心理和行为反应，对于国家针对此次疫情的风险治理也有重要意义。

风险感知是个体依赖直觉对外界各种客观风险因素的主观感受和认识（Slovic，1987）。这种主观感受和认识与真实的风险水平可能一致，也可能不一致。有的人倾向于过高估计风险，有的人则倾向于过低估计风险。因此，本研究首先分析了不同人口学变量对人们疫情风险感知的影响，旨在探究哪些人口学因素导致人们过低或过高估计疫情带来的风险。

面对疫情，一般人群的心理反应可能首先是害怕和恐慌，担心自己被传染、害怕家人被传染、担心疫情会持续；有一些人可能会出现焦虑、抑郁、沮丧、绝望、自责、愤怒等情绪反应（黄悦勤，2020）。伴随着这些情绪反应，人们也会产生一些疫情防范行为，如出门戴口罩、不去人流较多的场所、减少外出次数等。但可能也有人会盲目乐观，忽略防护，不服从防疫规定等。另外，可能也有一部分人会产生过度防护现象，采取一些不合理的防范行为，如盐水漱口、服用抗生素等。时勘等人（2003）研究发现 SARS 疫情信息通过风险感知对个体的应对行为、心理健康等预警指标产生影响。因此，本研究重点探究了不同风险感知人群（风险过高估计组、过低估计组和正确估计组）的情绪和行为特点，为应对疫情和合理防护提供参考。

二　研究方法

（一）调查对象与测量过程

本报告使用的数据来源于中国社会科学院社会学研究所社会心理学研究中心开展的疫情下社会心态调查。该调查由中国社会科学院社会学研究所社会心理学研究中心编制，于 2020 年 1 月 24 日至 2020 年 3 月 30 日，通过智媒云图（IntellVision）研发的问卷调研 App“问卷宝”，向在线样本库的全国用户（共约 120 万人，覆盖全国 346 个地级城市）推送问卷。目前问卷宝在问卷质量控制方面能够实现定制化调查和精准的问卷推送，依照调查目的向特定的用户群推送问卷，参与调查者需要经过系统认证，系统能够检测用户在问卷填写过程中的特征，对乱填乱写的用户进行剔除并列入黑名单，从而确保数据的可靠性。问卷收回后，课题组进一步依据陷阱题、答题完成情况、逻辑检验等对问卷进行筛选。疫情下社会心态调查覆盖全国 31 个省（区、市），年龄范围在 18 ~ 70 岁。

根据疫情进展与变化，课题组编制了三版疫情期间的社会心态调查问卷，每版调查问卷均在前一版基础上增加题项。本报告所采用的是第一版调查截至 2020 年 1 月 31 日的数据，共包括有效样本 14252 份，其中男性 5349 人（37.5%）、女性 8903 人（62.5%），平均年龄 28.02 ± 9.37 岁。受互联网用户年龄分布特点影响，样本库中青年人（18～45岁）比例相对更大，受教育程度也比全国人口普查情况更高。具体样本情况见表1。

表1　样本基本情况（N＝14252）

单位：人，%

变量	类别	样本量	百分比
性别	男	5349	37.5
	女	8903	62.5
年龄	20岁及以下	2157	15.1
	21～30岁	8394	58.9
	31～40岁	2023	14.2
	41～50岁	1169	8.2
	51～60岁	382	2.7
	61～70岁	127	0.9
受教育程度	小学毕业及以下	40	0.3
	初中毕业	203	1.4
	高中(技校、职高、中专)毕业	967	6.8
	大专(含在读)	1246	8.7
	大学本科(含在读)	7984	56.0
	研究生(含在读)及以上	3812	26.7
平均月收入	1000元以下	4679	32.8
	1001～3000元	2349	16.5
	3001～5000元	2208	15.5
	5001～7000元	1819	12.8
	7001～1万元	1402	9.8
	1万～1.5万元	971	6.8
	1.5万～3万元	587	4.1
	3万～5万元	119	0.8
	5万～10万元	43	0.3
	10万元以上	75	0.5

（二）测量工具

1. 疫情风险感知

在本调查问卷中，有一道问题询问调查对象“您现在所在的省（自治区/直辖市）有多少人确诊患了新型冠状病毒肺炎”，并给出相应数据范围选项：①0 人；②1 ~ 10 人；③11 ~ 20 人；④21 ~ 40 人；⑤41 ~ 60 人；⑥61 ~ 80 人；⑦81 ~ 100 人；⑧101 ~ 200 人；⑨201 ~ 300 人；⑩301 ~ 400 人；⑪401 人及以上；⑫不清楚。然后根据调查对象填答问卷的日期及回答的目前所在省（自治区/直辖市），对比当天所在省份实际确诊人数。若调查对象选择的范围选项包括当天实际确诊人数，则归为正确估计组；若调查对象选择的范围选项低于当天实际确诊人数，则归为过低估计组；若调查对象选择的范围选项高于当天实际确诊人数，则归为过高估计组。其中，风险过高估计组 1237 人（8.7%），正确估计组 8368 人（58.7%），过低估计组 4378 人（30.7%）。

2. 情绪反应

本研究中使用的情绪反应测量方法为自编量表，该量表通过 8 个条目，测量个体在面对新型冠状病毒肺炎疫情时的情绪感受，共包括积极情绪和消极情绪两部分，积极情绪包括乐观和平静 2 个条目，消极情绪包括担忧、无助、恐惧、悲伤、愤怒、恐慌 6 个条目。该量表采用李克特式 5 点计分，要求调查对象根据自己感受到的严重程度选择相应的数字选项（1 ~5），1 表示完全没有，5 表示非常强烈，即分数越高表示调查对象的情绪感受越强烈。计算积极情绪 2 个条目的平均分得到总体积极情绪反应的得分，计算消极情绪6 个条目的平均分得到总体消极情绪反应的得分。在本研究中，积极情绪2 个条目内部一致性信度为 0.70，消极情绪 6 个条目的内部一致性信度为 0.86。

3. 疫情防范行为

本研究中使用的疫情防范行为测量方法为自编量表，该量表通过 15 个条目，测量个体在面对新型冠状病毒肺炎疫情期间是否采取了相应措施，共包括合理防范行为和不合理防范行为两部分。合理防范行为指的是官方媒体和医疗专家提倡的减少新型冠状病毒传播的有效措施，不合理防范行为指的是官方媒体和医疗专家已经提示、辟谣在减少新型冠状病毒传播方面的无效措施。合理防范行为包括出门戴口罩、外出回家后洗手、外出回家后换衣服、不去人流较多的场所、减少外出次数、少乘坐公共交通、家中物品进行酒精消毒、取消聚餐计划、取消旅游计划、取消异地探亲计划、如果自感不适自我隔离11个条目，不合理防范行为包括每日在家用醋消毒空气、盐水漱口、服用抗生素、购买囤积食物和日常用品4个条目。该量表为是非选项，要求调查对象根据自己的实际情况选择是否采取了这些行为，其中取消聚餐计划、取消旅游计划、取消异地探亲计划、如果自感不适自我隔离4个条目增加了“不适用”选项。结果统计时，分别计算合理防范行为中所有选“是”的个数，以及不合理防范行为中所有选“是”的个数作为合理防范行为和不合理防范行为的总体得分。在本研究中，合理防范行为11个条目的内部一致性信度为0.72，不合理防范行为4个条目的内部一致性信度为0.76。

（三）数据处理

本研究采用SPSS 22.0统计分析软件对数据进行分析，主要分析方法包括描述统计、多项logistic回归分析、方差分析等。

三　研究结果

（一）新冠肺炎疫情下影响人们不同风险感知的人口学因素

为了探究人口学因素对人们疫情风险感知的影响，本研究以风险感知分组（过高估计组、正确估计组和过低估计组）为因变量，性别（1=男性，2=女性）、年龄、受教育程度（1=小学毕业及以下，2=初中毕业，3=高中毕业，4=大专，5=大学本科，6=研究生及以上）和平均月收入（1=1000元以下，2=1001~3000元，3=3001~5000元，4=5001~7000元，5=7001~1万元，6=1万~1.5万元，7=1.5万~3万元，8=3万~5万元，9=5万~10万元，10=10万元以上）为自变量进行多项logistic回归分析。其中，性别作为分类变量，年龄、受教育程度和平均月收入作为连续变量。

对模型进行似然比检验，模型中未引入自变量时，-2倍对数似然值为7460.73，引入自变量后减少至7048.40（$\chi^2=412.33$，df = 8，$p<0.001$），说明模型整体显著，表明模型拟合结果较好（冉云芳，2015）。最终模型的估计结果如表2所示。年龄、受教育程度和平均月收入对过高估计风险有显著影响，与正确估计组相比，年龄越大、受教育程度越低和平均月收入越高的调查对象越倾向于过高地估计疫情风险。性别、受教育程度和平均月收入对过低估计风险有显著影响，与正确估计组相比，男性、受教育程度越低和平均月收入越高的调查对象越倾向于过低地估计疫情风险。综合来看，男性倾向于过低估计风险，年龄较大的调查对象倾向于过高估计风险，受教育程度偏低、平均月收入偏高的调查对象都倾向于高估或低估风险。其中，受教育程度对低估风险的影响更大，而平均月收入对高估风险的影响更大。

表2　疫情风险感知的多项 logistic 回归分析

变量	风险过高估计组				风险过低估计组			
	B	SE	Wald	Exp(B)	B	SE	Wald	Exp(B)
性别(男性)	0.10	0.06	2.46	1.10	0.11	0.04	8.48**	1.12
年龄	0.01	0.00	4.00*	1.01	0.00	0.00	3.24	1.00
受教育程度	-0.24	0.04	44.94***	0.79	-0.34	0.02	245.69***	0.71
平均月收入	0.15	0.02	75.07***	1.16	0.07	0.01	35.52***	1.07

注：风险感知参照组别为正确估计组；性别参照组别为女性。*** 表示 $p<0.001$，** 表示 $p<0.01$，* 表示 $p<0.05$，下同。

（二）新冠肺炎疫情下不同风险感知人群的情绪特点

1. 调查对象总体的情绪特点

新冠肺炎疫情下调查对象各种情绪的描述统计结果见表3和图1。担忧是调查对象最强烈的情绪感受，接着依次是恐惧、悲伤和愤怒，然后是恐慌、无助和乐观，平静是调查对象感受最不强烈的情绪。总体来看，调查对象对于本次新冠肺炎疫情的消极情绪感受比积极情绪感受更为强烈。

表 3 调查对象各种情绪的描述统计结果

单位：分

变量	类别	均值(M)	标准差(SD)
积极情绪反应	乐观	2.82	1.18
	平静	2.53	1.13
	总均分	2.67	1.02
消极情绪反应	担忧	4.09	0.99
	无助	2.82	1.24
	恐惧	3.10	1.21
	悲伤	3.09	1.24
	愤怒	3.06	1.35
	恐慌	2.91	1.24
	总均分	3.18	0.94

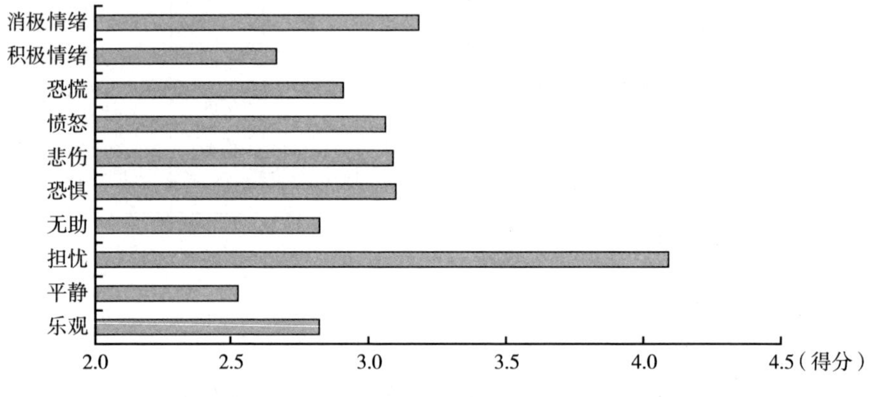

图 1 调查对象在疫情影响下的各种情绪反应

2. 不同风险感知人群的情绪特点

为了探究不同风险感知人群的情绪特点，本研究以积极情绪反应和消极情绪反应为因变量，以风险感知分组（过高估计组、正确估计组和过低估计组）为自变量进行单因素方差分析。分析结果见表 4。

表 4　不同风险感知人群的情绪特点

单位：人，分

变量	风险感知分组	样本量(N)	均值(M)	标准差(SD)	F
积极情绪反应	过高估计组	1237	2.74	1.08	25.02***
	正确估计组	8368	2.62	0.98	
	过低估计组	4378	2.75	1.05	
消极情绪反应	过高估计组	1237	3.20	0.95	7.87***
	正确估计组	8368	3.20	0.92	
	过低估计组	4378	3.13	0.96	

分析结果显示，不同风险感知人群的积极情绪反应存在显著差异。由于不满足方差齐性，故采用 Tamhane's T2 进行多重比较，结果发现，风险过高估计组和过低估计组的积极情绪反应均比正确估计组强烈（见图 2），而过高估计组和过低估计组之间在积极情绪反应方面没有显著差异。数据表明，风险过高估计组和过低估计组的调查对象对于疫情的积极情绪感受更为强烈。

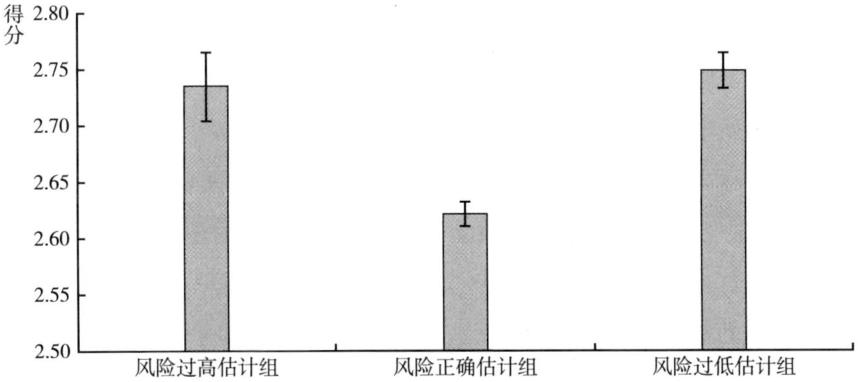

图 2　不同风险感知人群在积极情绪反应上的差异

不同风险感知人群的消极情绪反应也存在显著差异。由于不满足方差齐性，故采用 Tamhane's T2 进行多重比较，结果发现，风险正确估计组的消极情绪反应比过低估计组强烈（见图 3），而风险过高估计组和正确估计组之间在消极情绪反应方面没有显著差异。数据表明，风险过低估计组的调查对象对于疫情的消极情绪感受相对比较弱。

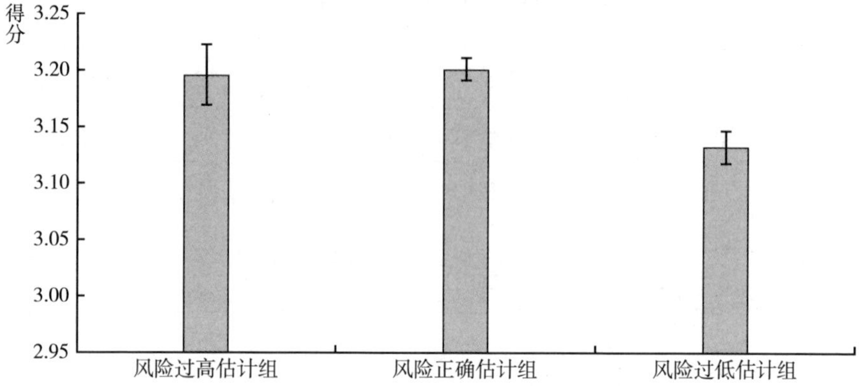

图 3　不同风险感知人群在消极情绪反应上的差异

（三）新冠肺炎疫情下不同风险感知人群的行为特点

1. 调查对象总体的行为特点

新冠肺炎疫情下调查对象在防范行为方面的总体特点见表 5 和图 4。调查对象采取了较多的合理防范行为，其中 90% 以上的调查对象都采取了出门戴口罩、外出回家后洗手、不去人流较多的场所、减少外出次数和少乘坐公共交通等行为，70% 以上的调查对象采取了取消聚餐计划、取消旅游计划和取消异地探亲计划等行为，另外有 60% 以上的调查对象采取了外出回家后换衣服以及如果自感不适自我隔离等行为，对家中物品进行酒精消毒的调查对象人数相对较少，占比 39. 2% 。平均来看，调查对象采取了 8. 87 种合理防范行为。同时也有部分调查对象采取了一些不合理防范行为。其中，“购买囤积食物和日常用品”的选择比例最高，为 43. 7% ；其次是“盐水漱口”和“每日在家用醋消毒空气”，选择比例分别为 26. 9% 和 23. 8% ；最后是“服用抗生素”，选择比例为 15. 3% 。平均来看，调查对象采取了 1. 10 种不合理防范行为。以上结果表明调查对象面对疫情采取了很多合理防范行为，同时也存在过度防护现象，采取了一些不合理防范行为。

表5　调查对象的疫情防范行为

单位：人，%

变量	类别	样本量	百分比
合理防范行为（M＝8.87，SD＝2.01）	出门戴口罩	13377	93.9
	外出回家后洗手	13515	94.8
	外出回家后换衣服	9316	65.4
	不去人流较多的场所	13796	96.8
	减少外出次数	13968	98.0
	少乘坐公共交通	13840	97.1
	取消聚餐计划	11665	81.8
	取消旅游计划	11098	77.9
	取消异地探亲计划	10495	73.6
	如果自感不适自我隔离	9743	68.4
	家中物品进行酒精消毒	5584	39.2
不合理防范行为（M＝1.10，SD＝1.32）	购买囤积食物和日常用品	6235	43.7
	每日在家用醋消毒空气	3392	23.8
	盐水漱口	3832	26.9
	服用抗生素	2175	15.3

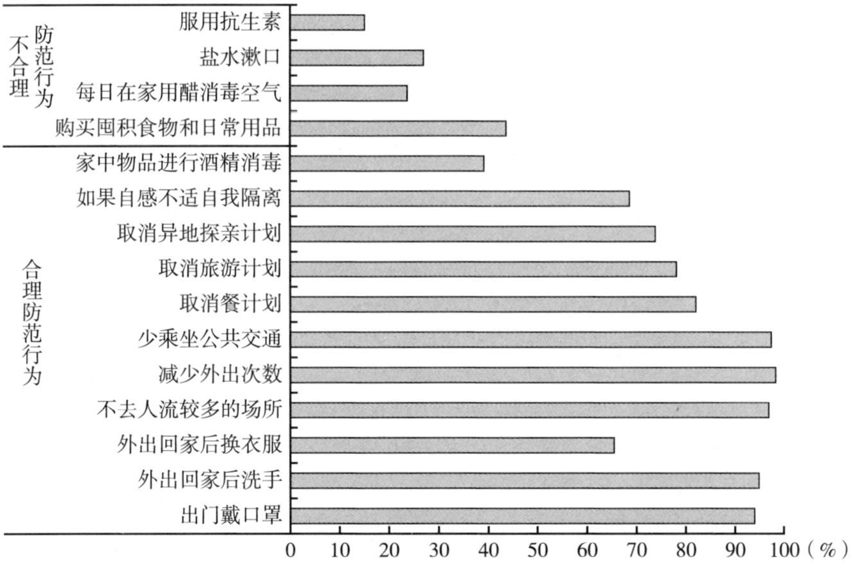

图4　调查对象在疫情防范行为方面的特点

2. 不同风险感知人群的行为特点

为了探究不同风险感知人群在疫情防范行为方面的特点，本研究以合理防范行为和不合理防范行为为因变量，以风险感知分组（过高估计组、正确估计组和过低估计组）为自变量进行单因素方差分析。分析结果见表6。

表6　不同风险感知人群在疫情防范行为方面的特点

单位：人，分

变量	风险感知分组	样本量(N)	均值(M)	标准差(SD)	F
合理防范行为	过高估计组	1237	9.09	1.96	18.99***
	正确估计组	8368	8.79	2.00	
	过低估计组	4378	8.97	2.00	
不合理防范行为	过高估计组	1237	1.34	1.42	85.11***
	正确估计组	8368	0.98	1.24	
	过低估计组	4378	1.25	1.41	

分析结果显示，不同风险感知人群在合理防范行为方面存在显著差异。采用LSD的方法进行事后多重比较结果发现，风险过高估计组和过低估计组的调查对象比正确估计组的调查对象采取了更多的合理防范行为（见图5），而过高估计组和过低估计组之间在合理防范行为方面没有显著差异。

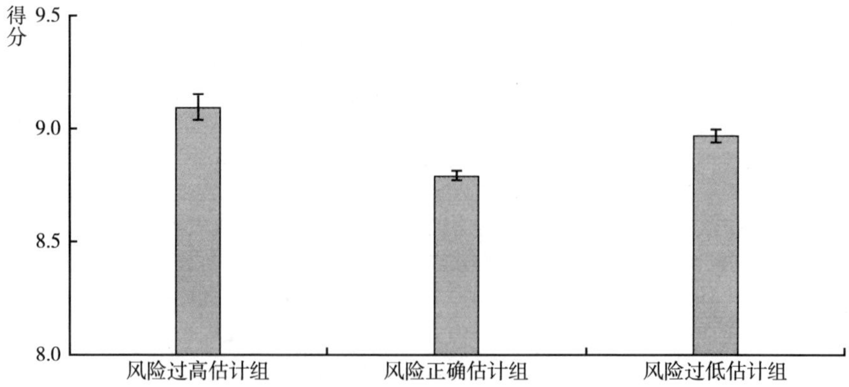

图5　不同风险感知人群在合理防范行为上的差异

不同风险感知人群的不合理防范行为也存在显著差异。由于不满足方差齐性，故采用 Tamhane's T2 进行多重比较，结果发现，风险过高估计组和过低估计组的调查对象比正确估计组的调查对象采取了更多的不合理防范行为（见图 6），而过高估计组和过低估计组之间在不合理防范行为方面没有显著差异。

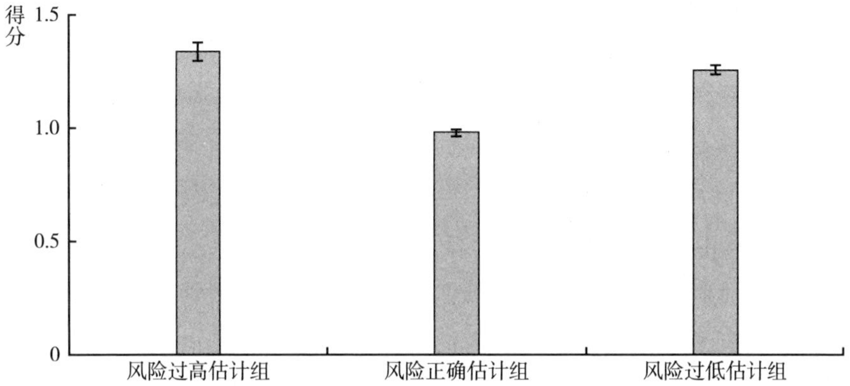

图 6　不同风险感知人群在不合理防范行为上的差异

四　讨论

（一）影响人们疫情风险感知的人口学因素

有研究者探究过人口学变量对风险感知的影响，似乎人口学变量会在不同程度上影响人们对不同风险源的风险感知。例如 Chauvin 等人（2007）探究了性别、年龄和受教育程度对各种风险源（能源生产、污染、性和成瘾、武器、户外活动、医疗保健、精神药物等）风险感知的影响，结果发现：女性认为能源生产带来的风险更大；女性、年龄较大和受教育程度较低的调查对象认为性和成瘾带来的风险更大；年龄较小、受教育程度较高的调查对象认为武器带来的风险更大；年龄较小的调查对象认为医疗保健带来的风险更大。本研究探究了人们对新冠肺炎疫情这种重大公共卫生事件的风险感知，且与以往单纯探究人们的主观风险感知不同，本研究把人们的风险感知状况与客观存在的风险程度进行了比较，研究发现，调查对象在对疫情的风险感知方面可以划分为三种类型：高估风险型（8.7%）、低估风险型（30.7%）和正确估计型（58.7%）。虽然大多数调查对象感知到的风险与客观风险基本一致，能正确估计本省（自治区/直辖市）的确诊人数，但仍存在低估和高估风险的情况，特别是有30%左右的调查对象低估了所面临的风险，主观报告的本省（自治区/直辖市）确诊人数低于实际确诊人数。这表明，有相当一部分调查对象对疫情的关注程度不够，低估了所面临的风险，这可能会对疫情防控产生不利影响。进一步研究发现，性别、年龄、受教育程度和收入都会影响人们对疫情的风险感知。具体来说，与真实的风险程度相比，男性倾向于低估风险，年龄较大的调查对象倾向于高估风险，受教育程度偏低、月收入偏高的调查对象都倾向于高估或低估风险。这提示在疫情防控方面要重点关注这些人群，并针对其风险偏好进行相应的引导。

（二）不同疫情风险感知人群的情绪和行为特点

面对疫情，人们最强烈的情绪感受是担忧，接下来依次是恐惧、悲伤和愤怒。总体来看，人们对于本次新冠肺炎疫情的消极情绪感受比积极情绪感受更为强烈。而不同风险感知人群对疫情的情绪感受也有所区别，表现为风险过高估计组和过低估计组的调查对象对于疫情的积极情绪感受更为强烈，同时风险过低估计组的调查对象对于疫情的消极情绪感受相对比较弱。也就是说，能正确估计疫情风险的人有更少的积极情绪和更多的消极情绪，而低估和高估风险的人都表现出一定程度的盲目乐观，特别是低估风险的人群，不仅比正确估计风险的人群有更多的积极情绪，还有更少的消极情绪。虽然消极情绪可能对人的心理健康有一定的影响，但如果面对疫情盲目乐观的话，对疫情防控可能也是不利的。

在疫情防范行为方面，尽管调查对象普遍都采取了较多的合理防范行为，但不同风险感知人群在疫情防控行为上也表现出差异，具体表现为风险过高估计组和过低估计组的调查对象比正确估计组的调查对象采取了更多合理和不合理的疫情防范行为。也就是说，能正确估计疫情风险的人采取了更少的合理防范行为，同时也采取了更少的不合理防范行为；而高估和低估风险的人群在采取了更多合理防范行为的同时，也采取了更多的不合理防范行为。Wachinger 等人（2013）在其研究综述中指出，一些研究结果表明即使人们有过风险经历和具有高水平的风险认知，但仍然很少采取合适的风险防范行为，并总结了造成这种风险认知悖论的三个原因：经验和动机（人们意识到风险，但风险的收益大于危害，人们倾向于不采取防范行为）、信任和责任（人们意识到风险，但人们信任风险处理机构，认为自己不承担责任，人们也倾向于不采取防范行为）、个人能力（人们意识到风险，但自己没有能力和资源应对风险，人们也倾向于不采取防范行为）。本研究发现，高估和低估风险的人反而采取了更多的防范行为，并表现出过度防护现象，采取了更多的不合理防范行为。这可能与 Wachinger 等人所说的个人能力因素有关，本研究测量的风险防范行为都是一些个人行为，均在个体的能力范围之内。

另外，结合情绪和行为来看，能正确估计疫情风险的人有更少的积极情绪和更多的消极情绪，这可能是面对疫情更合理的情绪反应，并不盲目乐观和平静，反而有更多的担忧、悲伤等消极情绪，表现在行为上也显得更为理性，突出表现在采取了更少的不合理防范行为；而低估和高估风险的人都在情绪上表现出一定程度的盲目乐观，而在行为上又表现出过度防护现象，突出表现在采取了更多的不合理防范行为。这表明，要针对不同风险感知人群的情绪和行为特点进行引导，既要避免盲目乐观又要避免过度恐慌，在促进人们合理防范行为的同时也要做好辟谣工作，减少人们的不合理防范行为。

参考文献

黄悦勤：《新冠肺炎流行期焦虑症状的自我缓解》，《中国心理卫生杂志》2020 年第

3 期。

刘金平、黄宏强、周广亚：《城市居民风险认知结构研究》，《心理科学》2006 年第 6 期。

冉云芳：《高职毕业生毕业一年期内离职次数及其影响因素研究——基于多项 Logistic 回归分析》，《教育发展研究》2015 年第 5 期。

时勘、范红霞、贾建民等：《我国民众对 SARS 信息的风险认知及心理行为》，《心理学报》2003 年第 4 期。

王俊秀：《特大型城市风险治理的关键：提高风险认知水平》，《探索与争鸣》2015 年第 3 期。

谢晓非、徐联仓：《风险认知研究概况及理论框架》，《心理学动态》1995 年第2 期。

谢晓非、徐联仓：《公众风险认知调查》，《心理科学》2002 年第 6 期。

Chauvin, B., Danièle Hermand, & Mullet, E., "Risk Perception and Personality Facets", *Risk Analysis*, 1 (2007).

Slovic, P., "Perception of Risk", *Science*, 4 (1987).

Wachinger, G., Renn, O., Begg, C., et al., "The Risk Perception Paradox: Implications for Governance and Communication Of Natural Hazards", *Risk Analysis*, 6 (2013).

B.3

疫情风险感知与安全感：信息公开的调节作用及其时间差异

苗瑞凯*

摘　要： 安全感是社会稳定与和谐的晴雨表，在新型冠状病毒肺炎疫情防控期间，民众安全感的维护尤为重要。本文使用中国社会科学院社会学研究所社会心理学研究中心在疫情期间的社会心态调查数据，检验了民众风险感知与安全感的关系，考察了信息公开在其中的调节作用以及此作用在不同时间段中的差异。研究结果显示：①风险感知能够显著负向预测安全感；②信息公开能够调节风险感知与安全感之间的关系，且这种调节作用存在显著的时间差异，与疫情初期相比，各地区在启动一级响应后信息公开明显地削弱了风险感知对安全感的负向影响。因而疫情期间，加强疫情信息公开的及时性和透明度，可有助于提高民众的心理安全感。

关键词： 风险感知　安全感　信息公开　时间差异

一　引言

安全感是社会稳定与和谐的晴雨表，关系到社会健康发展的前景。若民

* 苗瑞凯，中国社会科学院大学（研究生院）社会学系博士研究生，研究方向为社会心理学。

众安全感不足，对内容易导致恐慌、无助、信心丧失（安莉娟、丛中，2003），对外则可能引起人与人之间的疏隔、敌视，甚至造成群体性冲突事件，破坏现有社会秩序，影响社会的和谐与稳定（李幕、刘海燕，2012）。因而，非常有必要及时了解疫情期间民众的安全感状况，并积极探索安全感的调适方法。近年来，研究者围绕安全感的影响因素做了诸多探索，发现社会突发风险事件下民众的风险感知是影响安全感的重要因素（Nielsen，Mearns，Matthiesen & Eid，2011），但以往的研究却忽视了对风险感知与安全感关系内在保护机制的实证探索。疫情期间，信息是公众了解疫情最直接的渠道，更是民众社会心态的核心影响因素（王俊秀，2020），那么信息公开是否可以在风险感知与安全感之间起到一定的调节作用？疫情期间，信息公开并不是稳定不变的，这种调节作用又是否存在时间上的差异？因而本研究拟从信息的角度，探索风险感知、信息公开与安全感的关系及其时间差异，以期对重大突发公共卫生事件期间民众心理安全感的维护和提升提供策略参考。

（一）风险感知与安全感的关系

安全感的系统探讨最早见于马斯洛的需求层次理论，认为安全需求是人的基础性心理需求，安全感则是安全需求获得满足后的情绪反应（马斯洛，2007）。目前学界普遍认为，安全感是指对可能出现的身体和心理的危险或风险的预感，以及个体在处置时的有力/无力感，主要表现为确定感和可控制感（丛中、安莉娟，2004）。已有研究从多方面探讨了安全感的影响因素，近年来，随着社会的发展和科技的进步，全球化进程不断加快，“风险社会”成为当代社会的代名词，风险对安全感的影响成为研究的焦点（王俊秀，2008）。乌尔里希·贝克（2004）认为，风险社会是指在全球化发展背景下，由人类实践所导致的全球性风险占据主导地位的社会发展阶段，在这样的社会里，公共安全风险事件频发，对人类的生存和发展存在着严重的威胁。但风险作为环境刺激，并不直接对民众的情绪产生影响，美国心理学家阿诺德曾提出情绪的评定——兴奋学说。该理论认为，刺激并不直接决定情绪的性质，从刺激出现到情绪的产生，要经过对刺激的估量和评价，情绪产生的基本过程是刺激情景—评估—情绪（彭聃龄，2012）。因而，风险对情绪的影响是通过对风险的估量即“风险感知”这一评估环节产生作用的。

风险感知（Risk Perception）是当代风险社会的重要议题，主要是指人们对外部各种客观风险的认知和衡量判断，尤其强调人们对风险发生可能性的直观判断（Slovic，1987；薛可、王丽丽和余明阳，2016）。风险感知的这一界定只是一个模糊的术语表达，在风险研究中，常常因为风险内容的不同，对风险感知的测量也不尽相同。本研究主要聚焦于新型冠状病毒肺炎疫情这一重大突发公共卫生事件，因而将风险感知界定为人们对肺炎感染可能性的认知和直观判断。高志强等（2011）探索了员工工作安全风险感知对心理健康的影响，发现员工风险感知越高，心理健康状况越差，而安全感是心理健康的重要预测指标。基于此，本文提出**假设 1：风险感知对民众安全感有显著影响。**

（二）信息公开的调节作用及其时间差异

Shannon（1948）在创立信息论时对信息的界定是“消除或减少接受一方认识上的不确定性”。近年来，随着计算机网络的发展，信息呈爆炸式增长，民众对信息的需求也相对越来越高，然而在社会突发性事件中，政府及相关部门所掌握的信息资源与民众所掌握的信息资源有着严重的不对称性。政府及相关部门通过适当的方式将其掌握和控制的信息及时透明地向大众公开是民众知情权的保障，可以满足民众的信息需求，减少未来预期的不确定性。信息需要及时透明的公开，王盛（2007）在对 2004 年印度海啸事件进行分析的基础上，对信息公开及时性进行了新的阐述，认为及时性不是在事情得到基本解决之后再进行信息公开，而是应把信息公开贯穿于政府及相关部门应对突发事件的各个环节。此外，张娟（2009）从公众和媒体两个层面对“5·12 大地震”事件进行了分析，证实了信息公开及时透明是引导公众合理应对重大突发事件最有效的策略。

已有研究探讨并发现信息公开与民众安全感存在直接的关联。曹丽萍（2003）从“非典”事件出发讨论了重大突发公共卫生事件的信息公开，认为在非典暴发初期，信息渠道不畅，信息发布不及时，民众的信息需求得不到满足，导致对政府的信赖程度大为降低，民众无助感增加，安全感降低。刘晓君、杨菁（2018）利用网络爬虫软件采集了2014～2016年32件重大突发事件的相关文本数据，对影响公众安全感的因素进行了分析，发现在所有的影响因素中，媒体传播的信息对公众的安全感影响最大。基于此，本文提出**假设2：信息公开对风险感知与安全感之间的关系存在调节作用，信息公开程度越高，风险感知对安全感的负向影响越低。**

疫情期间不同时间段信息公开的程度是有差异的，随着疫情的发展，尤其在各地区纷纷启动一级响应后，各地政府及相关部门高度重视，疫情信息如感染人数、传播路径等开始在媒体等渠道滚动播出。中国社会科学院社会心理学研究中心两轮调查显示，受访者认为疫情信息公开及时的比例从48.6%上升到64.1%，疫情信息透明的比例从50.1%上升到66.6%（王俊秀，2020）。因此，信息公开在调节风险感知与安全感之间的关系时可能存在时间差异。基于此，本文提出**假设3：信息公开对风险感知与安全感之间关系的调节作用存在一定的时间差异，各地区启动重大突发公共卫生事件一级响应后，信息公开对二者关系的调节作用可能增强。**

综上，本研究将利用新型冠状病毒肺炎疫情期间的社会心态调查数据，检验疫情风险感知与安全感的关系，并进一步探究信息公开在二者间的调节作用以及其中体现的时间差异，以期能为重大突发事件下民众的心理调适提供合理建议，促进社会的和谐与稳定。

二 研究方法

（一）数据来源

本研究使用了中国社会科学院社会学研究所社会心理学研究中心的“疫情期间社会心态调查数据”，该调查第一阶段于2020年1月24日至1月31日通过智媒云图在线调查平台“问卷宝”，向在线样本库的全国用户（共约120万人，覆盖全国346个地级城市）推送问卷。目前问卷宝在问卷质量控制方面能够根据调查目的向特定用户精准推送问卷，用户需要经过系统认证才能参与调查，并且系统可以检测被调查者在问卷填写过程中的特征，对不认真作答的用户进行剔除并列入黑名单，从而确保数据的可靠性。问卷收回有效成人问卷14262份。其中，男性样本5352人，占37.53%，女性样本8910人，占62.47%；年龄范围是18～70岁，平均年龄为28.01±9.36岁，具体人口统计学特征见表1。

表1　调查对象的人口统计学特征

单位：人，%

变量	类别	人数	有效百分比
性别	男	5352	37.53
	女	8910	62.47
年龄	18～35岁	11770	82.53
	35岁以上	2492	17.47
受教育程度	小学毕业及以下	40	0.28
	初中毕业	203	1.42
	高中/职高	968	6.79
	大专	1246	8.74
	大学本科	7988	56.01
	研究生及以上	3817	26.76

（二）测量工具

1. 安全感

安全感的测量是通过询问被调查者“面对新型冠状病毒肺炎，您觉得自己现在是否安全”，回答采用李克特4点计分方法，从“1非常不安全”到“4非常安全”，得分越高，说明安全感越高。

2. 风险感知

风险感知的测量是通过询问调查对象“您认为自己感染新型冠状病毒肺炎可能性有多大”，回答采用李克特4点计分方法，从“1完全没有可能”

到“4 非常可能”，得分越高，说明风险感知越高。

3. 信息公开

信息公开采用以下两个问题进行测量：“①到目前为止，您觉得新型冠状病毒肺炎疫情的信息公开是否及时？②到目前为止，您觉得新型冠状病毒肺炎疫情的信息公开透明程度如何?”，两个问题的回答均采用李克特 4 点计分方法，信息公开及时程度回答从“1 非常滞后”到“4 非常及时”，信息透明程度回答从“1 非常低”到“4 非常高”。得分越高，说明民众认为疫情信息公开越及时透明。

（三）数据分析

研究采用 SPSS 24.0 软件对数据进行描述性统计、相关分析，采用 AMOS 21.0 进行结构方程模型分析。

三 研究结果

（一）各变量描述性统计和相关性分析

各变量的均值、标准差及相关系数如表 2 所示，风险感知与安全感、信息公开及时性、信息公开透明度均呈显著负相关，安全感与信息公开（及时性、透明度）之间呈显著正相关关系。

表 2 各变量描述统计及相关分析

变量	1	2	3	4
风险感知	1			
安全感	-0.30**	1		
信息公开及时性	-0.08**	0.30**	1	
信息公开透明度	-0.07**	0.32**	0.69**	1
M(SD)	2.20(0.60)	2.66(0.64)	2.52(0.83)	2.55(0.75)

注：** 表示在 0.01 水平上显著相关。

（二）信息公开在风险感知和安全感之间的调节效应检验

采用结构方程模型方法，对信息公开在风险感知和安全感之间的调节效应进行检验。以风险感知为自变量，以信息公开及时性和信息公开透明度两个观测变量生成的潜变量信息公开为调节变量，以安全感为因变量，把信息公开各指标和风险感知中心化后形成交互项作为调节效应的指标（吴艳、温忠麟和林冠群，2009），考察风险感知对安全感的预测作用，探讨信息公开在二者关系中可能存在的调节效应。

研究结果显示，调节作用模型的各项拟合指标为：$\chi^2(5)=5.945$，NFI = 0.999，RFI = 0.996，IFI = 0.999，TLI = 0.997，CFI = 0.999，RMSEA = 0.019，说明模型拟合良好。从图 1 可以看出，风险感知对安全感产生显著的负向影响（$\beta=-0.28$，$p<0.001$），即风险感知越高，安全感越低，风险感知与信息公开的交互项对安全感产生显著的正向影响（$\beta=0.13$，$p<0.001$），信息公开可以显著地调节风险感知和安全感之间的关系。

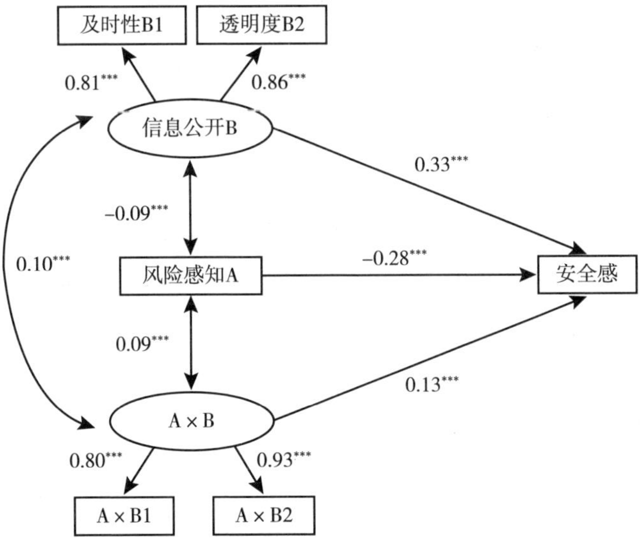

图 1　信息公开对风险感知与安全感关系的调节作用

（三）不同时间段信息公开在风险感知和安全感之间调节效应的多群组分析

进一步采用结构方程模型多组比较的方法（吴明隆，2013），考察信息公开对风险感知和安全感之间关系的调节效应是否存在时间差异。1 月 25 日，各地区纷纷启动重大突发公共卫生事件一级响应，各地政府和民众对疫情的关注达到了新的高度，疫情信息也开始在相关平台滚动播出。因而，以 1 月 25 日为界划分为两个样本：25 日前样本和 25 日及之后样本，后面统一将 25 日前样本称为“A 样本”，25 日及之后样本称为“B 样本”。

首先，依据两个样本分别建立调节作用模型并进行分别估计，然后再对两个样本进行同时估计，以上三个模型均不加任何限定。A 样本模型各拟合指标分别为：$\chi^2(5)=5.707$，NFI = 0.998，RFI = 0.995，IFI = 0.999，TLI = 0.996，CFI = 0.999，RMSEA = 0.020。B 样本模型各拟合指标分别为：$\chi^2(5)=2.570$，NFI = 0.998，RFI = 0.994，IFI = 0.999，TLI = 0.996，CFI = 0.999，RMSEA = 0.023。A、B 样本同时估计的模型拟合指标分别为：$\chi^2(10)=4.139$，NFI = 0.998，RFI = 0.995，IFI = 0.999，TLI = 0.996，CFI = 0.999，RMSEA = 0.015。由各拟合指标可知，以上三个模型均可接受，可以进行跨组比较，检验信息公开对风险感知和安全感之间关系的调节效应是否存在时间差异。本报告在此基础上定义了两个相互嵌套模型。**模型 1（基准模型）：定义 A 样本组和 B 样本组具有相同的模型结构。模型 2：在模型 1 的基础上，限定 A 样本组和 B 样本组结构方程模型中对应的路径系数相等。**

多群组分析结果显示，两组模型比较结果为 $\chi^2(5)=20.436$，$p<0.001$，模型 1 和模型 2 的差异显著，这说明信息公开对风险感知和安全感之间关系的调节效应存在明显的时间差异。基于两个样本分别建立的调节作用模型分析结果也显示，A 样本模型中风险感知和信息公开的交互项对安全感的影响路径系数显著（$\beta=0.08$，$p<0.001$），B 样本模型中风险感知和信息公开的交互项对安全感的影响路径系数显著（$\beta=0.23$，$p<0.001$）。

通过简单斜率检验对信息公开的调节作用做进一步分析，以平均数加减一个标准差将调节变量分组，平均数加一个标准差为高信息公开组，平均数减一个标准差为低信息公开组。通过图 2 和图 3 可以看出：在 25 日前，信息公开对风险感知与安全感的调节作用较小，但在 25 日及之后，信息公开对风险感知与安全感的调节作用增强，高信息公开显著削弱了风险感知对安全感的负向影响，对安全感有着重要的保护作用。

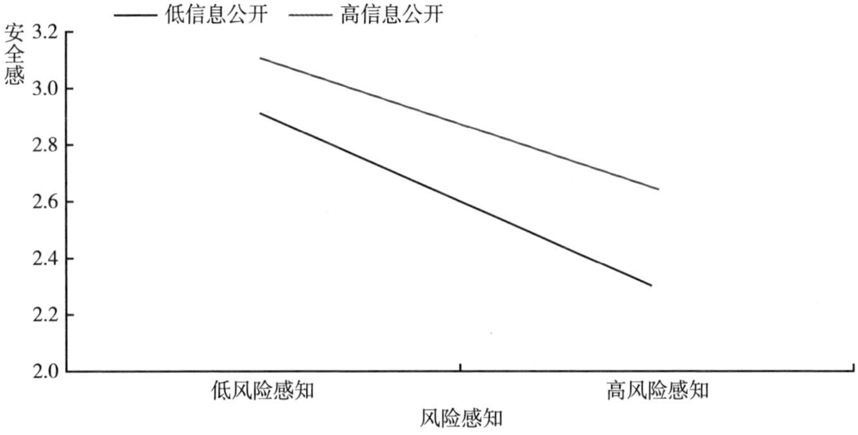

图 2　25 日前信息公开对风险感知与安全感之间关系的调节作用

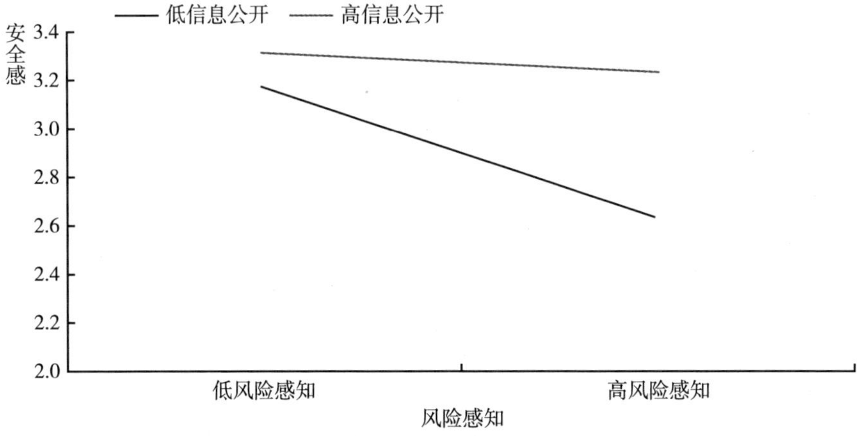

图 3　25 日及之后信息公开对风险感知与安全感之间关系的调节作用

四 研究结论与启示

（一）研究结论

本研究以新型冠状病毒肺炎疫情期间的调查数据为基础，验证了风险感知对安全感的负向影响以及信息公开在风险感知与安全感关系之间起到重要的调节作用，即相对于低信息公开，高信息公开能够有效缓解风险感知对安全感的负向影响。信息是人们理性行动的客观前提，其主要功能之一是可以减少民众认识上的不确定性（张岩、魏玖长，2011），信息公开满足了民众疫情期间的信息需求，可以更好地了解患者的治愈状况和政府防范措施，增强了确定感和控制感。此外，研究结果还发现信息公开的调节作用存在时间差异，当各地纷纷启动重大突发公共卫生事件一级响应后，各级政府、卫健委官网及主要媒体也开始滚动播出疫情相关信息，信息公开对安全感的保护作用进一步增强。研究结果可为政府及相关部门认识和理解重大突发公共安全事件下民众心理反应提供基础，为民众安全感的心理调适提供策略参考。

（二）研究启示

1. 风险感知对安全感有显著的负向影响，且信息公开在二者间存在调节作用

这一影响路径对于提高民众安全感有重要启示。从影响路径来看，提升安全感，维护社会积极心态可以从以下三个关键环节入手。

第一，从源头上减少公共安全事件的发生，降低民众的风险感知。伴随着风险社会的来临，风险类型也越来越多，涉及政治、经济、生态、文化等各个领域，导致公共安全事件的发生往往难以预料和避免（朱志玲，2018）。当前政府及相关部门在风险管理上更多是以解决各类突发事件为导向，在风险源头的监管与防控上存在一定的滞后性（肖洋溢，2019）。因而，政府及相关部门一方面要更新风险管理理念，由被动应对突发公共安全事件转变为主动识别评估防范风险；另一方面，必须建立有效的应急响应机

制，加强应对重大突发公共卫生事件的医疗供给和战略储备。

第二，加强疫情信息公开的及时性及透明度。随着互联网时代的到来，信息公开已进入一个新的阶段，突发公共安全事件期间，政府和主流媒体在信息公开方面承担着较为重要的作用，合理引导舆情和控制事态，克服传统模式下信息公开的不足及存在的问题已成为重中之重。政府及相关媒体要以不隐瞒、不回避的积极态度去面对，善于利用新媒体技术掌握舆论主动权，及时阻隔虚假、恶意信息，及时发布官方消息，公布疫情真相、调查结果和处置措施，从而及时澄清事实，回应舆论关切，稳定民心，维护民众安全感。

第三，关注社会心态，疏导社会危机心理。首先，加强心理健康常识的普及，让民众能够准确定位疫情期间自身的心理健康状况；其次，建立疫情防控心理援助平台，通过心理咨询热线、心理自助和互助等心理支持服务系统缓解公众社会心理危机；最后，提供针对特殊对象如易感老年群体、一线医护人员的心理援助措施。

在这三个关键环节中，第一个环节从源头上控制，虽然可以治本却难以在短期内见效；第二和第三个环节是从过程中控制，可以在较短的时间内见效，为社会稳定争取有利的社会心理环境，但终归是被动式地解决问题。在现实中，需要三个环节不偏颇地齐头并进，方能有效地改善社会心理状况，提高广大民众的心理安全感。

2. 调节作用的时间差异

新型冠状病毒肺炎疫情期间，信息公开的调节作用还存在时间差异，尤其在各地启动一级响应后，信息公开更强地削弱了风险感知对安全感的负向影响，也说明了政府及相关部门在信息方面能够随着疫情的发展更加及时透明的公开。随着疫情的扩散，民众对疫情信息的需求也越来越高，越是在疫情严重的关键期，政府及相关媒体越要加强信息公开，及时透明地向民众提供所需信息，既包括疫情内容信息，如疫情传染速度、传染方式、本地和附近地区疫情发生情况，也包括政府控制信息，如政府采取的控制措施以及控制后的效果等（闫振宇、陶建平，2015），及时满足民众的信息需求，增强民众对政府控制措施及能力的信任，以有效减缓风险感知对安全感的负向影响。

参考文献

安莉娟、丛中：《安全感研究述评》，《中国行为医学科学》2003 年第 6 期。

曹丽萍：《从“非典”谈突发公共卫生事件信息公开》，《中国公共卫生》2003 年第 7 期。

丛中、安莉娟：《安全感量表的初步编制及信度、效度检验》，《中国心理卫生杂志》2004 年第 2 期。

高志强、杨志新、蔡瑛：《工作安全风险感知对员工心理健康的影响分析——以煤炭、供电和物流企业的操作员工为例》，《中国人力资源开发》2011 年第 12 期。

李幕、刘海燕：《心理安全感作用问卷的编制》，《求实》2012 年第 S1 期。

刘晓君、杨菁：《重大突发事件中公众安全感的影响因素研究——基于 32 起事件网络爬虫数据的 QCA 分析》，《风险灾害危机研究》2018 年第 1 期。

彭聃龄：《普通心理学》，北京师范大学出版社，2012。

王俊秀：《面对风险：公众安全感研究》，《社会》2008 年第 4 期。

王俊秀：《信息、信任、信心：疫情防控下社会心态的核心影响因素》，《光明日报》2020 年 2 月 7 日。

王盛：《突发事件应对中的政府信息公开研究》，硕士学位论文，天津师范大学，2007。

乌尔里希·贝克：《风险社会》，何博文译，译林出版社，2004。

吴明隆：《结构方程模型——Amos 实务进阶》，重庆大学出版社，2013。

吴艳、温忠麟、林冠群：《潜变量交互效应建模：告别均值结构》，《心理学报》2009 年第 12 期。

肖洋溢：《风险社会背景下政府风险管理机制研究——以 2018 年非洲猪瘟疫情为例》，《领导科学论坛》2019 年第 17 期。

薛可、王丽丽、余明阳：《受众对 PX 项目的风险感知模型建构研究——基于社交媒体使用的视角》，《西南民族大学学报》（人文社科版）2016 年第 3 期。

亚伯拉罕·马斯洛：《动机与人格》，许金声等译，中国人民大学出版社，2007。

闫振宇、陶建平：《动物疫情信息与养殖户风险感知及风险应对研究》，《中国农业大学学报》2015 年第 1 期。

张娟：《从“5·12”地震分析我国突发事件中的政府信息公开》，硕士学位论文，电子科技大学，2009。

张岩、魏玖长：《风险态度、风险认知和政府信赖：基于前景理论的突发状态下政府信息供给机制分析框架》，《华中科技大学学报》（社会科学版）2011 年第 1 期。

朱志玲：《矛盾遭遇对基层政府评价的影响——以社会公平感、社会安全感为中介变量》，《华东理工大学学报》（社会科学版）2018 年第 5 期。

Nielsen, M. B., Mearns, K., Matthiesen, S. B., et al., "Using the Job Demands-Resources Model to Investigate Risk Perception, Safety Climate and Job Satisfaction in Safety Critical Organizations", *Scandinavian Journal of Psychology*, *5* (2011).

Slovic, P., "Perception of Risk", *Science*, *236* (1987).

B.4

新冠肺炎疫情下的民众社会心理预期*

谭旭运　吕　邈　豆雪姣**

摘　要： 社会心理预期，是指一定时期内民众对于个人未来生活、社会将来发展做出的一种主观判断。新冠肺炎疫情的出现，给社会经济发展和民众的日常生活都带来了诸多挑战。培育积极理性的心理预期等社会心态的引导，对于疫情防控和社会经济秩序的恢复都至关重要。本报告基于中国社会科学院社会学研究所社会心理学研究中心的“新冠肺炎疫情下民众社会心态调查”的阶段数据，通过考察民众对个人生活困难预期、社会流动预期以及国家发展（应急能力和国际地位提升）预期，分析新冠肺炎疫情下民众不同层面社会心理预期的状况和表现，同时进一步考察性别、年龄、居住地、受教育程度、收入等人口学变量，以及疫情关注度、情绪、生活压力感、社会支持等因素对社会心理预期的影响。调查发现，新冠疫情带来了民众短期生活困难预期提升的同时，其社会

* 本研究得到国家社会科学基金重大项目“社会心理建设：社会治理的心理学路径”（项目编号 16ZDA231）、国家社会科学基金青年项目“社会心态视角下主观社会阶层对公众参与的影响与机制研究”（项目编号 17CSH040）、中国社会科学院青年科研启动项目“中国民众获得感提升的影响因素研究”（项目编号 2020YQNQD0098）资助。

** 谭旭运，心理学博士，中国社会科学院社会心理与行为实验室助理研究员，中国社会科学院社会学研究所社会心理学研究中心助理研究员，研究方向为社会心态、主观社会阶层与流动感知、获得感、社会参与；吕邈，管理学博士，曲阜师范大学经济学院讲师，研究方向为心理健康、企业家人格、决策过程；豆雪姣，心理学硕士，山东农业大学动物科技学院，研究方向为社会阶层与决策、社会参与。

阶层流动预期、国家发展预期更为积极；生活压力感是增加生活困难预期的核心因素，新冠肺炎疫情给中低收入群体的短期生活带来的冲击更大；亲戚、社区、单位等社会支持可以有效提升民众社会心理预期。在疫情防控常态化阶段，需要采取一系列针对性措施，尽力保障民众生活需要的同时，引导民众建立积极理性的社会心理预期，有利于打赢疫情防控阻击战。

关键词： 新冠肺炎疫情　社会心理预期　社会流动预期　国家发展预期

一　引言

凡事预则立，不预则废。预期是人们在不确定情景下，对某些社会现实发生发展变化的主观预测和期望，使人们能够进行相应的准备，应对可能的变化，进而改变事件的结果（Olson，Roese & Zanna，1996；唐文杰、侯玉波，2017）。2020年初出现的新型冠状病毒肺炎疫情，迅速在全球蔓延。这一重大突发事件的出现，给全球经济社会发展和民众的日常生活都产生了强烈冲击，对人们的个人未来生活和经济社会发展的社会心理预期带来了诸多挑战。2020年4月20日至23日，习近平总书记在陕西考察时强调，坚持新发展理念，扎实做好稳就业、稳金融、稳外贸、稳外资、稳投资、稳预期"六稳"工作。2020年5月22日，国务院总理李克强在发布的2020年国务院政府工作报告中提出，加大"六稳"工作力度，集中精力抓好"六稳""六保"。其中"稳预期"的重要内容之一，就是要引导人们正确、理性地看待当下的经济社会形势，直面疫情带来的生活困难和诸多挑战。民众的社会心理预期是其社会行为决策的关键因素，积极的社会心理预期的引导，对于疫情的常态化防控和经济社会秩序的恢复都至关重要。本报告基于研究团队在疫情期间实施的社会心态调查，分析疫情影响下民众不同层面社会心理预期的状况，探讨其影响因素，为加强理性心理预期的引导提供参考依据和对策建议。

心理预期包含了个体性的心理预期和群体性的社会预期两个层面。个体层面的心理预期是个体成员根据以往社会经验和自身愿望自觉不自觉地对于个人未来生活、社会将来发展做出的一种主观判断，进而影响个体成员的信念、情绪和行为抉择；而社会层面的心理预期，也称社会预期，是一个时期或特定情境下在众多社会成员个体预期基础上产生的一种社会心态（王俊秀，2017）。心理预期的对象则包含了非常丰富的内容，不只限于对其自身生活的诸多方面的预期，还包括对个人社会阶层向上流动性的预期（吴菲、王俊秀，2017），以及国家社会经济的未来发展等宏观层面的预期。在本报告中，我们从个体层面的生活困难预期、社会层面的社会阶层流动预期，以及国家层面的社会发展预期这三个层面对新冠疫情下的民众社会心理预期进行调查分析。

社会心理预期的形成与改变，是社会成员之间的相互影响、重大社会事件影响、重大社会政策调整，以及重要社会成员的影响等因素综合作用的结果（王俊秀，2017）。经济学家认为，预期是经济行为人对于经济变量在未来的变动方向和变动幅度做出的一种事前估计或主观判断。经济学家系统探讨了个人收支水平、行为偏好、所处的经济环境，宏观经济政策，以及社会文化习俗因素对预期的影响（张虹、王波，2013）。经济学家凯恩斯在1936年就提出了心理预期理论，认为心理预期与外部环境以及自我能力不确定性感知紧密相关，影响着人们的行为决策（凯恩斯，1997）。社会心理学研究者则更多从个体的社会心理因素及其对社会结构、宏观政策的认知等因素的角度进行研究（王俊秀，2017；俞国良、王浩，2017），不同社会阶层既有共同的心理预期，也有不同的心理预期。本报告中，主要关注在新冠疫情影响下的主要社会心理状态对其社会心理预期的影响，具体包括民众对疫情信息的关注程度、客观的社会阶层、面临的各方面生活压力、自身的情绪情感状态、感受到各方的社会支持等方面。

二　研究方法

（一）调查对象

本报告使用的数据来源于中国社会科学院社会学研究所社会心理学研究中心开展的新型冠状病毒肺炎疫情下的社会心态调查。该调查问卷由中国社会科学院社会学研究所社会心理学研究中心编制，于 2020 年 1 月 24 日至 2020 年 3 月 30 日，通过智媒云图在线调查平台“问卷宝”，向在线样本库的全国用户（共约 120 万人，覆盖全国 346 个地级城市）推送。目前问卷宝在问卷质量控制方面能够实现定制化调查和精准的问卷推送，依照调查目的向特定的用户群推送问卷，参与调查者需要经过系统认证，系统能够检测用户在问卷填写过程中的特征，对乱填乱写的用户进行剔除并列入黑名单，从而确保数据的可靠性。问卷收回后，课题组进一步依据陷阱题、答题完成情况、逻辑检验等对问卷进行筛选。疫情下社会心态调查覆盖全国 31 个省（区、市），年龄范围在 18 ~ 70 岁。

随着新冠疫情的发展，课题组编制了不同版本的社会心态调查问卷，每版调查问卷均在前一版基础上增加题项。本报告基于第四版问卷调查数据，从 2020 年 3 月 20 日至 2020 年 3 月 30 日，回收有效样本 8720 人，其中男性 4917 人，占 56.4%，女性 3803 人，占 43.6%，平均年龄 28.91 ± 8.87 岁。性别比例与第六次全国人口普查数据（男性 51.27%，女性 48.73%）相比，男性比例略高，但没有显著差别。受互联网用户年龄分布特点影响，样本库中青年人（18 ~ 45 岁）比例相对更大，受教育程度也比全国人口普查情况更高。具体样本情况见表 1。

（二）测量工具

1. 心理预期

本调查中的心理预期包含个体层面对未来困难的预期、社会层面对自己

表 1　样本基本情况（N = 8720）

单位：人，%

属性	类别	人数	百分比
性别	男性	4917	56.40
	女性	3803	43.60
受教育程度	小学毕业及以下	37	0.42
	初中毕业	336	3.85
	高中(技校、职高、中专)毕业	2064	23.67
	大专(含在读)	2076	23.81
	大学本科(含在读)	3859	44.26
	研究生(含在读)及以上	348	3.99
个人月收入	1000 元以下	1101	12.63
	1001 ~ 3000 元	955	10.95
	3001 ~ 5000 元	2858	32.78
	5001 ~ 7000 元	1945	22.31
	7001 ~ 1 万元	1071	12.28
	1 万 ~ 1.5 万元	523	6.00
	1.5 万 ~ 3 万元	176	2.02
	3 万 ~ 5 万元	40	0.46
	5 万 ~ 10 万元	23	0.26
	10 万元以上	28	0.32
家庭月收入	2000 元以下	403	4.62
	2001 ~ 6000 元	1369	15.70
	6001 ~ 1 万元	1562	17.91
	1 万 ~ 1.5 万元	1644	18.85
	1.5 万 ~ 3 万元	1451	16.64
	3 万 ~ 4.5 万元	671	7.70
	4.5 万 ~ 6 万元	493	5.65
	6 万 ~ 10 万元	609	6.98
	10 万元以上	518	5.94
居住地类型	市/县城的中心城区	4036	46.28
	市/县城的边缘城区	1708	19.59
	市/县城的城乡结合部	997	11.43
	市/县城区以外的镇	791	9.07
	农村	1188	13.62

及下一代社会阶层的预期，以及国家层面对国家应对灾害和突发事件能力及国家地位的预期。

（1）个体层面心理预期：短期生活困难预期

其中，个体层面对未来困难的预期采用李克特5级量表，包含经济收入降低、就业困难、经营困难和个人生活困难四个题项，从“完全没有”到“非常大”进行评价，分数越高，表明个体预期未来发生此种困难的可能程度越高；四个题目的总均分，作为短期生活困难预期的得分，分数越高，表明个体对未来生活困难的预期越高。内部一致性系数为0.906。

（2）社会层面心理预期：社会阶层向上流动预期

社会层面对自己及下一代社会阶层的预期的测量题项为：“在我们的社会里，有些人处在社会的上层，有些人处在社会的下层，梯子从上往下看，10分代表最顶层，1分代表最底层。”您认为自己目前在哪个等级上？您认为五年后您将会在哪个等级？您认为您的下一代将会在哪个等级？之后用五年后的等级减去目前的等级，得出对自己未来社会阶层的预期差值，并用下一代的等级减去目前等级，得出对下一代社会阶层的预期差值。差值越高，表明个体预期自己会有更高的社会阶层，或者下一代会比自己有更高的社会阶层。

（3）国家层面心理预期：国家发展预期

国家层面的心理预期包含国家应对灾害和突发事件能力以及我国国际地位的预期，采用李克特5级量表，1表示大大提升，5表示大大下降，在数据处理中采用反向计分，分数越高则表明对国家发展的预期越积极。

2. 预测变量

民众在疫情期间的心理预期的影响因素，结合疫情现实以及前人研究成果，我们测量了调查对象对疫情的关注程度、在疫情中所得帮助的来源、在疫情中的情绪感受、受疫情影响面临的问题等。

（1）疫情关注度

对疫情的关注程度采用自编题目进行测量，共包含3个项目，即对新型冠状病毒肺炎疫情的关注程度、对国外新型冠状病毒肺炎疫情的关注程度和每天关注新型冠状病毒肺炎相关消息的时长。采用李克特4级量表，从

“完全不关注”到“非常关注”进行评价，分数越高，表明个体对疫情的关注程度越高。

（2）情绪体验

参考已有情绪测量项目改编情绪测量问卷，共包含乐观、平静、担忧、无助、恐惧、悲伤、愤怒和恐慌等8个项目，采用李克特5级量表，从“完全没有”到“非常强烈”进行评价，分数越高，表明个体的此种情绪感受更为强烈。

（3）社会支持

在疫情中所得帮助的来源的测量包含无任何来源、医疗机构、配偶、其他家人、朋友、亲戚、同事、工作单位、党团工会等官方或半官方组织、宗教、社会团体等非官方组织、网友、社区、商业机构、没有遇到困难和其他，为多选题。选择该项计为1，不选择该项则为0。

（4）生活压力

生活压力使用在疫情中存在的问题来测量，具体包含经济问题、就业问题、生意经营问题、就医问题、住房和住宿问题、交通问题、心理问题和防护物资缺乏问题。选择该项计为1，不选择该项则为0。

（三）数据处理

使用SPSS 21.0统计分析软件对数据进行分析。主要运用的统计方法有描述性统计、方差分析和回归分析。

三　研究结果

（一）心理预期的描述性统计

1. 个体层面的心理预期

在个体层面，民众在经济收入降低预期上的得分最高（M＝3.33，SD＝1.079）；在个人生活困难预期上的得分次之（M＝3.13，SD＝1.148）；在就业困难预期（M＝3.03，SD＝1.175）和经营困难预期（M＝3.03，SD＝1.213）

上的得分最低。在个体层面的心理预期上，多数民众对经济收入降低、就业困难、经营困难和个人发展困难预期的选择为一般或比较大，见图 1。

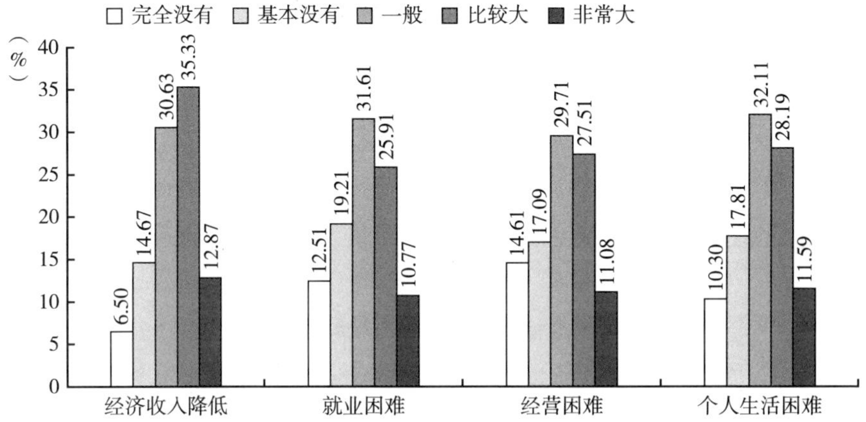

图 1　短期生活困难预期各指标的选择百分比分布情况

2. 社会层面的心理预期

如图 2 和图 3 所示，在社会层面，民众的社会阶层向上流动预期依然比较积极。从社会阶层在 4 及以下的中低阶层人数比例来看，当前为 39.5%，五年后为 19.9%，下一代为 13.1%。绝大多数的民众预期自己五年后的社

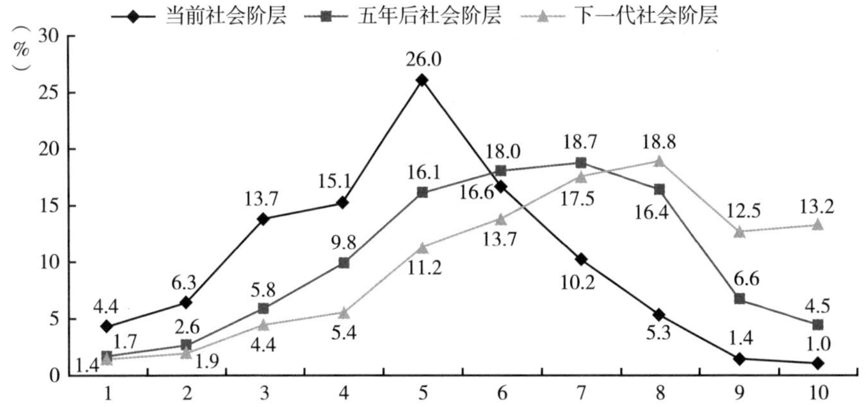

图 2　民众当前社会阶层认同与未来社会阶层预期的分布情况

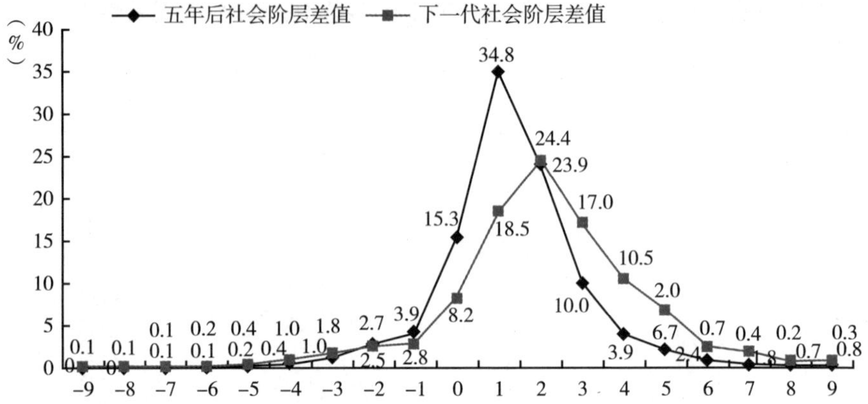

图 3　民众社会阶层向上流动预期分布情况

会阶层会高于当前的位置（M = 1. 324，SD = 1. 683），而下一代的社会阶层与当前相比，会有更大幅度的提升（M = 2. 106，SD = 2. 276）。

3. 国家层面的心理预期

在国家层面，民众对国家应对灾害和突发事件能力提升的预期较高（M = 4. 451，SD = 0. 772），以及对我国国际地位提升的预期较高（M = 4. 471，SD = 0. 836）。多数民众认为我国应对灾害和突发事件能力和我国国际地位将会大大提升，见图 4。

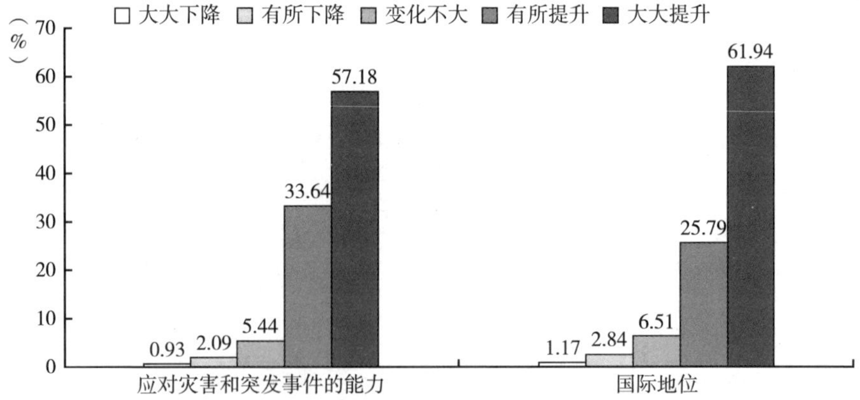

图 4　民众国家层面心理预期（应急能力和国际地位）分布

4. 不同层面心理预期的相关关系分析

相关分析结果表明，三个不同层面的心理预期指标间都具有显著的正相关关系。如表 2 所示，个体遇到困难的预期与社会层面的社会阶层变化呈显著正相关，当前感受到的困难越多，其对未来社会阶层向上流动幅度的预期越大；个体遇到困难的预期与国家发展预期之间，除经济收入降低与国际地位提升之间相关不显著外，其他各指标间均呈显著负相关关系，个体预期困难越多，对国家应急能力和国际地位提升的预期越低；民众社会阶层预期与国家发展预期的各指标间均呈显著正相关，社会阶层预期越积极，国家发展预期越高。

表 2　三个层面心理预期之间的相关关系

变量	经济收入降低	就业困难	经营困难	个人生活困难	应急能力	国际地位	五年后阶层
经济收入降低	1						
就业困难	0.707**	1					
经营困难	0.655**	0.714**	1				
个人生活困难	0.706**	0.750**	0.719**	1			
应急能力	-0.026*	-0.089**	-0.075**	-0.079**	1		
国际地位	-0.019	-0.072**	-0.069**	-0.067**	0.606**	1	
五年后阶层	0.073**	0.060**	0.056**	0.067**	0.106**	0.094**	1
下一代阶层	0.076**	0.057**	0.039**	0.066**	0.107**	0.096**	0.784**

注：* 在 0.05 水平（双侧）上显著相关，** 在 0.01 水平（双侧）上显著相关。

（二）心理预期的影响因素分析

1. 新冠肺炎疫情下民众社会心态与心理预期的相关关系

民众心理预期与其他社会心态变量之间的相关分析结果详见表 3，表明对新冠肺炎疫情关注程度往往与经营困难显著正相关，与社会阶层预期负相关，与国家发展预期正相关。社会支持与心理预期的关系与支持来源紧密相关，结果比较复杂，具体而言，来自配偶的社会支持与短期生活困难预期显著正相关，与国家发展预期无显著相关，与五年后社会阶层预期正相关，来自家人和亲戚的社会支持与短期生活困难预期负相关，与社会阶层预期和国家发展预期多呈现显著正相关，来自单位和社区的社会支持，与个人生活预期显著正相关。从情绪上来看，积极情绪与短期生活困难预期显著负相关，与国家发展预期显著正相关，同时平静情绪与社会阶层预期显著负相关；消极情绪与短期生活困难预期显著正相关，与国家发展预期显著负相关，担忧和悲伤情绪与社会阶层预期显著正相关，其他情绪则无显著影响。从生活压力来看，各方面生活压力均与短期生活困难预期显著正相关，与国家发展预期显著负相关，对社会阶层预期多无显著影响。

表 3　新冠肺炎疫情下民众社会心态与心理预期的相关关系

变量	经济收入降低	就业困难	经营困难	个人生活困难	应急能力	国际地位	五年后社会阶层	下一代社会阶层
性别(1男,2女)	-0.016	-0.008	-0.036**	-0.021*	0.034**	0.017	-0.030**	-0.02
年龄	-0.081**	-0.088**	-0.048**	-0.092**	-0.017	-0.015	-0.204**	-0.172**
受教育程度	-0.071**	-0.088**	-0.076**	-0.074**	-0.02	-0.028*	-0.074**	-0.123**
个人月收入	-0.051**	-0.056**	-0.001	-0.044**	-0.051**	-0.063**	-0.118**	-0.140**
家庭月收入	-0.044**	-0.052**	-0.016	-0.047**	-0.001	-0.005	-0.022*	-0.043**
长期居住地类型	0.065**	0.098**	0.057**	0.069**	0.025*	0.015	0.096**	0.117**
国内疫情关注程度	0.016	-0.002	0.035**	0.002	0.157**	0.139**	-0.012	-0.01
国外疫情关注程度	-0.025*	-0.006	0.029**	-0.008	0.045**	0.050**	-0.073**	-0.075**
关注疫情时长	-0.01	0.032**	0.052**	0.02	0.005	0.011	0.009	0
无任何来源	0.039**	0.057**	0.047**	0.057**	-0.040**	-0.041**	0.023*	0.031**
医疗机构	0.012	0.025*	0.009	0.015	-0.006	-0.013	0.001	-0.006
配偶	0.035**	0.045**	0.019	0.037**	-0.01	-0.018	0.021*	0.013
其他家人	-0.004	-0.033**	-0.011	-0.025*	0.113**	0.092**	-0.004	-0.003
朋友	0.015	0.02	0.026*	0.024*	0.011	0.01	0.024*	0.030**
亲戚	-0.022*	-0.048**	-0.077**	-0.056**	0.041**	0.039**	0.028**	0.042**
同事	-0.003	0.011	0	0.01	0.012	0.007	0.001	0.001
工作单位	-0.001	0.034**	0.049**	0.022*	0.076**	0.070**	0.021	0.02

续表

变量	经济收入降低	就业困难	经营困难	个人生活困难	应急能力	国际地位	五年后社会阶层	下一代社会阶层
党团工会等官方或半官方组织	-0.012	-0.017	0.022*	-0.02	-0.002	0.002	-0.060**	-0.061**
宗教、社会团体等非官方组织	0.021	0.003	0	0.008	0.014	-0.019	0.006	-0.004
网友	0.012	0.012	0.027*	0.022*	0.006	-0.007	0.012	0.005
社区	0.034**	0.045**	0.044**	0.036**	0.007	0.007	0.028**	0.029**
商业机构	-0.001	-0.019	-0.003	-0.013	0.003	-0.01	-0.007	-0.015
没有遇到困难	-0.058**	-0.098**	-0.053**	-0.082**	0.069**	0.057**	-0.038**	-0.036**
其他	0.01	0.017	0.041**	0.02	0.093**	0.080**	0.039**	0.043**
乐观	-0.057**	-0.076**	-0.052**	-0.082**	0.145**	0.116**	-0.002	-0.011
平静	-0.068**	-0.074**	-0.055**	-0.090**	0.080**	0.066**	-0.030**	-0.040**
担忧	0.143**	0.126**	0.113**	0.155**	-0.021	-0.035**	0.070**	0.075**
无助	0.157**	0.213**	0.195**	0.211**	-0.187**	-0.163**	0.003	-0.001
恐惧	0.167**	0.195**	0.181**	0.210**	-0.139**	-0.120**	0.015	0.017
悲伤	0.154**	0.161**	0.150**	0.186**	-0.083**	-0.087**	0.022*	0.026*
愤怒	0.138**	0.130**	0.137**	0.159**	-0.123**	-0.117**	0.011	0.018
恐慌	0.147**	0.174**	0.174**	0.191**	-0.140**	-0.134**	0.004	0.001
经济问题	0.668**	0.584**	0.557**	0.601**	-0.053**	-0.038**	0.064**	0.064**
就业问题	0.615**	0.774**	0.604**	0.656**	-0.083**	-0.070**	0.075**	0.072**
生意经营问题	0.546**	0.580**	0.759**	0.580**	-0.054**	-0.048**	0.069**	0.051**
就医问题	0.424**	0.476**	0.488**	0.479**	-0.159**	-0.134**	-0.027*	-0.028**
住房和住宿问题	0.369**	0.470**	0.455**	0.444**	-0.207**	-0.152**	0.009	-0.004
交通问题	0.384**	0.415**	0.389**	0.420**	-0.088**	-0.082**	0.017	0.01
心理问题	0.365**	0.431**	0.415**	0.441**	-0.190**	-0.158**	-0.004	-0.015
防护物资缺乏问题	0.420**	0.420**	0.414**	0.455**	-0.115**	-0.117**	0.005	0.002

注：* 在0.05水平（双侧）上显著相关，** 在0.01水平（双侧）上显著相关。

2. 新冠肺炎疫情下短期生活困难预期的影响因素分析

鉴于个人层面的心理预期的表现及其与其他变量相关关系的高度一致性，将经济收入降低、就业困难、经营困难、个人生活困难四个项目的总均分，作为个人层面社会心理预期的得分，采用多重线性回归分析方法，分析疫情中民众社会心态因素对个人层面心理预期的影响。自变量采用层次进入的方式，考察每层中增加的变量对回归方程解释力度的影响，从而判定增加的变量是否和因变量独立关联。具体而言，第一层进入性别、年龄、受教育程度、个人月收入、家庭月收入和长期居住地；第二层进入对新型冠状病毒肺炎疫情的关注程度；第三层进入在疫情中的情绪感受；第四层进入在疫情中存在的问题；第五层进入在疫情中所得帮助的来源。每层变量采用全部进入（ENTER）方式，结果如表 4 所示。

五步回归之后的方程可在一定程度上解释短期生活困难预期的变化。在控制了人口学变量的影响之后，对新型冠状病毒肺炎疫情的关注程度（F = 21.669，$\triangle R^2 = 0.002$）、在疫情中的情绪感受（F = 44.401，$\triangle R^2 = 0.058$）、在疫情中生活压力（F = 808.289，$\triangle R^2 = 0.619$）和在疫情中所得帮助的来源（F = 505.555，$\triangle R^2 = 0.001$）都显著增加了回归方程的解释力。相比之下，在疫情中生活压力具有更大的解释力。

回归方程累计解释了短期生活困难预期 70.0% 的变异。在最终的回归方程中，年龄对短期生活困难预期具有显著的正向影响作用，即年龄越小，对短期生活困难预期越高；受教育程度对短期生活困难预期具有显著的负向影响作用，即受教育程度水平越高，对短期生活困难预期越低；在疫情中的经济问题、就业问题、生意经营问题、住房和住宿问题、交通问题、心理问题和防护物资缺乏问题等压力对短期生活困难预期具有显著的正向影响作用，即存在这些问题的民众倾向于短期生活困难预期。

表 4　疫情下民众社会心态对其生活困难预期影响的回归分析

变量	第一层标准化系数β	第二层标准化系数β	第三层标准化系数β	第四层标准化系数β	第五层标准化系数β
性别	-0.012	-0.014	-0.027*	0.003	0.003
出生年份	0.092***	0.098***	0.093***	0.019**	0.018**
受教育程度	-0.086***	-0.087***	-0.075***	-0.013*	-0.013*
个人月收入	0.036**	0.031*	0.025*	0.001	0.003
家庭月收入	-0.034**	-0.036**	-0.028*	0.006	0.006

续表

变量	第一层标准化系数β	第二层标准化系数β	第三层标准化系数β	第四层标准化系数β	第五层标准化系数β
长期居住地类型	0.047 ***	0.048 ***	0.040 ***	0.009	0.008
关注疫情时长		0.034 **	0.025 *	-0.010	-0.009
无助			0.115 ***	0.009	0.008
恐惧			0.063 ***	0.010	0.010
悲伤			0.031 *	0.013	0.013
愤怒			0.035 **	0.008	0.008
恐慌			0.039 *	-0.009	-0.009
经济问题				0.180 ***	0.180 ***
就业问题				0.342 ***	0.340 ***
生意经营问题				0.289 ***	0.289 ***
住房和住宿问题				0.021 **	0.022 **
交通问题				0.047 ***	0.048 ***
心理问题				0.059 ***	0.060 ***
防护物资缺乏问题				0.086 ***	0.086 ***
R^2	0.020	0.022	0.080	0.699	0.700
$\triangle R^2$	0.020	0.002	0.058	0.619	0.001
F	29.161	21.669	44.401	808.289	505.555

注：* 在0.05水平（双侧）上显著相关，** 在0.01水平（双侧）上显著相关，*** 在0.001水平（双侧）上显著相关。各变量所有测量指标均纳入回归模型，受篇幅限制，在报告中省略了所有层次均不显著的数据结果，下同。

3. 新冠肺炎疫情下社会阶层预期的影响因素分析

以五年后的等级变化的预期为因变量，进行多重线性回归分析。结果如表5所示。五步回归之后的方程可在一定程度上解释五年后等级变化预期的差异。在控制了人口学变量的影响之后，对新型冠状病毒肺炎疫情的关注程度（F = 58.112，$\triangle R^2$ = 0.005）、在疫情中的情绪感受（F = 31.943，$\triangle R^2$ = 0.002）、在疫情中存在的问题（F = 24.677，$\triangle R^2$ = 0.007）和在疫情中所得帮助的来源（F = 16.019，$\triangle R^2$ = 0.002）都显著增加了回归方程的解释力。

回归方程累计解释了五年后等级变化预期6.9%的变异。在最终的回归方程中，年龄、长期居住地类型正向预测五年后等级变化的预期，受教育程度和个人月收入负向预测五年后等级变化的预期，即年龄越小、居住地越从中心城区向农村偏移、受教育程度越低以及个人月收入越少，则对五年后等级提升的预期程度越高。疫情关注度方面，对国内疫情的关注程度和每天关注新型冠状病毒肺炎相关消息的时长正向预测五年后等级变化的预期，对国外新型冠状病毒肺炎疫情的关注程度负向预测五年后等级变化的预期；情绪方面，仅担忧情绪会正向预测五年后等级变化的预期；疫情期间生活压力方面，生意经营问题正向预测五年后等级变化的预期，就医问题负向预测五年后等级变化的预期。社会支持方面，没有任何帮助来源和得到其他来源的帮助正向预测五年后等级变化的预期。

表5　疫情下民众社会心态对五年后社会阶层预期影响的回归分析

变量	第一层标准化系数β	第二层标准化系数β	第三层标准化系数β	第四层标准化系数β	第五层标准化系数β
年龄	0.190***	0.190***	0.186***	0.179***	0.174***
受教育程度	-0.068***	-0.065***	-0.063***	-0.054***	-0.053***
个人月收入	-0.042**	-0.046***	-0.043**	-0.042**	-0.039**
长期居住地类型	0.033**	0.032**	0.030**	0.030**	0.028*
国内疫情关注程度		0.039**	0.033**	0.028*	0.027*
国外疫情关注程度		-0.062***	-0.060***	-0.058***	-0.057***
关注疫情时长		0.049***	0.049***	0.049***	0.048***
担忧			0.050***	0.046***	0.043**
生意经营问题				0.066***	0.064***
就医问题				-0.077***	-0.075***
无任何来源					0.021*
其他					0.030**
R^2	0.052	0.057	0.059	0.066	0.069
$\triangle R^2$	0.052	0.005	0.002	0.007	0.002
F	79.904	58.112	31.943	24.677	16.019

注：* 在0.05水平（双侧）上显著相关，** 在0.01水平（双侧）上显著相关，*** 在0.001水平（双侧）上显著相关。

以下一代等级变化的预期为因变量，进行多重线性回归分析。结果如表6所示。五步回归之后的方程可在一定程度上解释下一代等级变化预期的差异。在控制了人口学变量的影响之后，对新型冠状病毒肺炎疫情的关注程度（F = 57.860，$\triangle R^2$ = 0.003）、在疫情中的情绪感受（F = 32.061，$\triangle R^2$ = 0.003）、在疫情中存在的问题（F = 24.039，$\triangle R^2$ = 0.006）和在疫情中所得帮助的来源（F = 16.115，$\triangle R^2$ = 0.004）都显著增加了回归方程的解释力。

回归方程累计解释了下一代等级变化预期 6.9% 的变异。在最终的回归方程中，年龄和长期居住地类型正向影响对下一代等级变化的预期，即年龄越小、长期居住地越趋于农村的个体对下一代等级提升的预期程度越高；受教育程度和个人月收入负向影响下一代等级提升的预期，即受教育程度越高、个人月收入越高，则对下一代等级降低的预期程度越高。疫情关注方面，对国内疫情的关注程度和每天关注新型冠状病毒肺炎相关消息的时长正向预测下一代等级的提升，对国外新型冠状病毒肺炎疫情的关注程度负向预测下一代等级提升的预期。情绪方面，仅担忧正向预测下一代等级提升的预期。疫情下生活压力方面，经济问题和生意经营问题正向预测下一代等级提升的预期，就医问题负向预测下一代等级提升的预期。社会支持方面，并未得到任何来源的帮助，以及得到亲戚、社区及其他来源的帮助均正向预测下一代等级提升的预期。

表 6　疫情下民众社会心态对其下一代社会阶层预期影响的回归分析

变量	第一层标准化系数β	第二层标准化系数β	第三层标准化系数β	第四层标准化系数β	第五层标准化系数β
年龄	0.154***	0.154***	0.150***	0.144***	0.139***
受教育程度	-0.106***	-0.102***	-0.101***	-0.094***	-0.092***
个人月收入	-0.055***	-0.058***	-0.054***	-0.051***	-0.048***
长期居住地类型	0.047***	0.046***	0.044***	0.044***	0.041***
国内疫情关注程度		0.045***	0.038**	0.033**	0.030*
国外疫情关注程度		-0.060***	-0.057***	-0.054***	-0.053***
关注疫情时长		0.037**	0.037**	0.039**	0.037**
担忧			0.052***	0.047***	0.043***
经济问题				0.035*	0.034*
生意经营问题				0.037**	0.034*

续表

变量	第一层标准化系数β	第二层标准化系数β	第三层标准化系数β	第四层标准化系数β	第五层标准化系数β
就医问题				-0.061 ***	-0.059 ***
无任何来源					0.031 **
亲戚					0.035 **
社区					0.028 *
其他					0.038 **
R^2	0.053	0.056	0.059	0.065	0.069
$\triangle R^2$	0.053	0.003	0.003	0.006	0.004
F	80.512	57.860	32.061	24.039	16.115

注：* 在0.05水平（双侧）上显著相关，** 在0.01水平（双侧）上显著相关，*** 在0.001水平（双侧）上显著相关。

4. 新冠肺炎疫情下国家发展预期的影响因素分析

以国家应对灾害和突发事件能力的预期为因变量，进行多重线性回归分析。结果如表7所示。五步回归之后的方程可在一定程度上解释下一代等级变化的差异。在控制了人口学变量的影响之后，对新型冠状病毒肺炎疫情的关注程度（F=33.601，$\triangle R^2$=0.030）、在疫情中的情绪感受（F=48.052，$\triangle R^2$=0.052）、在疫情中存在的问题（F=46.025，$\triangle R^2$=0.030）和在疫情中所得帮助的来源（F=34.149，$\triangle R^2$=0.018）都显著增加了回归方程的解释力。

回归方程累计解释了国家应对灾害和突发事件能力预期13.3%的变异。在最终的回归方程中，性别和长期居住地类型正向影响对国家应对灾害和突发事件能力的预期，表明女性和居住地更趋于农村的个体更倾向于做出国家应对灾难和突发事件的能力会提升的预期，受教育程度和个人月收入负向影响对国家应对灾害和突发事件能力的预期，表明受教育程度越高、个人月收入越高，则个体更倾向于做出国家应对灾难和突发事件的能力会降低的预期；对国内疫情的关注程度正向影响对国家应对灾难和突发事件能力提升的预期，每天关注新型冠状病毒肺炎相关消息的时长负向预测对国家应对灾难和突发事件能力提升的预期；乐观、担忧和悲伤的情绪正向影响对国家应对灾难和突发事件能力提升的预期，无助和愤怒的情绪负向预测对国家应对灾难和突发事件能力提升的预期；经济问题、生意经营问题和交通问题正向影响对国家应对灾难和突发事件能力提升的预期，就医问题、住房和住宿问题以及心理问题负向预测对国家应对灾难和突发事件能力提升的预期；得到配偶的帮助负向预测对国家应对灾难和突发事件能力提升的预期，得到其他家人、亲戚、工作单位、宗教、社会团体等非官方组织、网友和其他来源的帮助以及没有遇到困难正向影响对国家应对灾难和突发事件能力提升的预期。

表 7　疫情下民众社会心态对其国家应急能力预期影响的回归分析

变量	第一层标准化系数β	第二层标准化系数β	第三层标准化系数β	第四层标准化系数β	第五层标准化系数β
性别	0.030**	0.029**	0.036**	0.030**	0.034**
受教育程度	-0.006	-0.009	-0.019	-0.022*	-0.026*
个人月收入	-0.051***	-0.060***	-0.053***	-0.038**	-0.039**
家庭月收入	0.025*	0.022	0.013	0.004	0.001
长期居住地类型	0.012	0.018	0.024*	0.029**	0.031**
国内疫情关注程度		0.191***	0.175***	0.157***	0.145***
疫情关注时长		-0.039**	-0.034**	-0.019	-0.024*
乐观			0.101***	0.096***	0.092***
担忧			0.073***	0.056***	0.045***
无助			-0.146***	-0.108***	-0.101***
恐惧			-0.034*	-0.021	-0.018
悲伤			0.039**	0.034*	0.029*
愤怒			-0.062***	-0.057***	-0.050***
恐慌			-0.036*	-0.017	-0.013
经济问题				0.046**	0.043**
生意经营问题				0.052***	0.044**
就医问题				-0.069***	-0.063***
住房和住宿问题				-0.147***	-0.144***
交通问题				0.058***	0.047***
心理问题				-0.076***	-0.071***
配偶					-0.021*
其他家人					0.077***

续表

变量	第一层标准化系数β	第二层标准化系数β	第三层标准化系数β	第四层标准化系数β	第五层标准化系数β
亲戚					0.069***
工作单位					0.063***
宗教、社会团体等非官方组织					0.035**
网友					0.023*
没有遇到困难					0.046***
其他					0.062***
R^2	0.003	0.033	0.085	0.115	0.133
$\triangle R^2$	0.003	0.030	0.052	0.030	0.018
F	5.919	33.601	48.052	46.025	34.149

注：* 在 0.05 水平（双侧）上显著相关，** 在 0.01 水平（双侧）上显著相关，*** 在 0.001 水平（双侧）上显著相关。

以国际地位预期为因变量，进行多重线性回归分析。结果如表 8 所示。五步回归之后的方程可在一定程度上解释下一代等级变化的差异。在控制了人口学变量的影响之后，对新型冠状病毒肺炎疫情的关注程度（F = 27.014，$\triangle R^2$ = 0.023）、在疫情中的情绪感受（F = 34.886，$\triangle R^2$ = 0.037）、在疫情中存在的问题（F = 30.624，$\triangle R^2$ = 0.017）和在疫情中所得帮助的来源（F = 22.777，$\triangle R^2$ = 0.015）都显著增加了回归方程的解释力。

回归方程累计解释了国际地位预期 9.7% 的变异。在最终的回归方程中，受教育程度和个人月收入负向预测我国的国际地位提升的预期；对国内疫情的关注程度正向影响我国的国际地位提升的预期；乐观的情绪正向影响我国的国际地位提升的预期，无助、愤怒和恐慌负向预测我国的国际地位提升的预期；经济问题正向影响我国的国际地位提升的预期，就医问题、住房和住宿问题以及心理问题负向预测我国的国际地位提升的预期；得到其他家人、亲戚、工作单位、社区和其他来源的帮助以及没有遇到困难正向影响我国的国际地位提升的预期，得到来自医疗机构的帮助负向影响我国的国际地位提升的预期。

表8　疫情下民众社会心态对国际地位预期影响的回归分析

变量	第一层标准化系数β	第二层标准化系数β	第三层标准化系数β	第四层标准化系数β	第五层标准化系数β
受教育程度	-0.011	-0.014	-0.023 *	-0.023 *	-0.025 *
个人月收入	-0.070 ***	-0.080 ***	-0.074 ***	-0.064 ***	-0.065 ***
家庭月收入	0.025 *	0.022	0.015	0.008	0.004
国内疫情关注程度		0.162 ***	0.151 ***	0.139 ***	0.127 ***
疫情关注时长		-0.028 *	-0.023 *	-0.012	-0.015
乐观			0.076 ***	0.073 ***	0.070 ***
担忧			0.042 **	0.032 *	0.023
无助			-0.115 ***	-0.086 ***	-0.080 ***
愤怒			-0.057 ***	-0.051 ***	-0.045 **
恐慌			-0.053 **	-0.037 *	-0.033 *
经济问题				0.059 ***	0.057 ***
生意经营问题				0.035 *	0.027
就医问题				-0.059 ***	-0.055 ***
住房和住宿问题				-0.082 ***	-0.079 ***
交通问题				0.034 *	0.026
心理问题				-0.056 ***	-0.052 ***
防护物资缺乏问题				-0.027 *	-0.022
医疗机构					-0.021 *
其他家人					0.063 ***
亲戚					0.054 ***
工作单位					0.058 ***
社区					0.022 *
没有遇到困难					0.040 ***
其他					0.050 ***
R^2	0.005	0.028	0.065	0.082	0.097
$\triangle R^2$	0.005	0.023	0.037	0.017	0.015
F	6.763	27.014	34.886	30.624	22.777

注：* 在0.05水平（双侧）上显著相关，** 在0.01水平（双侧）上显著相关，*** 在0.001水平（双侧）上显著相关。

四　讨论与结论

本报告中使用个人层面的生活困难与其社会层面的向上流动预期和国家

层面的社会发展预期来评估民众社会心理预期。从调查结果来看，在新冠疫情影响之下，约七成民众认为个人的收入、就业等会遇到一定的困难；与此同时，九成以上的民众认为自己五年后或者下一代的社会阶层会有所提升，国家的应急能力和国际地位也会提升，且六成左右的民众认为国家应急能力和国际地位会有大幅提升。这些结果表明，民众生活在短期内受疫情冲击明显的同时，与疫情发生之前的社会预期基本一致，对个人未来生活和国家未来发展都比较有信心，心理预期较积极（王俊秀，2017）。从三个不同层面预期指标之间的相关关系来看，社会阶层预期与国际发展预期显著正相关；短期生活困难预期与社会阶层预期显著正相关，与应急能力预期显著负相关，表明生活状况受新冠疫情影响越大的民众，对自身生活和社会阶层的恢复有更积极预期，同时对应急能力的进一步提升的预期越弱，需求更强烈。

从民众的人口学特征看，女性的经营困难、个人生活困难预期和五年后阶层预期低于男性，但对国际应急能力提升的预期则高于男性；青年群体短期生活困难预期更高，但社会阶层提升预期更高；受教育程度和月收入较低的中低阶层民众，短期生活困难预期更高的同时，社会阶层向上流动和国家发展预期都更积极；居住在农村或城乡结合部等距市中心越远的民众，其生活苦难预期越高，但同时对社会阶层向上流动预期和国家发展预期都越高。这些结果表明，新冠肺炎疫情给中低收入群体的短期生活带来的冲击更大，但与此同时，他们对个人和国家的未来发展依然有更积极的心理预期。

从各层面社会心理预期的影响因素来看，疫情期间个体所感受到的各种生活压力都对短期生活困难预期有显著正向预测作用，而且同时纳入多因素的综合模型中，疫情关注度、情绪、社会支持等因素的影响均有一定作用，反映了个人短期内生活困难预期与疫情期间民众的客观得失的紧密联系。但从中长期的社会阶层流动和国家地位提升预期来看，其影响就比较复杂，当前的生意经营问题越大，阶层向上流动预期越大，但就医问题越大则未来阶层流动预期越小；就医、住房、心理问题需求等方面的压力越大，应急能力和国际地位预期越消极，但经济问题、生意经营问题等其他方面的压力越大，应急能力和国际地位预期越积极。

疫情关注的时长以及国内外信息的关注度，对短期生活困难预期无影响，关注时长、国内疫情关注度越高，社会阶层流动预期、国家应急能力和国际地位预期都会越积极，而对国外疫情关注程度越高，阶层向上流动预期越消极，对国家层面心理预期无影响。考虑到本次调查实施的时间节点，当时涉及国内外疫情防控对比的信息还比较少，具体影响可能随着疫情发展发生变化。在情绪方面，积极情绪只正向预测国家层面心理预期，对短期生活困难预期和社会阶层流动预期无影响。而消极情绪的影响与已有研究一致，不同负性情绪对人的心理和决策行为的影响出现分化（杨昭宁，顾子贝，王杜娟，谭旭运，王晓明，2017），担忧情绪越高，对社会阶层流动、国家发展预期越积极；悲伤情绪也可以正向预测国家应急能力预期；无助、愤怒、恐慌情绪越高，应急能力和国际地位预期越消极，对短期生活预期和社会阶层预期无影响。社会支持方面，与已有研究一致（王俊秀，2017），来自于亲戚、社区等的社会支持越高，对下一代社会阶层的向上流动预期，应急能力和国际地位预期越积极。但值得注意的是，配偶的支持会负向预测国家应急能力提升的预期，这可能与疫情对于核心家庭基本生活的冲击有关。

目前疫情进入常态化防控阶段，可能还会持续相当长的时间，因此需要积极采取一系列针对性措施，落实稳定经济发展预期、社会民众预期的“稳预期”任务，引导民众形成积极理性的社会心理预期。

鉴于上述分析，本报告提出三点建议。第一，强化“六稳”“六保”工作落实，努力克服新冠肺炎疫情带来的不利影响，在宏观经济政策指导下，多措并举、综合施策，稳定现有就业，积极增加新就业，保障民众的物质生活需要的基本满足。第二，信息、信任、信心是疫情防控下社会心态的核心影响因素（王俊秀，2020），为积极应对疫情带来的诸多不确定性感知和认知偏差，及时公开疫情相关信息，澄清不实信息，提高疫情防控透明度，客观分析疫情对社会经济和民众社会生活的影响，实事求是反映经济社会发展状况，稳定社会预期。第三，积极开展心理疏导和援助服务，推进社会心理服务体系建设，指导自我调适，修复社会支持网络，疏解民众无助、恐惧、愤怒情绪，培育理性积极的社会心态，促进和谐家庭、社区、社会关系的形成，助推疫情防控阻击战的最终胜利。

参考文献

凯恩斯：《就业利息和货币通论》，徐毓（木丹）译，商务印书馆，1997。

唐文杰、侯玉波：《预期如何影响人们对不愉快事件的体验?》，《心理科学》2017年第6期。

王俊秀：《居民需求满足与社会预期》，《江苏社会科学》2017年第1期。

王俊秀：《信息、信任、信心：疫情防控下社会心态的核心影响因素》，《光明日报》2020年2月8日。

吴菲、王俊秀：《相对收入与主观幸福感：检验农民工的多重参照群体》，《社会》2017年第2期。

杨昭宁、顾子贝、王杜娟、谭旭运、王晓明：《愤怒和悲伤情绪对助人决策的影响：人际责任归因的作用》，《心理学报》2017年第3期。

俞国良、王浩：《社会转型期大学生心理健康教育观念的思考：访谈证据》，《黑龙江高教研究》2017年第3期。

张虹、王波：《居民心理预期与经济政策效果分析》，《辽宁大学学报》（哲学社会科学版）2013年第3期。

Olson, J. M., Roese, N. J., & Zanna, M. P., Expectancies. In E. T. Higgins & A. W. Kruglanski (Eds.), *Social Psychology: Handbook of Basic Principles*. New York: Guilford Press, 1996.

B.5

新冠肺炎疫情下新市民的生活现状和复工意愿研究

赵桑榆　王俊秀*

摘　要： 随着城市化水平越来越高，外来务工人员越来越市民化，原有的称呼逐渐被“新市民”取代，新市民不再是城市的过客，而是城市的主人。2020年春节前后暴发了新型冠状病毒肺炎疫情，此时大部分城市新市民已经返乡，疫情的持续扩散导致产业受到严重冲击，工人的生活状况牵动人心，与此同时，疫情对口罩的需求和工人返乡导致产能不足的矛盾又迫切需要工人复工生产。疫情之下，新市民对城市的作用越发显现，此时新市民的生活现状和复工意愿尤为重要。本文主要对疫情下新市民的生活现状、疫情关注与防控、行为倾向、疫情风险认知和复工意愿等进行调查研究，调查结果显示，大部分新市民对疫情有较好的认知，他们在老家花销很小，但剩余的生活费仍然很少，他们期待尽早上班赚钱。尽管疫情严峻，对新市民来说，经济状况是影响他们复工的主要原因。调查的其他结论也显示，新市民的疫情认知在性别、年龄和受教育程度的人口统计学变量上有显著差异，复工意愿在受教育程度上有显著差异。复工意愿还受到新市民年龄和疫情关注度的影响，总的来说，年龄越大，疫情关注越多，

* 赵桑榆，上海大学上海研究院硕士研究生，研究方向为社会心态；王俊秀，研究员，博士生导师，中国社会科学院社会学研究所社会心理学研究室主任，社会心理学研究中心主任，中国社会科学院社会心理与行为实验室研究员，研究方向为社会心态、风险社会等。

剩余生活费越少的新市民越倾向于在全国复工后尽早上班。由于疫情导致的经济和就业环境不确定风险增加，在疫情过后，更多的新市民希望找到更稳定的工作。

关键词： 新市民 生活状况 复工意愿 新冠肺炎疫情

一 引言

新市民是指由农村向城市劳动力转移的城市新增常住人口。中国农村劳动力向城市转移的过程有两个阶段：第一个阶段是农民从农村转移出来，在城市从事非农产业，从而完成职业的转变；第二个阶段是转移出来的劳动者在城市逐步沉淀，而实现其市民化并与城市市民逐步融合（程姝，2013）。随着城市化进程加快，原本被称作“流动人口”“务工人员”“农民工”的这部分群体逐渐成为城市发展的主要力量，成为城市的实际居住者。他们被城市影响着，也影响着城市，进而对中国社会结构的稳定性和方向性产生重要影响（李汉宗，2013）。2020 年初暴发的新型冠状病毒肺炎疫情来势凶猛，一方面，对餐饮、娱乐、劳动密集型制造业等行业造成巨大影响，很多企业不仅因防控疫情的需要停止作业，在疫情环境下实际也面临严峻经济压力导致的复工困难；另一方面，各地为疫情防控采取的“封城”“封村”等限制交通出行的措施，导致工人不但无法去企业上班，也难以自行寻求谋生的方式。此外，企业停工、工人回家过年无法复工造成的一大难题使占据世界口罩产量 50%、日产能 2000 万只的中国陷入了“口罩荒”。全社会华人紧急全球采购、“人肉转运”仍然无法满足需求，国内的产能难以恢复。防护服、消毒用品等紧缺的医疗防护物资都面临同样的产能问题，急需工人们回到岗位。

2020 年 2 月 3 日，习近平总书记在中央政治局常委会会议研究应对新型冠状病毒肺炎疫情工作时的讲话中指出“积极推动企业复工复产”。2 月

11 日，李克强总理主持召开国务院常务会议，强调“高度关注就业问题，防止大规模裁员”。2 月 18 日，李克强总理再次主持召开国务院常务会议，强调“突出抓好稳就业这一‘六稳’的首要任务”。习近平总书记在 3 月 4 日召开的中共中央政治局常委会会议上再次强调，“要抓紧推进经济社会发展各项工作，精准有序扎实推动复工复产，实现人财物有序流动、产供销有机衔接、内外贸有效贯通，把疫情造成的损失降到最低限度”。由此可见，中央政府一手抓疫情防控，一手抓复工复产的决心，2 月 9 日以后全国企业陆续开工，疫情中的工人们生活状况如何？他们遇到了什么样的生活问题？他们对于疫情防控的态度如何？工人们是否愿意马上回到工厂？目前学术界还没有对新冠肺炎疫情影响下的新市民的调查研究出现，为了了解和关注疫情中新市民的生活现状和复工意愿，本报告对以打工者为主要组成部分的这一群体进行了生产生活现状、疫情心态和复工意愿等方面的调查。

二　研究方法

（一）被调查者

本研究的样本是通过新市民疫情心态调查得到的，调查由中国社会科学院社会学研究所社会心理学研究中心和“我的打工网”联合进行，调查时间为 2020 年 2 月 3 ~4 日。“我的打工网”是国内最大的为打工人群提供招聘信息和服务的平台，本次调查的问卷向“我的打工网”注册会员推送，共回收问卷 3021 份，最终有效问卷为 16 ~45 岁样本 2977 份，有效回收率 98.5%，被调查者以生产线工人为主，还有快递员、搬运工、司机、送餐工、日结工、保安和保洁等。年龄、性别和文化程度见表 1。

在 2977 名调查对象中，男性 2578 人，占 86.6%；女性 399 人，占 13.4%。从年龄来看，调查对象的平均年龄为 27.46 岁（SD =5.31），大多数调查对象的年龄在 21 ~30 岁，其中 21 ~25 岁的调查对象占 32.4%，26 ~30 岁的调查对象占 33.9%，31 ~35 岁的调查对象占 18.7%，16 ~20 岁、

36～40岁和41～45岁的调查对象所占比例分别为7.3%、5.9%和1.8%。从受教育程度来看，高中（技校、职高、中专）毕业和初中毕业的调查对象所占比例较大，分别为44.6%和40.6%，受教育程度为大专（含在读）的调查对象所占比例为7.9%，小学毕业及以下和大学本科（含在读）及以上的调查对象所占比例分别为4.1%、2.8%。从工作岗位来看，大多数（63.9%）调查对象属于生产线工人，也有一小部分调查对象属于快递员（1.6%）、搬运工（1.4%）、司机（2.6%）、送餐工（0.7%）、日结工（2.1%）、保安（1.8%）和保洁（0.1%）。从家乡所在地来看，来自河南省的调查对象最多，占比24.2%；其次是陕西省，占比11.1%；排在前10位的还有甘肃省（9.5%）、山西省（7.5%）、江苏省（7.1%）、安徽省（5.5%）、山东省（4.5%）、湖北省（4.1%）、四川省（4.0%）和云南省（3.0%）。

表1　调查对象的人口统计学特征（N＝2977）

单位：人，%

变量	类别	计数	百分比
性别	男	2578	86.6
	女	399	13.4
年龄	16～20岁	217	7.3
	21～25岁	964	32.4
	26～30岁	1008	33.9
	31～35岁	558	18.7
	36～40岁	175	5.9
	41～45岁	55	1.8
受教育程度	小学毕业及以下	122	4.1
	初中毕业	1208	40.6
	高中（技校、职高、中专）毕业	1327	44.6
	大专（含在读）	236	7.9
	大学本科（含在读）及以上	84	2.8

（二）测量

本次新市民疫情问卷包括基本生活状态、疫情关注与风险认知和疫情过后行为倾向三个方面。

1. 基本生活状态

基本生活状态关注新市民的生活现状和问题，包括新市民目前所在地、主要活动、每天外出时间、每天花销、剩余生活费、目前最想做的事情、预计开工时间和遇到的问题。

2. 疫情关注、风险认知与复工意愿

伯内德·罗尔曼和奥尔特温·雷恩（2007）认为，“风险认知”这个术语指的是人们对正在或可能影响他们（或者他们的设施、他们的环境）的危险的判断和评估。人们对风险的认知在不同时期存在巨大差异。对疫情的关注和风险认知一方面与疫情的发展阶段息息相关；另一方面也反映了个体文化认知、社会结构和个体与社会的交互作用的关系。新市民对疫情的关注情况和风险认知情况是疫情下新市民社会心态的重要表现。本部分主要测量新市民对疫情发展的关注情况、对疫情预防措施的认知、对自身感染病毒的可能性认知、疫情下的复工意愿。

3. 疫情后行为倾向

行为倾向指的是行为的倾向性，是个人想从事某种行为的主观概率，表明个人执行某行为的动机，反映个人意愿。行为倾向研究是社会心态研究的重要部分。本文关注新市民在疫情过后生活改变的意向、疫情过后想找的工作类型以及疫情后找工作的关注点。对新市民疫情过后行为倾向的关注可以分析作为重大公共卫生事件的新冠肺炎疫情对新市民这一群体心理与认知造成的具体影响。

（三）统计分析

通过 SPSS 24.0 统计分析软件对数据进行分析，主要运用的统计方法包括相关分析、方差分析和回归分析等。

三　研究结果

（一）基本生活状态

疫情发生的时候正值春节前，直至各地疫情严重暴发并封城，新市民从城市返乡的高峰时间已经过去，因此，如表 2 所示，从目前所在地来看（您目前在哪里?），大多数（62.1%）调查对象表示在老家。有 21.5% 的调查对象在宿舍等待开工，在企业上班和在路上准备去打工的调查对象所占比例分别为 8.4% 和 3.4%。另外有 4.6% 的调查对象选择了其他选项，填写的具体内容主要是昆山的出租房（屋）。

表 2　疫情影响下新市民的居住状态（N = 2977）

单位：人，%

变量	类别	计数	百分比
目前所在地	在老家	1849	62.1
	在宿舍等待开工	640	21.5
	在企业上班	250	8.4
	在路上准备去打工	101	3.4
	其他	137	4.6

新市民离开平时生活的大城市，返回家乡，生活成本降低和社会支持增加，在疫情时期一定程度上可以减少其在重大事件下心理调适的难度。从表 3 可以看到，从目前每天的主要活动来看（您最近每天绝大多数时间都在干什么?），选择玩手机的调查对象所占的比例最高（32.1%），其次是睡觉（18.0%），再次是和家人在一起吃吃喝喝（10.6%）、看电视（10.1%），也有一小部分调查对象选择了打游戏（8.3%）、上班（8.1%）、什么都不干（6.8%）和打麻将（1.5%）。另外有 3.9% 的调查对象选择了其他选项，填写较多的有：在家里（帮家里）干活（做家务）、看书、在家待着、带小孩等。

受到疫情影响，各地采取了严格的封村措施，疫情的严重程度也逐渐让广大民众意识到居家隔离的重要性，从表 4 可以看到，在此次调查中，表示不外出的调查对象所占比例最大（69.2%），其次是每天外出 1 ~ 2 个小时的调查对象，所占比例为 19.9%；每天外出 3 ~ 5 个小时和 6 个小时的调查对象所占比例较小，分别为 4.3% 和 2.7%。

表 3　疫情影响下新市民的主要日常活动（N＝2977）

单位：人，%

变量	类别	计数	百分比
主要活动	打游戏	247	8.3
	打麻将	45	1.5
	玩手机	957	32.1
	看电视	302	10.1
	睡觉	537	18.0
	和家人在一起吃吃喝喝	317	10.6
	走亲访友	13	0.4
	上班	241	8.1
	什么都不干	201	6.8
	其他	117	3.9

表 4　疫情影响下新市民外出情况（N＝2977）

单位：人，%

变量	类别	计数	百分比
每天外出时间	不外出	2059	69.2
	1～2 个小时	591	19.9
	3～5 个小时	128	4.3
	6 个小时	79	2.7
	其他	120	4.0

经济开支和储蓄状况是新市民生活情况的重要影响因素。由图 1 可知，从最近每天的花销来看（您最近每天花销大概是多少钱?），每天花销为 10～20 元的调查对象所占比例最大（40.1%），其次是每天花销为 51～100 元的调查对象，所占比例为 18.2%；每天花销为 21～30 元和 31～50 元的调查对象所占比例分别为 15.7% 和 16.9%。另外有 9.0% 的调查对象选择了其他选项，填写的具体内容主要是（不出门/在家）不花钱。总体来看，新市民在疫情期间的经济开支少，比较节约。

图 2 反映了新市民目前剩余的生活费情况。有 35.1% 的调查对象表示剩余生活费可以用一个月以上，有 10.7% 的调查对象剩余生活费可以

用一个月，有14.3%的调查对象剩余生活费可以用半个月，有18.3%的调查对象剩余生活费可以用一星期，有15.2%的调查对象剩余生活费可以用两天。另外有6.3%的调查对象选择了其他选项，填写较多的有：没有钱、在家不用花钱、(够)3个月(及以上)。总体来看，有较大一部分新市民群体的剩余生活费不够用一个月以上，如果不复工上班，他们的生活将遇到较大的经济困境。这也表明了新市民群体应对风险事件的能力较低。

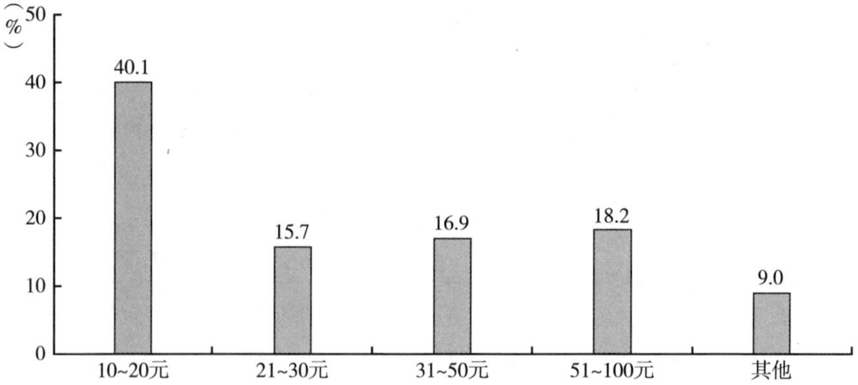

图1　调查对象目前每天的花销

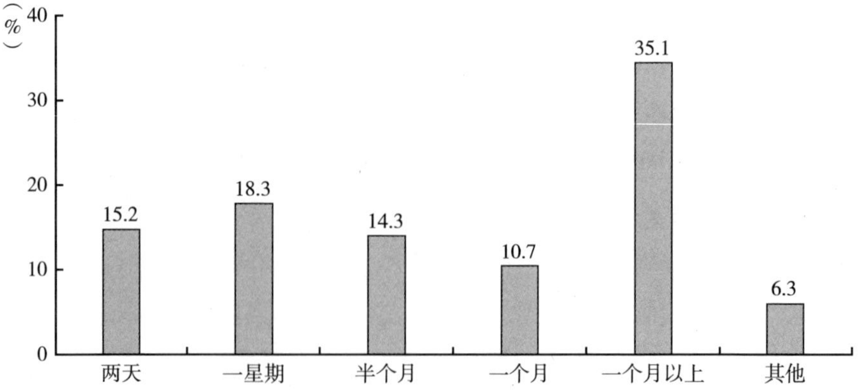

图2　调查对象目前剩余生活费能用的时间

表5反映了疫情影响下新市民的一些期望和遇到的困难。从目前最想做的事情来看（您目前最想干什么?），绝大多数（80.0%）调查对象目前最想做的事情是上班，也有一小部分调查对象选择和朋友聚会（3.8%）、睡觉（5.5%）和逛街玩耍（7.5%）。另外有3.2%的调查对象选择了其他选项，填写较多的有：在家（不花钱/陪家人）、考驾照、上网（去网吧）、找女朋友、赚钱。在复工的预期方面（您预计多久后会开始工作?），预计在一周后开工的调查对象所占比例最大（48.7%），其次是预计在两周后开工的调查对象，所占比例为18.1%；预计在一个月后开工的调查对象所占比例为12.9%；有10.4%的调查对象已经在上班。另外有9.8%的调查对象选择了其他选项，填写较多的有：不清楚（不确定）、疫情过后（疫情结束）、（2月）10号以后、等通知（招工）。从最近遇到的问题来看（您最近有碰到哪些问题?），遇到出行限制问题的调查对象最多，占比64.5%；其次是无所事事和买不到口罩，所占比例分别为38.6%和37.6%；再次是没钱吃饭住宿和受疫情限制租不到房，所占比例分别为17.2%和10.8%。另外3.2%的调查对象选择了其他选项，填写较多的有：没钱（吃饭/交租）、很多东西买不到（没有卖）、不能上班、无聊。总体而言，新市民对复工的期望较为强烈，对预计开工的时间也非常乐观，但是受到疫情限制，他们也遇到出行限制、疫情防控和经济压力等诸多难题。

表5　疫情影响下新市民的期望与困境（N＝2977）

单位：人，%

变量	类别	计数	百分比
目前最想做的事	上班	2382	80.0
	和朋友聚会	114	3.8
	睡觉	164	5.5
	逛街玩耍	222	7.5
	其他	95	3.2

续表

变量	类别	计数	百分比
预计开工时间	已经在上班	311	10.4
	一周后	1450	48.7
	两周后	538	18.1
	一个月后	385	12.9
	其他	293	9.8
遇到的问题	没钱吃饭住宿	513	17.2
	出行限制问题	1919	64.5
	受疫情限制租不到房	321	10.8
	无所事事	1148	38.6
	买不到口罩	1118	37.6
	其他	95	3.2

（二）疫情关注与风险认知

由表6可知，从对疫情发展的关注情况来看（您最近会时常关注疫情发展的新闻和报道吗?），选择“时刻关注，并会转告家人”的调查对象所占比例最大（45.4%），其次是选择“时刻关注”和“偶尔关注”的调查对象，所占比例分别为25.5%和17.8%；选择“不关注”和“时刻关注，并会转告朋友”的调查对象所占比例较少，分别为3.1%和8.2%。可以看到，大部分新市民对疫情发展状况都非常关注。

表6　新市民对疫情的关注（N = 2977）

单位：人，%

变量	类别	计数	百分比
对疫情发展的关注情况	不关注	93	3.1
	偶尔关注	531	17.8
	时刻关注	758	25.5
	时刻关注,并会转告家人	1352	45.4
	时刻关注,并会转告朋友	243	8.2

在对疫情防控的认知上，本文以疫情预防措施认知（您知道疫情预防需要做哪些吗?）来考察，从图3可见，绝大多数调查对象都知道基本的疫情预防措施，其中选择比例最高的是勤洗手（95.0%），其次是不去人多的地方（92.0%）和不串门、不走亲戚（91.2%），再次是不聚餐（88.5%）、人多的地方要戴口罩（87.1%），选择适量运动的调查对象所占比例相对较小（68.3%）。这意味着新市民对疫情防控有基本的意识。

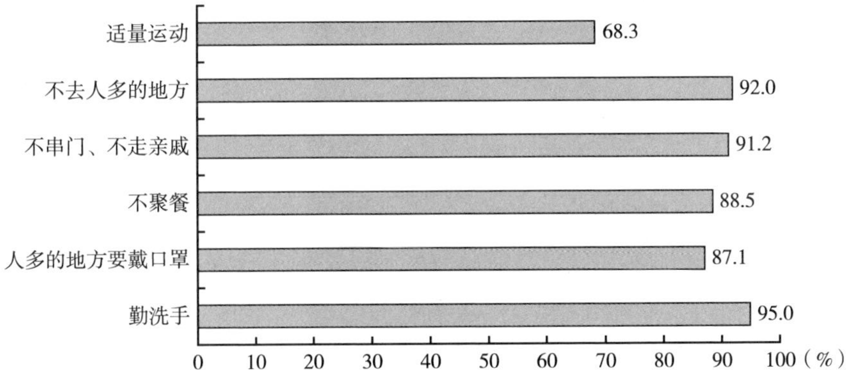

图3　调查对象所知道的疫情预防措施

在对疫情的风险认知上，绝大部分新市民还是非常乐观的，认为自己感染病毒的可能性完全没有的调查对象所占比例最大（49.7%），其次是不太可能（40.9%），认为自己比较可能和非常可能感染病毒的调查对象所占比例分别为6.1%和3.2%（见表7）。

表7　新市民对疫情的风险认知（N=2977）

单位：人，%

变量	类别	计数	百分比
感染病毒的可能性	完全没有可能	1479	49.7
	不太可能	1219	40.9
	比较可能	183	6.1
	非常可能	96	3.2

尽管在目前想要做的事情上，大多数（80%）新市民都表明上班是目前最想做的，但是严峻的疫情形势下，他们真正的复工意愿多大程度上会受到疫情影响，是值得讨论的话题。调查结果显示（见表8），绝大部分新市民都表示了正向的复工意愿。选择“不会不上班，相信工厂会做好防护”的调查对象所占比例最大（55.6%），其次是选择“不会不上班，不赚钱就没法生活”的调查对象，所占比例为29.9%；选择“不会上班，安全更重要”和“不会上班，我还不缺钱用”的调查对象所占比例较小，分别为12.2%和2.3%。

表8　疫情下新市民复工意愿（N=2977）

单位：人，%

变量	类别	计数	百分比
如果2月10号复工，会否因担心传染而不上班	不会不上班，不赚钱就没法生活	890	29.9
	不会不上班，相信工厂会做好防护	1656	55.6
	不会上班，安全更重要	364	12.2
	不会上班，我还不缺钱用	67	2.3

（三）疫情后行为倾向

从疫情过后的生活改变意向来看（经过这次疫情后您以后的生活会不会有下面的改变?），选择“更努力地工作”（74.5%）、“锻炼身体，保持身体健康”（73.5%）和“多关心家人”（70.9%）的调查对象所占比例较高，选择“尽量找份稳定的工作”（65.7%）、“尊重医生”（59.9%）和“帮助有困难的人”（55.5%）的调查对象所占比例略低（见图4）。总体来看，新市民经历此次疫情后，更加关注自身和家人的人占大多数。

从疫情过后想找的工作类型来看（疫情结束后您想要找什么样的工作?），想要找长期工的调查对象所占比例最高（77.4%），其次是想找三个月内短期工的调查对象，所占比例为12.6%；想找日结工和一个月内

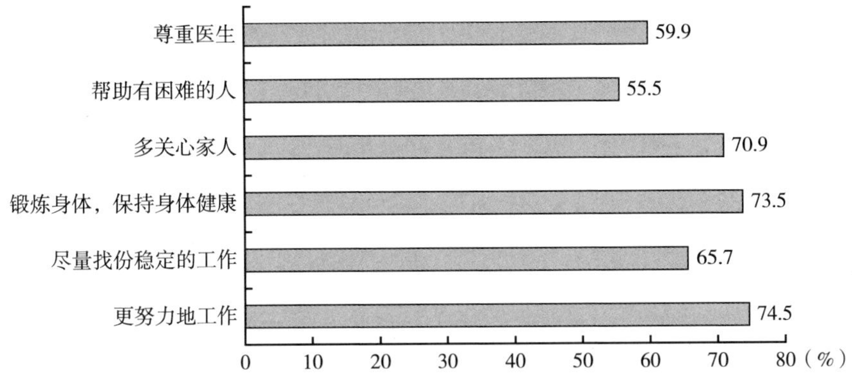

图4 调查对象疫情过后的生活改变意向

短期工的调查对象所占比例较小，分别为3.2%和1.8%。另外有5.0%的调查对象选择了其他选项，填写较多的有：稳定、已经有工作、看情况（到时候再说）、工资高。从疫情过后找工作的关注点来看（疫情结束后，找工作您会关注哪些方面?），选择“正式工”的调查对象所占比例最高（43.0%），其次是选择“23元以上的高工价”的调查对象，所占比例为25.0%；选择“20元左右工价长期工作”和“高返费”的调查对象所占比例较低，分别为15.4%和12.2%。另外有4.4%的调查对象选择了其他选项，填写较多的有：稳定（的工作）、看情况（不清楚、没想好）、已经有工作、工资高、自己创业。总体来看，疫情后新市民找工作更倾向于长期、稳定的工作（见表9）。当下，新市民的短工化就业趋势非常突出。田明（2013）以及李群、杨东涛和陈郁炜（2014）等人的研究表明，目前新市民离职率高、流动性高、就业稳定性低。短工化的趋势一方面不利于新市民职业发展、社会融入；另一方面也形成企业的高用工成本（骈骞雅，2018）。而在疫情的影响下，由于自身抗风险能力较弱，高就业流动性也将对新市民自身造成更大影响，新冠肺炎疫情对产业和工业形成较大冲击，很多中小企业面临着停工倒闭的处境，新市民工人一旦失业，再就业将有一定难度。

表 9　疫情后新市民就业倾向（N = 2977）

单位：人，%

变量	类别	计数	百分比
疫情过后想找的工作类型	日结工	96	3.2
	一个月内短期工	53	1.8
	三个月内短期工	375	12.6
	长期工	2305	77.4
	其他	148	5.0
疫情过后找工作的关注点	高返费	363	12.2
	23 元以上的高工价	745	25.0
	20 元左右工价长期工作	458	15.4
	正式工	1280	43.0
	其他	131	4.4

（四）相关分析、差异分析以及复工意愿的影响因素分析

本文对新市民在疫情下的复工意愿（复工会不会上班）、对疫情的关注（关注疫情发展的新闻和报道）和对疫情风险认知（自身感染病毒可能性）进行了相关分析。从表 10 可以看出，新市民复工意愿、疫情关注和风险认知的相关关系。风险认知和复工意愿、疫情关注的相关关系都不显著，复工意愿和疫情关注的相关系数是 -0.044，显著性概率 $p < 0.05$，这表明两个变量有显著的负相关，对疫情越关注的新市民，越不会不上班。也就是说，疫情关注和想去上班是正相关的。

表 10　复工意愿、疫情关注和风险认知相关矩阵

类别	复工意愿	疫情关注	风险认知
复工意愿			
疫情关注	-0.044*		
风险认知	-0.003	0.019	

注：* 在 0.05 水平（双侧）上显著相关。

对不同性别的新市民疫情下的复工意愿、疫情关注和风险认知进行独立样本 t 检验，结果如表 11 所示，在复工意愿和风险认知上，男女得分没有显著差异，而在疫情关注上，男女有显著差异（$p<0.05$），新市民中，女性比男性更加关注疫情的发展状况。

表 11　复工意愿、疫情关注和风险认知在性别上的差异

单位：分

因素名称	性别	均值	标准差	t	P
复工意愿	男	1.143	0.035	-0.647	0.518
	女	1.155	0.036		
疫情关注	男	2.726	0.523	-3.120**	0.002
	女	2.815	0.422		
风险认知	男	1.620	0.754	-0.941	0.347
	女	1.660	0.652		

注：** 在 0.01 水平（双侧）上显著相关。

对不同年龄和受教育程度的新市民进行单因素方差分析，如表 12 所示，复工意愿在受教育程度上有显著差异（$p<0.05$）。疫情关注则在年龄和受教育程度上都有显著差异（$p<0.001$）。在新市民对疫情风险的认知上，年龄和受教育程度的差异并不显著。

表 12　复工意愿、疫情关注和风险认知在年龄和受教育程度上的差异

因素名称	年龄		受教育程度	
	F	P	F	P
复工意愿	2.175	0.054	3.032*	0.017
疫情关注	17.407***	0.000	11.984***	0.000
风险认知	1.374	0.231	2.295	0.057

注：* 在 0.05 水平（双侧）上显著相关；*** 在 0.001 水平（双侧）上显著相关。

为了进一步了解新市民在疫情下复工意愿的影响因素，选取人口统计学因素（性别、年龄和受教育程度）、剩余生活费、风险认知和疫情关注为自变量进行回归分析，结果如表 13 所示，模型一只加入性别、年龄和受教育程度三个人口统计学变量，结果显示，新市民的年龄影响复工意愿，年龄大的新市民更倾向于在疫情之下复工。模型二加入了剩余生活费的变量，结果显示，剩余生活费越少的新市民更倾向于在疫情下复工。模型三加入了疫情关注的变量，发现年龄和剩余生活费的变量依然对复工意愿有显著影响，而疫情关注越多的新市民越倾向于选择相信企业和社会的防控能力，在疫情下复工。模型四表明风险认知对复工意愿的影响不显著。

表 13　新市民疫情下复工意愿的回归分析

变量	模型一	模型二	模型三	模型四
性别	0.021	0.004	0.006	0.006
	(0.021)	(0.004)	(0.006)	(0.006)
年龄	-0.019**	-0.021**	-0.019**	-0.019**
	(-0.060)	(-0.068)	(-0.061)	(-0.061)
受教育程度	-0.030	-0.006	-0.005	-0.005
	(-0.007)	(-0.014)	(-0.011)	(-0.011)
剩余生活费	0.032***	0.033***	0.033***	
	(0.143)	(0.147)	(0.147)	
疫情关注			-0.028*	-0.028*
			(-0.042)	(-0.042)
风险认知				0.001
				(0.001)
F	3.515	15.875	13.607	11.336
R^2	0.004	0.024	0.026	0.026

注：* 在 0.05 水平（双侧）上显著相关；** 在 0.01 水平（双侧）上显著相关；*** 在 0.001 水平（双侧）上显著相关。

四　讨论与结论

（一）疫情下新市民的基本生活状况和行为倾向

根据此次调查，新冠肺炎疫情下，新市民大多从城市返回老家，也有较大一部分新市民滞留在宿舍等待开工。新市民的日常生活以居家消遣为主，玩手机成为新市民日常最频繁的事情，睡觉、吃喝、看电视和打游戏等休闲娱乐活动次之。在疫情影响下，他们基本不再外出，每天花销也较少，每天花费 10～20 元的新市民占大部分。由于疫情突然暴发，加上新市民本身经济收入较低、抗风险能力弱等特点，大部分新市民表示剩余生活费不足一个月的花销，甚至有一小部分新市民认为他们的剩余生活费只够再用两天，这意味着如果再不复工，他们的生活将难以为继。绝大部分新市民都表达了现在最想要上班的意愿，并且多数人预计在一周后开工。疫情对他们的生活也造成了比较大的影响，大部分新市民出行受到限制，无所事事成为他们的困扰，买不到口罩和没钱吃饭住宿也是疫情下新市民生活的突出问题。

此次疫情对广大民众的心理造成了深刻的影响，表现出疫情下特殊的社会心态，同时也影响着每个人的行为倾向。调查中，大部分新市民表示疫情过后将更加努力工作，更关心家人。受疫情影响，很多人也表示之后会锻炼身体，保持身体健康。在疫情后，选择寻找长期稳定、收入较高的工作成了新市民最大的期盼。拥有稳定的职业和工作是新市民作为流动人口扎根城市的首要基础，他们的就业稳定性也关系着企业的平稳发展乃至整个国民经济的发展。目前仍然严峻的疫情状况意味着这个心愿在有序复工后既是每个新市民面临的挑战，也考验着企业和国家面对重大公共风险的处理能力。

（二）新市民的疫情关注、风险认知和复工意愿

调查显示，大部分新市民都十分关注疫情的发展动态，多数人会转告家人疫情状况。他们不但关注疫情，并且了解疫情防护的措施，疫情防控意识和认知情况较好。在疫情的风险认知上，新市民表现得较为自信乐观，认为自身完全不可能和不太可能感染的占绝大多数。尽管疫情形势严峻，在复工意愿上，多数新市民表示社会有序复工后，他们会选择上班，因为担忧疫情而不去上班的新市民比例较小。

研究还发现新市民的复工意愿和疫情关注显著相关，复工意愿在受教育

程度上有显著差异，疫情关注在性别、年龄和受教育程度上都有显著差异。疫情下新市民的复工意愿受到年龄、剩余生活费和疫情关注的影响。年龄越大、剩余生活费越少和疫情关注越多的新市民群体越倾向于选择复工。

根据本研究的结果，我们认为，疫情对新市民生产生活造成了较大影响，但是并不影响他们的工作意愿，在新市民看来，上班赚钱才是最大的期盼。这也从侧面反映了目前新市民对于生活收入的需求更大，而安全需要只能处于次要地位。在全国不同工种有序复工的情况下，我们更要关注这一群体的疫情防控安全，给予他们更多的帮助。与此同时，企业、政府也应该尽心尽责地为新市民提供完善的就业保障。

五　对策与建议

（一）丰富新市民的精神文化生活

从此次调查结果来看，疫情影响下，新市民的时间大多花在了玩手机、吃喝、看电视等娱乐消遣活动上，出行的限制导致无所事事成为他们的困扰。精神生活匮乏的问题在疫情状态下显得更为突出，经济导向的生活方式导致在疫情阻隔了赚钱的渠道后，很多新市民容易失去目标追求，一定程度上减少了意义感的体验，无趣、无聊成为日常的感受。精神生活是长期建设的过程，并非一蹴而就，平时工作中可以积极组织参加工会活动、社区活动、阅读比赛等。疫情状态下增加新闻关注、阅读体验等，赋能互联网智慧生活，政府、社区通过互联网组织开展相关活动，新市民利用这段时间在网络上学习技能、自我提升等都是提高新市民精神生活品质的途径。

（二）充分关注新市民疫情心态，引导培育积极心态

研究发现，疫情下新市民的心理状况受到深刻影响，表现出特殊的社会心态，身体健康、家人和个人安全感在新市民的价值认同中变得更加重要，大多数新市民对疫情风险认知和防范措施的认识都较好，这些都是积极的现

象，表明当下新市民社会心态的良性态势。但对疫情过于乐观的判断、意义感的缺乏、经济状况的拮据也容易对新市民生活满意度和主观幸福感产生负面影响，我们应当密切关注新市民在疫情下的社会心态，防止负向情绪暴发，引导新市民积极的疫情认知和行为倾向。

（三）稳定就业、安全有序复工，保障新市民基本生活

相对安全来说，新市民对什么时候复工显得更为关注，新市民的复工期盼尤为强烈。尽管疫情对广大民众生活仍然影响很大，形势依旧严峻，新市民的复工意愿明显。新市民收入低、抗风险能力差导致疫情下的储蓄很难支撑较长一段时间。多数新市民愿意尽早复工，并倾向于选择较高收入、长期稳定的工作，这表明疫情状态下新市民对就业的担忧情绪较高。新市民是国民经济和城市建设的重要贡献者，国家在特殊时期应非常关注这一群体的就业状况，一手抓疫情防控，一手抓有序复工，落实新市民的就业保障，督促企业充分保证新市民的劳动权益，提供更多工作岗位和就业机会，对生活困难的新市民给予更多的关注和援助，保障其基本生活。此外，各方还应倡导安全先行，企业和新市民个体都不能对疫情放松防控，切实做好疫情防护工作。

参考文献

程姝：《社会生态心理学：探究个体与环境关系的新取向》，《北京师范大学学报》（社会科学版）2014 年第 5 期。

奥尔特温·雷恩、伯内德·罗尔曼：《风险感知研究：导论》，张虎彪、赵延东译，北京出版社，2007。

程姝：《城镇化进程中农民工市民化问题研究》，博士学位论文，东北农业大学，2013。

李汉宗：《血缘、地缘、业缘：新市民的社会关系转型》，《深圳大学学报》（人文社会科学版）2013 年第 4 期。

李群、杨东涛、陈郁炜：《产业转型升级背景下的新生代农民工失业和离职——基于就业能力的分析框架》，《华东经济管理》2014 年第 12 期。

骈骞雅：《化“流离”为“留你”：“公平”与新市民就业流动性研究》，《科教文汇》（上旬刊）2018 年第 9 期。

沈国兵：《“新冠肺炎”疫情对我国外贸和就业的冲击及纾困举措》，《对外经贸大学学报》2020 年第 2 期。

B.6

疫情下隐私保护与个人信息的利用边界

——以新型冠状病毒肺炎（COVID－19）防控为例

张　舒　王俊秀*

摘　要： 新型冠状病毒在农历新年前夕来得突然，让社会各界对此措手不及，对抗疫情需要掌控人流动向，为此而开展的流调工作中，民众个人信息保护工作遭遇挑战。本文从新冠肺炎疫情防控中出现的个人信息保护意识缺失，进而导致的信息泄露事件入手，从个体和社会两个层面分析讨论部分个人信息泄露的原因与结果，并提出疫情之下应建立合理的个人信息利用边界，依法保护个人隐私。

关键词： 新型冠状病毒　疫情防控　个人信息保护　隐私边界

一　新型冠状病毒肺炎疫情下的个人信息保护

2020年初，突如其来的新型冠状病毒肺炎疫情，让民众恐慌，为防止病毒的进一步扩散，网上时常可见“返乡人员名单”，疫情防控相关单位的个人信息泄露事件进入公众视野。2020年1月28日，湖南某卫生局副局长将一例新型冠状病毒肺炎患者及其家属等11人的个人隐私

* 张舒，上海大学上海研究院博士研究生，研究方向为社会心理学；王俊秀，研究员，博士生导师，中国社会科学院社会学研究所社会心理学研究室主任、社会心理学研究中心主任，中国社会科学院社会心理与行为实验室研究员，研究方向为社会心态、风险社会等。

信息以电子版内容及截图等形式，转发给无关人员，然后传播至微信群进行散播。[①] 2020 年 2 月 3 日，云南某医院 5 名医务人员利用工作便利，用私人手机偷拍新型冠状病毒肺炎已确诊患者的电子记录，包括姓名、家庭详细地址、工作单位、行程轨迹、接触人员、医疗信息等详细基本情况，随后通过微信转发，进行公开传播。[②] 面对疫情下的个人信息泄露事件，民众的反应呈现并不一致，部分民众表示“对于信息泄露，好像全国都是这样的情况，在疫情面前隐私就不算什么了”。另有一些民众表示“疫情是疫情，个人隐私是个人隐私。当前疫情严重，人们无暇顾及隐私泄露，但疫情终将过去，被泄露隐私的人的权益又由谁来维护?”

（一）个人信息保护意识仍显薄弱

上述个人信息泄露的事件，主要是以个人为中心的有意散播为起点，以网络为载体，通过人际传递的方式迅速传播。令人担忧的是，民众并没有“一边倒”地反对个人信息泄露行为，而是存在部分理解的声音，甚至有少量民众赞许了这种行为。但整体上，民众反对个人信息的不当泄露，认为这样做不仅不会对疫情的防控起到积极作用，还会对信息当事人和社会秩序稳定造成负面影响。

对个人来说，个人信息的泄露，不仅会带来一定的精神骚扰，还要承担被诈骗的风险。部分从湖北返乡的人员表示，在遭受了多次陌生人电话、微信的骚扰和谩骂之后，才发现自己的详细个人信息在各微信群之间转发，里面包含电话、家庭住址，甚至还有车牌号和车票航班等详细的个人信息，周围的家人和朋友也受到不同程度的骚扰，甚至被误传为确诊人员。有网友将一份包含 900 多名湖北返乡人员信息的截图散播，

---

① 《新冠肺炎患者个人信息被疯狂转发，疫情之下谁动了“我”的隐私?》，中国青年网，https://baijiahao.baidu.com/s?id=1657746208408478474&wfr=spider&for=pc，2020 年 2 月 6 日。

② 《云南文山五名医院员工泄露患者信息被罚，其中两人被医院辞退》，南方周末、南方人物周刊原创，腾讯网转载，https://new.qq.com/omn/20200209/20200209A01G3Q00.html，2020 年 2 月 8 日。

并传言这是确诊人员，导致其中民众遭受误解，澄清无门。同时，民众普遍担心电话诈骗，“家中老人的防范意识比较薄弱，如果接到诈骗电话可能就信了”。①

（二）个人信息保护的社会机制亟须建立

除此之外，突发疫情下的泄露他人信息的行为也显示出社会机制在个人信息保护上的短板，整个社会对个人信息可利用性边界的守护缺失。造成这个问题的主要原因有三点：一是人们的隐私保护意识比较薄弱；二是保护隐私制度缺失；由此导致的第三个原因是社会对于隐私保护的功能失调。首先，我国民众的网络社会素质还不够成熟，人们的隐私心态并没有随着社会科技的发展而“进化”，民众对隐私的认知还停留在“羞耻”或“私人领域”，不够“羞耻”的个人信息无法启动大众的隐私保护意识，例如新冠肺炎疫情中，“明知故犯”的隐私侵犯行为就很常见。部分民众在收到泄露出来的信息名单时，选择的是“随手转发”，而不是及时制止他人信息继续泄露。其次，相对于高速发展的数字技术，数字领域个人信息保护法的建立还不够成熟。在本次疫情比较有代表性的两起个人信息泄露事件的处理中，对涉事人员的处罚措施并不相同，湖南某区的卫生局副局长等人，因为“将属于内部工作文件且涉及多人隐私的调查报告，转发给无关人员进而传播至微信群，违反疫情防控工作纪律并侵害他人隐私……”，“主动接受调查，认错态度较好”，开出的“罚单”为党纪立案调查、诫勉谈话以及通报批评。② 对泄露他人信息的云南文山 5 名医务工作人员的处置则为，“因偷拍、散布新型冠状病毒感染肺炎患者病程信息……”，进行“行政处罚”，处罚依据为《中华人民共和国治安管理处罚法》。虽然两起案件均涉及泄露他人信息的问题，但处罚依据都没有包含与个人信息直接相关的法律法规。由于

① 《武汉返乡人员信息遭泄露，被误认作新冠肺炎确诊人员》，澎湃新闻，https：//baijiahao.baidu.com/s？id=1656836902495455923&wfr=spider&for=pc，2020 年 1 月 27 日。

② 《泄露肺炎患者隐私，湖南益阳一区卫生局副局长被查处》，余姚新闻网，yynews.cnnb.com.cn/system/2020/01/30/012069399.shtml，2020 年 1 月 30 日。

保护个人信息的法律法规不够成熟，导致社会的隐私保护功能失调，人们在散播个人信息时，隐私边界模糊，合理使用个人信息的概念不明确，以至于“返乡人员名单”在网络扩散的时候，名单中包含了大量非必要的个人身份信息，由于个人敏感信息泄露，相关民众受到了无端骚扰。这显示出，一方面，人们没有可参照的法律来认定什么样的个人信息可以散播，什么样的不能；另一方面，当人们的隐私被侵犯和泄露时，无处寻求保护。

二　疫情防控背景下个人信息泄露的原因分析

我国数字社会的发展迅速，但相应的个人信息保护的法律法规比较薄弱，在疫情防控的背景下，患者及关联人员的个人信息极易被传播而导致信息泄露。本报告认为，应从个体、社会两个层面分析个人信息不当传播的原因。

（一）个体层面

从个体层面来说，焦虑、信息保护意识不够都会导致对自己及他人的个人信息不重视、不敏感。

1. 焦虑、恐惧等应激情绪反应，极易导致不理智行为

紧张的疫情形势使人们感到焦虑，恐惧极易模糊人们的是非观。疫情传播迅速，对于一般民众来说，面对新型的未知病毒，就像身处战场而手无寸铁的平民一般，任何风吹草动都能够激起极大的恐惧和焦虑情绪。也正是由于这样高度的应激性焦虑情绪，人们容易采取不恰当的防御措施，在传播患者的详细信息时，表现得主动甚至是迫切，却忽视了对他人隐私保护的边界。

2. 信息保护意识不够，对个人信息的利用边界模糊不清

对新型冠状病毒肺炎疫情的恐慌情绪，导致民众主动传播患者及相关人员的个人信息，也直接反映出民众缺乏保护个人信息的意识，对信息利用的边界模糊不清。人们不知道个人信息哪些能用，哪些不能用，更不知道该怎么用，这不仅是隐私心态的冷漠，更是信息保护意识的缺失。

（二）社会层面

从社会层面来看，在新冠肺炎疫情初期，疫情相关信息在公布时间上的不及时，在公布内容上的不规范，以及针对个人信息保护机制的法律法规不健全，都会导致个人信息传播不当。

1. 官方信息公开应进一步规范化

在疫情初期，官方信息发布不及时，导致民众没有得到真实充足的疫情防控信息。在“封城”之后，武汉市卫生健康委员会将新型冠状病毒作为专题进行信息公布，最早的一篇发布于2020年1月24日，疫情信息公布中包含了各省市的确诊人数、治愈出院人数、死亡病例人数、目前仍在院治疗者数量、累计追踪密切接触者数量、已解除医学观察者数量、尚在接受观察者数量等，另外公布的死亡病例详细信息中，包括姓氏、性别、年龄、既往病情、简单介绍治疗过程或没有介绍、宣告死亡时间等。但对于普通民众来说可以使用的预防感染的有价值信息仍然不够。当然，武汉市疾病预防控制中心的官方主页也在2020年1月28日公布了《关于印发〈社区新型冠状病毒肺炎预防控制指导手册（试行版）〉的通知》，于2020年1月29日发布《武汉市新型冠状病毒感染的肺炎疫情防控暂行办法》，以及2020年2月1日发布《国家卫生健康委基层司关于进一步做好基层医疗卫生机构防控新型冠状病毒感染的肺炎疫情工作的通知》等工作条例①，但对于疫情中民众极为关心的“我周围是不是有人感染”“我的邻居感染了吗”“我的小区有确诊病例吗”“距离我最近的受感染区域是哪里”等问题，仍然缺乏官方渠道有效的信息。这就极易导致非官方公布的患者个人信息被大量传播。

2. 个人信息保护法律法规亟待健全

个人信息保护的法律法规亟待健全，个人信息保护机制缺失，主要表现在三个方面：第一，个人信息中，哪些信息可以用，哪些属于敏感信息不能

① 武汉市疾病预防控制中心，https：//www.whcdc.org/。

用，其规则和边界不够明确。为了疫情防控的有效、精准，患者的部分流调信息是需要及时公布的，但对于患者本人的详细的个人信息，尤其是姓名、联系方式等，则应进行脱敏处理。否则就有滥用个人信息的可能，会给个人带来极大的信息泄露风险。第二，官方收集的个人隐私信息该怎么用？用完如何进行销毁？这些还没有明确的流程界定，从而导致信息处理缺乏规范性。第三，上述个人信息的边界界定、个人信息使用的规则都缺乏法律法规依据。不过，《中华人民共和国个人信息保护法（草案）》已经从2020年10月21日开始征求意见，未来，相信我国的个人信息保护领域的法律法规将进一步健全。

三　建立合理的个人信息利用边界

为了防控疫情，从出入小区到社区再到各种日常活动场所，如菜市场、医院、超市等，民众都必须登记个人信息，个人信息时刻面临被泄露的风险，信息一旦泄露则会给个人和社会带来不可控的风险。但不可否认的是，新型冠状病毒肺炎疫情能够得到及时控制，个人信息的作用是重要的。所以，个人信息利用边界的明确化就显得非常有必要。只有根据具体情况，合理使用个人信息，建立合理的个人信息利用边界，依法保护个人隐私，才能达到疫情防控与个人隐私保护“双赢”的局面。

（一）遵循数据治理和保护隐私的八项原则

我国学者王俊秀（2020）提出了数据治理和保护隐私的八项原则，包括最低限度原则、高门槛准入原则、相关利益者知情原则、社会许可原则、事后补救原则、目的和结果一致性原则、明确的责任承担原则、时限原则。新型冠状病毒肺炎疫情之下的个人信息的使用，首先应坚持最低限度原则，因疫情防控需要而进行的人员个人信息登记、相关确诊患者信息公布等，都要遵守这一原则，最低限度地登记或公布。其次，这些登记或公布的个人信息的管理皆应由具有一定社会公信力的政府部门或社会机构进行统一管理，以实现个人信息收集工作的严格准入制度。在收集登记或公布相关个人信息之前，需要提前告知当事者，包括登记或公布个人信息的目的、方式、如何存储和销毁等相关信息，并获得当事者的许可。同时，应建立一个相对及时的事后补救原则，确保这次疫情中所收集的民众个人信息的安全和相应的风险处理措施。比如，上文中提及的湖南益阳和云南文山所发生的泄露确诊患者个人隐私事件便得到了及时处理和制止，避免了更大范围的损失。此外，疫情防控的信息收集，仅能用作疫情防控，绝对不能另为他用，更不能进行转移或交易，使用过后，遵守可使用时间的限定，及时进行销毁或其他适当处理。最后，信息收集和使用方应当承担起相应责任，保护所收集当事民众的隐私信息的安全，一旦泄露，要承担相应责任。

2020 年 2 月 11 日，浙江省杭州市最先推出了“健康码”管理模式；2020 年 2 月 29 日，国家政务服务平台也推出了“防疫健康信息码”；截至 2020 年 3 月 5 日，上线 25 天的“腾讯防疫健康码”，累计访问量 43 亿，覆盖超过 8 亿人口。“健康码”是疫情之下为了让各地复工复产更加有效而推出的新型信息管理模式。民众利用自己的真实个人信息在网上进行申请填报，经过审核之后，生成属于本人独立的二维码，本人凭借该二维码作为其在当地出入通行的电子凭证，一次申报，全市都可通用。[①] 该模式较好地遵守了上述八项原则。该“健康码”的管理由国家政府相关部门进行直接监管，保证了可靠的信息收集管理部门。国务院联防联控机制新闻发布会表示，数据的分析和使用皆会依据个人信息保护的相关法律法规，防范数据泄露、数据滥用等违规行为现象。同时，相关“健康码”的系统维护人员表示，页面设置有加密措施，他人无权查看。[②] 这在技术上保证了用户的个人信息隐私的安全，至于隐私保护八项原则中的“目的和结果一致性原则”以及“时限原则”，则需要时间的考验，待疫情过去之后的检验。再如，香港特别行政区政府卫生署在本次疫情中公布确诊患者信息时，删除了姓名、

---

① “健康码”，百度百科，https：//baike. baidu. com/item/健康码/24365975？fr = aladdin。

② 《谣言，别信！——健康码会泄露用户个人信息?》澎湃新闻，https：//www. thepaper. cn/newsDetail_ forward_ 6532898，2020 年 3 月 16 日。

详细家庭住址等可以确定本人身份的相关个人信息，只保留了必需的信息，包括确诊日期、报告来源、所在医院名称等，既保证了公众对疫情的了解，也保护了相关患者的个人隐私安全。香港特别行政区政府卫生署的信息公布样本，说明只要采取合适手段，守护个人信息可利用的边界，就能平衡疫情防控与个人隐私保护之间的紧张关系。

（二）建立健全社会隐私保护制度，提高民众隐私认知水平

之所以出现数字社会中民众隐私心态的“发育不良”，也是因为社会隐私保护制度的不健全。2020 年 2 月 4 日，中央网络安全和信息化委员会办公室发布了《关于做好个人信息保护利用大数据支撑联防联控工作的通知》①，这是新型冠状病毒肺炎疫情中，官方发布的关于个人信息利用和保护的相关通知，其中提到的可参考的保护个人信息的法律为《中华人民共和国网络安全法》《中华人民共和国传染病防治法》《突发公共卫生事件应急条例》等间接法律法规，直接相关的仅有国家标准《个人信息安全规范》。这表明，我国还没有隐私保护的直接相关法律，及时出台合适的个人信息保护法是急迫的。

除此之外，这次新冠肺炎病毒疫情中，部分民众“随手”转发疫情相关人员名单信息的行为虽然可以理解为突发公共安全事件下人们的越轨行为，但也体现出民众的隐私保护意识需要提高，不仅仅是保护自己的个人信息和隐私，还应该充分尊重和保护他人的信息和隐私。数字社会使一些本不属于隐私的个人信息具有了“隐私性”，“隐私的信息化”与“信息的隐私化”几乎是在同步进行中。传统中，不属于隐私的信息在新环境下成了隐私（王俊秀，2020）。所以，有必要提高民众新的隐私认知水平，增强对个人信息的保护心态。

① 《中央网信办丨关于做好个人信息保护利用大数据支撑联防联控工作的通知》，https：//mp. weixin. qq. com/s/1EZU35vV_ l3irwPBtEUMwA，DataLaws，2020 年 2 月 10 日。

参考文献

〔美〕戴维·E. 罗哈尔、梅利莎·A. 米尔凯、杰弗里·W. 卢卡斯：《社会心理学》（第 3 版），郑全全等译，机械工业出版社，2015。

郭黎、杨明：《我国突发公共卫生事件中的风险沟通研究》，《中国健康教育》2018 年第 11 期。

王俊秀：《数字社会中的隐私重塑——以“人脸识别”为例》，《探索与争鸣》2020 年第 2 期。

社会情绪与社会心态

Social Mood and Social Mentality

B.7

新冠肺炎疫情下民众情绪的特点、变化及其影响因素*

陈满琪**

摘　要： 2020年初暴发的新冠肺炎疫情迄今仍未完全解除，民众的情绪体验随疫情进展发生着变化。探讨民众面对新冠肺炎疫情的情绪体验及情绪历程，可了解民众面对突发重大公共卫生事件的情绪应对，为面对突发重大公共卫生事件如何进行情绪治理提供参考。研究发现，民众的情绪以担忧和乐观为主，积极情绪随着疫情的进展呈现上升趋势，消极情绪随着疫情

* 本报告受国家社会科学基金重大项目“社会心理建设：社会治理的心理学路径”（项目编号16ZDA231）资助。数据来源：中国社会科学院创新工程重大社会调查项目“社会心态调查”。

** 陈满琪，博士，中国社会科学院社会学研究所副研究员，硕士生导师，中国社会科学院社会学研究所社会心理学研究中心副主任，中国社会科学院社会心理与行为实验室副研究员，研究方向为社会心理学。

进展呈下降趋势。不同群体在疫情初期、中期和后期表现出不同的情绪易感性和情绪恢复性，因此，情绪治理应着重注意“90后”和“00后”群体，挖掘他们自身具有的心理弹性和情绪恢复性以应对疫情；疫情初期应该侧重于城市地区，而在后期应侧重于农村地区；通过加强民众对新冠肺炎疫情的认知来改变情绪体验。

关键词： 新型冠状病毒肺炎疫情　社会情绪　情绪治理

2020年初暴发的新冠肺炎疫情迄今仍未完全解除，从疫情初期整个社会按下暂停键，中期全民持续抗击疫情、社会逐步复工复产，到当前中国疫情进入尾声，但全球仍然处在疫情漩涡中。随着疫情进展，民众的情绪体验也发生着变化。情绪体验的变化影响和支配着民众在疫情期间及疫情后的行为，因此探讨民众面对新冠肺炎疫情的情绪体验及情绪历程，可了解民众面对突发重大公共卫生事件的情绪应对方式，为面对突发重大公共卫生事件如何进行情绪治理提供参考。

作为突发重大公共卫生事件，新冠肺炎疫情具有高传染性、高风险性和高未知性等特点，这些特点导致民众对疫情最初的情绪体验大多是基于直觉的认知或判断，疫情初期的情绪体验一定程度上是民众的原始适应能力。在疫情中期和疫情后期，民众面对新冠肺炎疫情时的情绪体验在夹杂着初期基于直觉所引发情绪的同时，也是民众评估新冠肺炎疫情风险、自身应对疫情能力和社会治理状况后的一种综合体现。因此，在分析新冠肺炎疫情期间民众情绪时，不仅需要选择与新冠肺炎疫情有关的基本情绪，如恐惧、愤怒，也需选择与新冠肺炎疫情治理有关的复合情绪，如恐慌、担忧、无助。

本次调查选择与新冠肺炎疫情密切相关的几个情绪类别，每个情绪类别均具有不同的含义。面对一种烈性的传染病，消极情绪的优先关注是生物进化的结果，消极情绪的唤醒有利于疫情的控制。调查发现，消极情绪的条目多于积极情绪。乐观与平静能综合反映民众面对疫情积极的一面，是良好社会心态的表现。不同情绪具有不同的优先性、指向性和破坏性。研究表明，不同的情绪体验与动机系统密切相关，愤怒与趋近动机系统相关，而恐惧与回避动机系统相关（Carver，Charles & White ，1994；Carver，Charles & Harmon - Jones ，2009 ），悲伤是当目标失败后，个体不做什么或者寻找新计划，愤怒是目标受到阻碍，个体更努力去尝试或者可能产生攻击性行为的情绪（Oatley & Johnson - Laird，1987）。结合疫情的具体情况来看，恐惧、愤怒、担忧、无助、悲伤和恐慌是与疫情相关度较高的情绪，并且能反映受疫情影响个体的动机状态。

从易感性来看，新冠肺炎是人群普遍易感的。不同于生理性易感，新冠肺炎疫情的社会易感性不同，表现为不同人群受疫情的影响程度不同。本报告重点关注几个群体。一是鉴于疫情先在湖北暴发，本报告关注湖北省民众与其他省份民众面对疫情在不同阶段的情绪差异；二是鉴于不同年龄段在新冠肺炎的致死率上有差异，本报告关注不同年龄段民众面对疫情在不同阶段的情绪差异；三是鉴于人口密度与疫情扩散密切相关，本报告关注城乡面对疫情在不同阶段的情绪差异；四是鉴于新型冠状病毒的未知性，不同受教育程度民众对未知病毒的认知可能有差异，因此关注不同受教育程度民众面对疫情在不同阶段的情绪差异。

一　疫情下民众的情绪体验

本报告使用的数据来源于中国社会科学院社会学研究所社会心理学研究中心开展的疫情下社会心态调查。该调查问卷由中国社会科学院社会学研究所社会心理学研究中心编制，于2020年1月24日至2020年3月30日，通过智媒云图在线调查平台“问卷宝”，向在线样本库的全国用户（共约120万人，覆盖全国346个地级城市）推送。目前问卷宝在问卷质量控制方面能够实现定制化调查和精准的问卷推送，依照调查目的向特定的用户群推送问卷，参与调查者需要经过系统认证，系统能够检测用户问卷填写过程的特征，对乱填乱写的用户进行剔除并列入黑名单，从而确保数据的可靠性。问卷收回后，课题组进一步依据陷阱题、答题完成情况、逻辑检验等对问卷进行筛选。疫情下社会心态调查覆盖全国 31 个省（区、市），年龄范围在 18~70 岁。

根据疫情进展与变化，课题组编制了三版社会心态调查问卷，每版调查问卷均在前一版基础上增加题项。第一版调查从 2020 年 1 月 24 日至 2020 年 2 月 10 日 18 时 15 分，回收 22688 份有效问卷，其中，男性 10862 人，占 47.9%，女性 11826 人，占 52.1%，平均年龄 28.41 ±9.90 岁。第二版调查从 2020 年 2 月 10 日 18 时 16 分至 2020 年 3 月 19 日，回收 8425 份有效问卷，其中，男性 5050 人，占 59.9%，女性 3375 人，占 40.1%，平均年龄 28.61 ±9.65 岁。第三版调查从 2020 年 3 月 20 日至 2020 年 3 月 30 日，回收 8717 份有效问卷，其中，男性 4917 人，占 56.4%；女性 3800 人，占 43.6%，平均年龄 28.91 ±8.87 岁。

三个版本调查回收有效样本 39830 人，其中，男性 20829 人，占 52.3%，女性 19001 人，占 47.7%，平均年龄 28.56 ±9.83 岁。性别比例与第六次全国人口普查数据（男性人口占 51.27%，女性人口占 48.73%）相比，男性比例略高，但没有显著差别。受互联网用户年龄分布特点影响，样本库中青年人（18~45 岁）比例相对更大，受教育程度也比全国人口普查情况更高。样本基本情况见表 1。

表 1　样本基本情况（N=39830）

单位：人，%

变量	类别	人数	百分比
受教育程度	小学	247	0.62
	初中	1341	3.37
	高中(技校、职高、中专)	7178	18.02
	大专	7655	19.22
	大学本科	18415	46.23
	研究生及以上	4994	12.54

续表

变量	类别	人数	百分比
个人月收入	1000 元以下	9072	22.78
	1001 ~3000 元	5567	13.98
	3001 ~5000 元	9193	23.08
	5001 ~7000 元	7602	19.09
	7001 ~1 万元	4447	11.16
	1 万 ~1.5 万元	2293	5.76
	1.5 万 ~3 万元	1091	2.74
	3 万 ~5 万元	251	0.63
	5 万 ~10 万元	113	0.28
	10 万元以上	201	0.50

（一）民众的情绪以担忧和乐观为主，湖北地区受访者积极情绪较低，消极情绪较高

从情绪体验平均程度来看，从“1 完全没有”到“5 非常强烈”，中间程度为3。自疫情暴发以来，民众情绪体验中担忧和乐观程度超过中间值，分别为3.64 和3.29。平静、悲伤、愤怒、恐惧、恐慌和无助的程度依次递减，均值低于中间值。自疫情暴发以来，民众的情绪以担忧和乐观为主，在担忧中带着乐观。

从湖北与非湖北的区域对比来看（见图 1），湖北省受访者的乐观程度（$t=2.48$，$p<0.05$）、平静程度（$t=4.23$，$p<0.001$）显著低于非湖北省的受访者，担忧程度（$t=-2.85$，$p<0.01$）、无助程度（$t=-6.58$，$p<0.001$）、恐惧程度（$t=-4.91$，$p<0.001$）、悲伤程度（$t=-2.93$，$p<0.01$）、愤怒程度（$t=-4.42$，$p<0.001$）、恐慌程度（$t=-3.86$，$p<0.001$）显著高于非湖北省的受访者。总体上看，湖北省受访者的积极情绪显著低于非湖北省，消极情绪显著高于非湖北省。

（二）自疫情发生以来，乐观、平静随着疫情的进展呈现上升趋势，消极情绪随着疫情进展呈下降趋势，但担忧仍有着较高的强度

自疫情发生以来，情绪的整个变化趋势见图 2。从整个趋势来看，面对

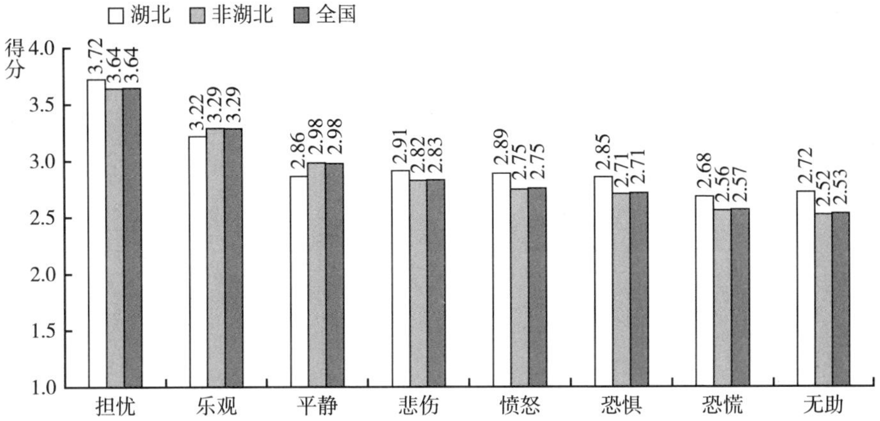

图1　疫情下湖北、非湖北和全国的情绪均值

疫情的情绪基调中担忧、乐观和平静是三个变化较大的情绪，乐观、平静随着疫情的进展呈现上升趋势，担忧随着疫情进展呈下降趋势，而无助、恐惧、悲伤、愤怒和恐慌则相互交织、有起有落，大致呈现随着疫情进展缓慢下降趋势。

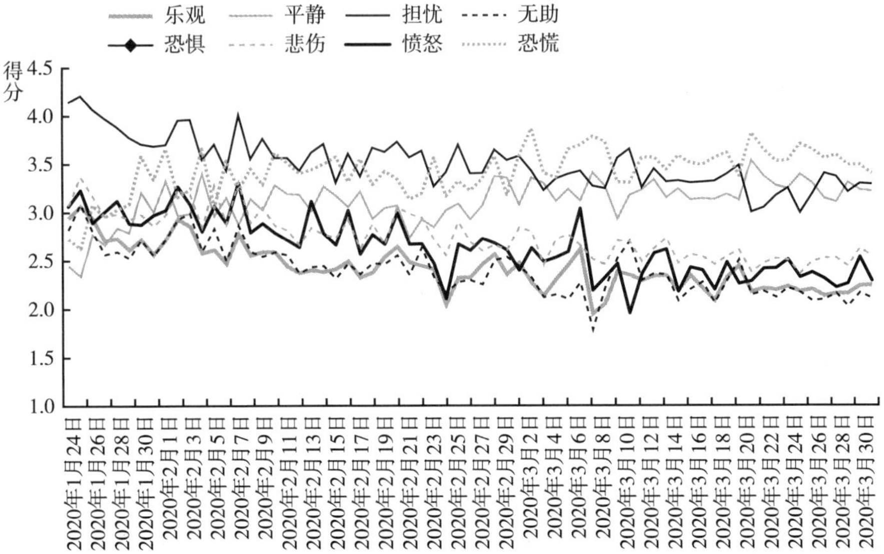

图2　疫情下情绪变化

以2月10日复工复产第一周、3月10日国外疫情暴发两个时间点将疫情分为疫情初期（N=23217）、疫情中期（N=4776）和疫情后期（N=11837）三个时段。疫情暴发以来的情绪变化见图3。单因素方差分析发现，疫情三个时段的乐观程度（$F=759.43$，$p<0.001$）、平静程度（$F=711.99$，$p<0.001$）、担忧程度（$F=1324.36$，$p<0.001$）、无助程度（$F=793.05$，$p<0.001$）、恐惧程度（$F=1097.00$，$p<0.001$）、悲伤程度（$F=692.15$，$p<0.001$）、愤怒程度（$F=872.69$，$p<0.001$）、恐慌程度（$F=869.44$，$p<0.001$）差异显著。

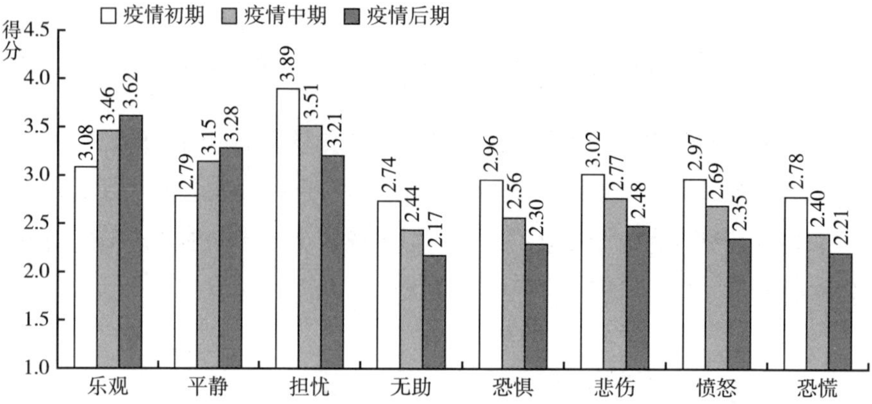

图3　疫情三个阶段的情绪体验

通过LSD事后检验的结果显示，疫情初期的乐观、平静程度显著低于疫情中期，而疫情中期又显著低于疫情后期。疫情初期的担忧、无助、恐惧、悲伤、愤怒和恐慌程度显著高于疫情中期，而疫情中期又显著高于疫情后期。整个疫情过程中，积极情绪随着疫情的进展逐步升高，消极情绪随着疫情的进展逐步降低。

二　疫情时期情绪变化的影响因素

将疫情三个时段与年龄组、城乡类别、受教育程度分别做双因素方差分析，考察随着疫情的进展这些因素如何影响民众的情绪体验。

（一）不同年龄组对疫情不同阶段情绪变化的影响

根据个体报告的出生年份，将其划分为不同出生年代，1950～1969年出生的个体为“50～60后”（N＝1480），1970～1979年出生的个体为“70后”（N＝2910），1980～1989年出生的个体为“80后”（N＝7787），1990～1999年出生的个体为“90后”（N＝20566），2000～2009年出生的个体为“00后”（N＝7087），不同年龄组在疫情不同阶段的情绪均值见表2。

表2　不同年龄组在疫情不同阶段的情绪均值

单位：分

疫情分段	年龄组	乐观	平静	担忧	无助	恐惧	悲伤	愤怒	恐慌
疫情初期	“50～60后”	3.14	3.03	3.64	2.66	2.79	2.82	2.85	2.60
	“70后”	3.18	2.93	3.81	2.59	2.80	2.80	2.81	2.58
	“80后”	3.26	2.99	3.79	2.69	2.90	2.99	2.91	2.74
	“90后”	2.99	2.68	3.99	2.83	3.06	3.11	3.06	2.89
	“00后”	3.13	2.78	3.82	2.58	2.81	2.93	2.87	2.65
疫情中期	“50～60后”	3.36	3.15	3.34	2.40	2.50	2.59	2.62	2.28
	“70后”	3.43	3.16	3.57	2.35	2.58	2.69	2.69	2.27
	“80后”	3.51	3.20	3.45	2.41	2.52	2.76	2.66	2.38
	“90后”	3.47	3.12	3.53	2.47	2.61	2.81	2.75	2.45
	“00后”	3.42	3.13	3.55	2.42	2.52	2.74	2.62	2.40
疫情后期	“50～60后”	3.46	3.31	3.11	2.21	2.38	2.42	2.31	2.35
	“70后”	3.65	3.34	3.07	2.16	2.29	2.28	2.20	2.10
	“80后”	3.72	3.46	2.99	2.12	2.19	2.37	2.28	2.12
	“90后”	3.60	3.25	3.26	2.19	2.33	2.54	2.39	2.24
	“00后”	3.53	3.13	3.41	2.18	2.31	2.53	2.40	2.24

双因素方差分析发现，年龄组×疫情三个时段在乐观程度（$F=8.09$，$p<0.001$）和平静程度（$F=8.56$，$p<0.001$）上存在显著的交互作用。简单效应检验发现，在疫情初期，不同年龄组在乐观程度（$F=42.31$，$p<0.001$）和平静程度（$F=68.84$，$p<0.001$）上存在显著的差异。在疫情中期，不同年龄组在乐观程度（$F=0.11$，$p>0.05$）和平静程度（$F=0.84$，

$p > 0.05$）上不存在显著的差异。在疫情后期，不同年龄组在乐观程度（$F = 8.59$，$p < 0.001$）和平静程度（$F = 24.63$，$p < 0.001$）上存在显著的差异。

多重比较发现，在疫情初期，“90后”的乐观、平静程度显著低于其他年龄组，“00后”的平静程度显著低于“80后”“70后”“50~60后”，“80后”的乐观程度显著高于其他年龄组。在疫情后期，“80后”的乐观程度显著高于“50~60后”“90后”“00后”，平静程度高于“90后”和“00后”。“00后”的平静程度显著低于“70后”“80后”“90后”。从积极情绪来看，“80后”“90后”“00后”是三个比较突出的群体，“70后”与“80后”面对疫情的积极情绪变化趋势较为一致，只是“80后”在疫情初期和后期较之于“70后”都维持着较高的积极情绪。“90后”在经历疫情初期最低程度的乐观、平静后，在疫情后期逐步提升了乐观和平静程度，展现出情绪逐步恢复的过程。“00后”从疫情中期开始平静程度有所上升，在疫情后期仍与中期维持相同程度的平静状态，表现出疫情的一种情绪适应。

年龄组×疫情三个时段在担忧程度（$F = 14.03$，$p < 0.001$）、无助程度（$F = 5.97$，$p < 0.001$）、恐惧程度（$F = 7.15$，$p < 0.001$）、悲伤程度（$F = 4.27$，$p < 0.001$）、愤怒程度（$F = 3.55$，$p < 0.001$）和恐慌程度（$F = 8.30$，$p < 0.001$）上存在显著的交互作用。

简单效应检验发现，在疫情初期，不同年龄组在担忧程度（$F = 44.92$，$p < 0.001$）、无助程度（$F = 39.88$，$p < 0.001$）、恐惧程度（$F = 47.50$，$p < 0.001$）、悲伤程度（$F = 39.11$，$p < 0.001$）、愤怒程度（$F = 30.21$，$p < 0.001$）和恐慌程度（$F = 52.02$，$p < 0.001$）上存在显著的差异。

在疫情中期，不同年龄组在担忧程度（$F = 2.36$，$p > 0.05$）、无助程度（$F = 1.01$，$p > 0.05$）、恐惧程度（$F = 1.32$，$p > 0.05$）、悲伤程度（$F = 1.98$，$p > 0.05$）、愤怒程度（$F = 2.02$，$p > 0.05$）和恐慌程度（$F = 2.20$，$p > 0.05$）上不存在显著的差异。

在疫情后期，不同年龄组在担忧程度（$F = 42.94$，$p < 0.001$）、恐惧程

度（$F=6.43$，$p<0.001$）、悲伤程度（$F=13.08$，$p<0.001$）、愤怒程度（$F=6.23$，$p<0.001$）、恐慌程度（$F=7.10$，$p<0.001$）上存在显著的差异，在无助程度上不存在显著的差异（$F=1.58$，$p>0.05$）。

多重比较发现，在疫情初期，“50～60后”的担忧程度显著低于其他年龄组；“70后”的悲伤程度显著低于“80后”“90后”“00后”；“80后”的无助、恐惧程度显著高于“00后”，恐慌程度显著高于“50～60后”“70后”“00后”；“90后”的担忧、无助、恐惧、悲伤、愤怒、恐慌程度显著高于其他年龄组。

在疫情后期，“50～60后”的恐慌程度显著高于“70后”和“80后”；“70后”和“80后”的悲伤、愤怒程度显著低于“90后”和“00后”，担忧程度显著低于“90后”；“80后”的恐惧、恐慌程度显著低于“90后”和“00后”；“00后”的担忧程度显著高于其他年龄组。

从消极情绪来看，不同出生年代对疫情的影响主要集中在疫情前期和疫情后期，而在疫情中期没有显著差异。“50～60后”从疫情初期最低的担忧程度转变为疫情后期较高的恐慌程度，经历了情绪类别较大的转换。“70后”和“80后”的悲伤程度在疫情前后经历了较大的下降，“80后”的无助、恐惧程度在疫情前后下降幅度最大。“90后”在疫情初期负向情绪体验最深，但在疫情后期均有较大程度的回落。

（二）城乡类别对疫情不同阶段情绪变化的影响

以被调查者长期居住地（超过半年）的居住类型为划分标准，分为市/县城的中心城区或边缘城区（$N=27700$）、市/县城的城乡结合部或市/县城区以外的镇（$N=7068$）和农村（$N=5062$）三类，考察城乡类别对疫情情绪的影响，城乡类别在疫情不同时期的情绪均值见表3。

双因素方差分析发现，城乡类别×疫情三个时段在乐观程度（$F=46.49$，$p<0.001$）、平静程度（$F=64.19$，$p<0.001$）上存在显著的交互作用。进一步的简单效应检验发现，在疫情初期，城乡类别在乐观程度（$F=101.63$，$p<0.001$）、平静程度（$F=120.20$，$p<0.001$）上存在显著

的差异。在疫情中期，城乡类别在乐观程度（$F=2.76$，$p>0.05$）、平静程度（$F=1.14$，$p>0.05$）上不存在显著的差异。在疫情后期，城乡类别在乐观程度（$F=16.75$，$p<0.001$）、平静程度（$F=35.24$，$p<0.001$）上存在显著的差异。多重比较发现，在疫情初期，市/县城的中心城区或边缘城区的乐观、平静程度显著低于市/县城的城乡结合部或市/县城区以外的镇和农村地区。在疫情后期，市/县城的中心城区或边缘城区的乐观、平静程度显著高于市/县城的城乡结合部或市/县城区以外的镇，而市/县城的城乡结合部或市/县城区以外的镇的乐观、平静程度显著高于农村地区。

表3　城乡在疫情不同阶段的情绪均值

单位：分

疫情分段	城乡类别	乐观	平静	担忧	无助	恐惧	悲伤	愤怒	恐慌
疫情初期	中心或边缘城区	3.01	2.71	3.94	2.74	2.98	3.03	3.01	2.80
	城乡结合部或镇	3.29	3.00	3.79	2.75	2.92	3.01	2.91	2.78
	农村	3.25	2.97	3.75	2.68	2.87	3.00	2.82	2.68
疫情中期	中心或边缘城区	3.49	3.15	3.50	2.41	2.54	2.76	2.72	2.40
	城乡结合部或镇	3.44	3.17	3.55	2.51	2.62	2.81	2.72	2.42
	农村	3.37	3.09	3.52	2.43	2.57	2.73	2.56	2.41
疫情后期	中心或边缘城区	3.66	3.35	3.14	2.14	2.25	2.44	2.31	2.17
	城乡结合部或镇	3.58	3.22	3.29	2.24	2.38	2.52	2.42	2.26
	农村	3.47	3.09	3.40	2.22	2.40	2.62	2.45	2.30

双因素方差分析发现，城乡类别×疫情三个时段在担忧程度（$F=43.71$，$p<0.001$）、无助程度（$F=4.06$，$p<0.001$）、恐惧程度（$F=12.77$，$p<0.001$）、悲伤程度（$F=7.59$，$p<0.001$）、愤怒程度（$F=17.36$，$p<0.001$）、恐慌程度（$F=9.51$，$p<0.001$）上存在显著的交互作

用。进一步简单效应检验发现，在疫情初期，城乡类别在担忧程度（$F = 47.86$，$p < 0.001$）、无助程度（$F = 3.48$，$p < 0.05$）、恐惧程度（$F = 9.94$，$p < 0.001$）、愤怒程度（$F = 27.15$，$p < 0.001$）、恐慌程度（$F = 10.43$，$p < 0.001$）上存在显著的差异。在疫情中期，城乡类别在担忧程度（$F = 0.49$，$p > 0.05$）、无助程度（$F = 2.27$，$p > 0.05$）、恐惧程度（$F = 1.50$，$p > 0.05$）、愤怒程度（$F = 4.20$，$p > 0.05$）、恐慌程度（$F = 0.14$，$p > 0.05$）上不存在显著的差异。在疫情后期，城乡类别在担忧程度（$F = 41.16$，$p < 0.001$）、无助程度（$F = 7.48$，$p < 0.001$）、恐惧程度（$F = 15.42$，$p < 0.001$）、悲伤程度（$F = 15.51$，$p < 0.001$）、愤怒程度（$F = 11.09$，$p < 0.001$）和恐慌程度（$F = 10.00$，$p < 0.001$）上存在显著的差异。多重比较发现，在疫情初期，市/县城的中心城区或边缘城区的担忧、愤怒程度显著高于市/县城的城乡结合部或市/县城区以外的镇和农村地区；无助、恐惧、恐慌程度显著高于农村地区；市/县城的城乡结合部或市/县城区以外的镇的愤怒、恐慌程度显著高于农村地区。在疫情后期，市/县城的中心城区或边缘城区的担忧程度显著低于市/县城的城乡结合部或市/县城区以外的镇；无助程度显著低于市/县城的城乡结合部或市/县城区以外的镇；恐惧、悲伤、愤怒、恐慌程度显著低于市/县城的城乡结合部或市/县城区以外的镇和农村地区；市/县城的城乡结合部或市/县城区以外的镇的担忧、悲伤程度显著低于农村地区。

对于疫情来说，人口密度增加了社会交往的频度，增大了疫情扩散的可能性。医疗资源集中地区有较强的应对疫情的能力，城乡类别既可视为人口稠密度的指标，亦可视为医疗资源多寡与优劣的体现。城市较于农村，人口更为稠密，但医疗资源更多，也更为优质。因此，城乡类别对疫情情绪的影响与这两个指标是密不可分的关系。城乡类别对于疫情下情绪体验的影响主要集中于疫情初期和疫情后期。疫情初期，市/县城的中心城区或边缘城区因人口密度较大可能导致乐观、平静程度较低而无助、恐惧和恐慌程度较高，而市/县城以外的城乡结合部或市/县城区以外的镇与农村地区因人口密度较小可能乐观、平静程度较高。值得注意的是，市/县城的中心城区或边缘城区的乐观、平静程度最低，而担忧、恐惧和恐慌程度较高，表明市/县城的中心城区或边缘城区在疫情初期可能受人口密度影响导致了应对疫情的困难，而市/县城的城乡结合部或市/县城区以外的镇在疫情初期愤怒程度较高则是城乡结合部或镇在权衡人口密度与医疗资源后的情绪反映。在疫情后期，随着确诊人数的下降，充足的医疗资源能够应对散发的确诊病例，市/县城的中心城区或边缘城区的乐观、平静程度显著提高，消极情绪大幅下降。

（三）受教育程度对疫情不同阶段情绪变化的影响

不同受教育程度在疫情不同阶段的情绪均值见表4。双因素方差分析发现，受教育程度×疫情三个时段在乐观程度（$F=56.21$，$p<0.001$）、平静程度（$F=56.99$，$p<0.001$）上存在显著的交互作用。进一步的简单效应检验发现，在疫情初期，不同受教育程度在乐观程度（$F=198.47$，$p<0.001$）、平静程度（$F=205.00$，$p<0.001$）上存在显著的差异。在疫情中期，不同受教育程度在乐观程度上不存在显著的差异（$F=0.54$，$p>0.05$），在平静程度上存在显著的差异（$F=2.76$，$p<0.05$）。在疫情后期，不同受教育程度在乐观程度（$F=20.20$，$p<0.001$）、平静程度（$F=16.70$，$p<0.001$）上存在显著的差异。多重比较发现，在疫情初期，受教育程度是研究生及以上和大学本科的调查对象乐观、平静程度显著低于大专及以下，研究生及以上的乐观、平静程度显著低于大学本科。在疫情后期，受教育程度为初中及以下的乐观程度显著低于其他类别，大学本科的乐观程度显著高于大专及以下，研究生及以上的乐观程度显著高于高中；受教育程度为高中及以下的平静程度显著低于大专及以上。

双因素方差分析发现，受教育程度×疫情三个时段在担忧程度（$F=32.37$，$p<0.001$）、无助程度（$F=3.15$，$p<0.001$）、恐惧程度（$F=9.81$，$p<0.001$）、悲伤程度（$F=4.16$，$p<0.001$）、愤怒程度（$F=4.57$，$p<0.001$）和恐慌程度（$F=6.43$，$p<0.001$）上存在显著的交互作用。

进一步的简单效应检验发现，在疫情初期，不同受教育程度在担忧程度

（F = 95.29，p < 0.001）、无助程度（F = 22.61，p < 0.001）、恐惧程度（F = 43.67，p < 0.001）、悲伤程度（F = 15.79，p < 0.001）、愤怒程度（F = 38.06，p < 0.001）、恐慌程度（F = 38.27，p < 0.001）上存在显著的差异。

表 4　不同受教育程度在疫情不同阶段的情绪均值

单位：分

疫情分段	受教育程度	乐观	平静	担忧	无助	恐惧	悲伤	愤怒	恐慌
疫情初期	初中及以下	3.24	3.05	3.71	2.77	2.99	3.10	2.87	2.76
	高中（技校、职高、中专）	3.37	3.09	3.71	2.68	2.84	2.96	2.85	2.67
	大专	3.39	3.07	3.70	2.67	2.83	2.94	2.84	2.67
	大学本科	3.02	2.71	3.94	2.71	2.96	3.01	2.99	2.79
	研究生及以上	2.73	2.46	4.13	2.90	3.16	3.14	3.16	2.97
疫情中期	初中及以下	3.40	3.06	3.49	2.47	2.55	2.66	2.56	2.39
	高中（技校、职高、中专）	3.43	3.11	3.52	2.48	2.60	2.76	2.63	2.42
	大专	3.45	3.22	3.53	2.44	2.55	2.76	2.70	2.40
	大学本科	3.48	3.11	3.50	2.40	2.54	2.78	2.72	2.40
	研究生及以上	3.52	3.25	3.53	2.52	2.62	2.82	2.82	2.39
疫情后期	初中及以下	3.30	3.04	3.36	2.28	2.48	2.60	2.38	2.30
	高中（技校、职高、中专）	3.51	3.17	3.33	2.23	2.35	2.54	2.37	2.24
	大专	3.59	3.31	3.21	2.19	2.31	2.47	2.35	2.20
	大学本科	3.70	3.35	3.13	2.12	2.25	2.44	2.33	2.18
	研究生及以上	3.70	3.38	3.12	2.21	2.27	2.47	2.46	2.23

在疫情中期，不同受教育程度在担忧程度（F = 0.13，p > 0.05）、无助程度（F = 1.02，p > 0.05）、恐惧程度（F = 0.52，p > 0.05）、悲伤程度（F = 0.67，p > 0.05）、愤怒程度（F = 2.05，p > 0.05）、恐慌程度（F = 0.05，p > 0.05）上不存在显著的差异。

在疫情后期，不同受教育程度在担忧程度（$F=15.84$，$p<0.001$）、无助程度（$F=4.25$，$p<0.01$）、悲伤程度（$F=3.87$，$p<0.01$）、恐惧程度（$F=6.09$，$p<0.001$）上存在显著的差异，在愤怒程度（$F=1.44$，$p>0.05$）、恐慌程度（$F=1.97$，$p>0.05$）上不存在显著的差异。

多重比较发现，在疫情初期，受教育程度是研究生及以上和大学本科的担忧、恐慌程度显著高于大专及以下，研究生及以上的担忧、恐慌程度显著高于大学本科；受教育程度是研究生及以上的无助程度显著高于高中、大专和大学本科；研究生及以上的恐惧、悲伤、愤怒程度显著高于其他受教育程度，高中和大专的恐惧程度显著低于其他受教育程度；大专的悲伤程度显著低于初中及以下和大学本科，高中的悲伤程度显著低于初中及以下；大学本科的愤怒程度显著高于高中和大专。在疫情后期，受教育程度为高中及以下的担忧程度显著高于大专及以上，大学本科的担忧程度显著高于大专；高中的无助、恐惧、悲伤程度显著高于大学本科。受教育程度为初中及以下的恐惧程度显著高于大专和大学本科。

受教育程度为大学本科和研究生及以上在疫情初期积极情绪较低而消极情绪较高，但在疫情后期积极情绪有着较大的提高而消极情绪有着较大的回落，受教育程度为研究生及以上的回落程度更大。受教育程度为初中及以下，在疫情后期的乐观、平静程度较低，而担忧、恐惧程度较高。

三　对策与建议

Alison 等（2010）认为在公共事件中，群体情绪感染周期与传染病过程极为相似，分为受外界影响下触发情绪的萌芽阶段；群体暗示和模仿，情绪相互感染凝聚的发展阶段；情绪凝聚到一定程度，群体情绪宣泄的爆发阶段；适应环境后的衰退阶段。从疫情发生以来情绪的每日曲线来看，情绪较为平稳，没有明显的爆发阶段。从情绪变化的周期来看，积极情绪在疫情初期、中期和后期三个阶段呈显著上升趋势，消极情绪在疫情初期、中期和后期三个阶段呈显著下降趋势。可见，民众在面对疫情时理性情绪体验较为主流，社会心态较为积极平和，积极情绪的存在使得民众对控制疫情保持乐观的社会心态，一定的消极情绪也让民众保有应对疫情的警惕性，因此积极情绪与消极情绪变化趋势的不同步有利于疫情控制。需要特别注意的是，即使到了疫情后期，民众的消极情绪仍然维持在一个较高程度，说明民众仍处于应激状态。疫情不同阶段的情绪状态所揭示的意义不同，疫情初期的情绪状态揭示的是民众对疫情处于初步认知阶段，情绪状态反映的主要是民众对疫情风险的认知，疫情后期民众对疫情的了解已处于较为稳定的状态，情绪状态反映的是民众对疫情应对的心理弹性。从群体负面情绪来看，类似于恐慌的非理性情绪较低，并没有呈现 Alison 等（2010）所指的群体情绪宣泄的爆发阶段，这可能与他们在考察群体情绪感染周期时未将社会治理考虑在内有关，也表明民众具有一定的心理弹性和社会承受力。

Wataru 等发现，随着群体规模的增加，具有情绪感染能力的个体受环境影响的敏感度逐渐弱化。新冠肺炎疫情波及全国，涉及的群体规模相当大，这可能也使得民众面对疫情的情绪唤起并不随外界的影响而有所减弱，反而是随着时间的变化有所消退，这种变化过程可能来自两个方面。一是情绪具有波动性，情绪到达高原期或者平台期后，个体会有自发的调节能力，不会让情绪强度持续上升，因此情绪到达平台期后，个体的自我调节能力会让情绪逐步回调。二是其可能反映了疫情逐步得到控制后的情绪回落，这也说明民众的情绪易受事件发展态势影响，因此应在适当时机根据疫情发展态势调节民众情绪，降低因态势发展而发生不利事件的可能性。

不同群体在疫情初期、中期和后期均表现出不同的新冠肺炎情绪易感性和情绪恢复性。从年龄对疫情的影响来看，“50～60 后”的情绪体验较为稳定，情绪体验没有较大的波动，表现出较大的抗挫折性；“70 后”和“80 后”是较积极情绪群体，表现为积极情绪较高，而消极情绪也回落较快；“90 后”和“00 后”是情绪较易感群体，但情绪恢复性较好，表明具有一定的心理弹性。从地区对疫情的影响来看，城市是情绪易感地区，但也是情绪易恢复地区，而农村是情绪不易感地区，也是情绪不易恢复地区。从受教育程度对疫情的影响来看，研究生及以上是情绪易感且易恢复群体，高中、大专是情绪不易感群体，高中及以下是情绪不易恢复群体。

在情绪治理上，从年龄来看，情绪治理应着重注意“90后”和“00后”群体，挖掘他们自身具有的心理弹性和情绪恢复性来应对疫情。从地区来看，在疫情初期应该侧重于城市地区，而在后期应侧重于农村地区。从受教育程度来说，较为有效的方式是加强民众对新冠肺炎疫情的认知，通过改变公众的认知从而改变情绪。如受教育程度在不同阶段的情绪差异可能反映的就是公众认知改变对于情绪体验的影响。结合时间维度和人口学变量的变化情况来看，在疫情初期的情绪治理应以疫情信息管理为核心，及时公布疫情进展，让民众对疫情有所了解，而在中期应以知识管理为核心，改变民众对新型冠状病毒肺炎的认知，通过认知改变民众的情绪和社会心态，而在后期应注重以专业性服务管理为核心，通过解决由疫情引发的次生问题服务社会，从而达到社会治理目标。

参考文献

Alison L. H. , Rand, D. G. , Nowak, M. A. & Christakis, N. A. , “Emotions as Infectious Diseases in a Large Social Network: the SISa Model”, *Proceedings of the Royal Society B: Biological Sciences*, 277 (2010) .

Carver, Charles S. , and Harmon – Jones E. , “Anger is an Approach – related Affect: Evidence and Implications”, *Psychological Bulletin*, 135 (2009) .

Carver, Charles S. , and White T. L. , “Behavioral Inhibition, Behavioral Activation, and Affective Responses to Impending Reward and Punishment: The BIS/BAS Scales”, *Journal of Personality and Social Psychology*, 67 (1994) .

Oatley, K. , & Johnson – Laird, P. N. , “Towards a Cognitive Theory of Emotions”, *Cognition and emotion*, 1 (1987) .

B.8

新冠肺炎疫情发展中社会心态的变化

王俊秀　赵桑榆*

摘　要： 在新冠肺炎疫情的高风险和紧急态势下，社会心态表现得比平时更为突出和外显。对于疫情发展的不同阶段，了解社会心态的变化可以为政府决策提供参考，另外，对社会心态的引导也有利于疫情防控。本文通过持续的疫情下社会心态问卷调查，以纵贯研究的方式对民众疫情关注与风险认知、社会情绪、疫情信息获取与评价、疫情防控行为等方面进行定量描述，反映新型冠状病毒肺炎疫情下社会心态的变动趋势。调查结论显示，随着疫情的严重，民众对新冠肺炎疫情的关注度攀升至极高水平，防控意识和防控行为也达到高峰，高负向情绪在社会蔓延；疫情态势逐步明朗后，民众对疫情关注和负向情绪均有所回落，安全感、乐观判断、社会信心和正向情绪渐趋上升，民众对疫情关注从内部转向外部，对于疫情信息公开透明度更趋认可。

关键词： 疫情防控　社会心态　风险认知　社会情绪

一　引言

新冠肺炎疫情的发展远远超出了人们的预料，早期的一些预测在当时显

* 王俊秀，研究员，博士生导师，中国社会科学院社会学研究所社会心理学研究室主任、社会心理学研究中心主任，中国社会科学院社会心理与行为实验室研究员，研究方向为社会心态、风险社会等；赵桑榆，上海大学上海研究院硕士研究生，研究方向为社会心态。

得非常离谱，现在却发现其实很保守，对突如其来的灾难太过乐观也许是因为人们从心理上排斥不愿意看到的结果。回顾疫情初期，尽管2020年1月23日武汉市政府宣布“封城”，但是武汉之外的人们对疫情的风险并未有应有的警觉，直到除夕夜全国驰援武汉疫区的医疗队出发，许多人的注意力才离开除夕的喜庆气氛，全社会负面情绪开始急剧上升。此后，在严峻的疫情形势下，社会心态也随之处于不断的波动中。

社会心态指的是在一定时期的社会环境和文化影响下形成的，社会中多数成员表现出的普遍的、一致的心理特点和行为模式，并成为影响每个个体成员行为的模板。社会心态就像一个无形的能量场，影响着个人和全社会的心理和行为（王俊秀，2013）。面对新型冠状病毒肺炎疫情，民众的个人心理普遍处于应激的忧虑和恐惧状态，受疫情紧急和风险程度高的影响，社会心态表现得更为突出和外显。随着疫情发展阶段的变化，相应地，社会心态也在不断发生变化（王俊秀，2020）。在此背景下，我们不仅应重视医疗救治、物资保障等有形手段，也应充分重视建设积极的社会心态这一无形手段，有效落实党的十九大提出的“加强社会心理服务体系建设”的要求，妥善引导社会心态朝着有利于疫情防控的方向发展。

为了解此次疫情防控中的社会心态的变化，中国社会科学院社会学研究所社会心理学研究中心在2020年1月24日开始进行社会心态的持续调查。调查的内容包括疫情认知、疫情下的情绪、疫情中个体需要的满足、人们在疫情中表现出的价值理念、疫情防控行为等方面。

二　研究设计

（一）相关研究与问题提出

本次疫情暴发以来，学界对民众社会心态的研究响应较为及时，河南心理学会对河南省社会心态进行了调查，结果显示河南省民众对疫情高度关注，防控知识知晓率高，预防措施执行到位，团结凝聚齐心抗疫，但部分民众出现了一定程度上的身心不适症状和非理性行为倾向，有接受心理援助的需要（赵国祥、李永鑫，2020）。较早对疫情社会心态进行全面研究的是中国社会科学院社会学研究所社会心理学研究中心的课题组，课题组大年三十和初一调查完成的第一个研究报告“新型冠状病毒肺炎疫情下的社会心态”中可以非常清楚地反映这个时间的社会心态。大年初一（1 月 25 日），中央召开政治局常委会议部署疫情防控工作，中共中央成立应对疫情工作领导小组，31 个省（区、市）先后启动重大突发公共卫生事件一级响应，全国的疫情防控行动正式开始。根据 1 月 25 ~ 29 日调查数据完成的第二个报告“疫情防控与社会心态的变化”，社会心态在短短几天时间得到了缓和，在向积极的方向发展。但之后疫情的发展更加严峻，从 1 月 25 日到 2 月 10 日半个多月的时间，发生了很多事情，从网上的舆论可以看到一些社会心态的反映，全国驰援武汉的医疗人员达到 2 万多人，全社会从世界各地紧急调集医疗防护物资，一线的疫区依然处于医疗资源紧缺状态。从对政府部门、疾控机构、医疗专家的追责，到信息公开透明质问，到对谣言与真相的争论，网上的舆情出现了有史以来少见的情绪集中爆发。

半个多月以来发生的事情太多，人们的心理经历了各种变化和调适，社会心态也一直处于起伏波动状态，在较长的一段疫情时期，社会心态变化的具体表现如何？本文对此将展开具体分析。

（二）研究方法

1. 调查对象与方法

近年来，中国社会科学院社会学研究所社会心理学研究中心以年度大型社会调查的形式对我国社会心态开展持续性研究分析，为引导培育积极社会心态、完善社会心理服务体系建设提供了丰硕的理论成果与数据支撑。在新冠肺炎疫情期间，借鉴既往对社会心态调查研究的经验，采用定量研究的方法，从 2020 年 1 月 24 日开始在“问卷宝”平台进行持续的疫情下社会心态调查，截至 3 月 30 日，共回收了三轮数据。本报告的数据截止时间是 2020

年2月10日18时15分。调查对象来自全国31个省（区、市），年龄范围在18~70岁，调查的有效样本是22718份。为了解社会心态的变化，我们把调查数据按照基本相等的时间分段，需要说明的是，调查中各时段样本回收量不同，特别是时段四样本量较少，但这个时段是新增确诊病例高峰时段，样本基本能够反映出这个时期的特点，而样本量的高峰出现在除夕和元宵节（2月8日）。

本文从两个方面考察新型冠状病毒肺炎疫情下社会心态的变动趋势。一方面，以每个自然日为单位看民众社会心态的变化趋势，另一方面，以每隔四天左右为一个周期，辅以重大事件节点，分为五个时段，看每一时段民众社会心态的概况与变动特点。不同调查时段样本情况见表1。

表1　不同调查时段样本情况

单位：人，岁

项目	时间	样本数	男性	女性	平均年龄
时段一	1月24日16:40至1月25日12:50	11055	3811（34.5%）	7244（65.5%）	27.36±8.91
时段二	1月25日12:51至1月29日12:50	1782	685（38.4%）	1097（61.6%）	30.69±10.30
时段三	1月29日12:51至2月2日12:50	2217	1343（60.6%）	874（39.4%）	30.03±10.72
时段四	2月2日12:51至2月6日24:00	588	293（49.8%）	295（50.2%）	33.9±10.14
时段五	2月7日00:01至2月10日18:15	7076	4734（66.9%）	2342（33.1%）	28.59±10.67

2. 研究工具

本研究根据社会心态理论并结合新冠肺炎疫情实际情况，采用了中国社会科学院社会学研究所社会心理学研究中心新冠肺炎疫情下的社会心态课题组编制的疫情社会心态调查问卷，共分为四个部分，第一部分是疫情关注与风险认知，第二部分是社会情绪，第三部分是疫情信息获取与评价，第四部分是民众的疫情防控行为。

三　研究结果

（一）疫情关注与风险认知

伯内德·罗尔曼和奥尔特温·雷恩认为，“风险认知”这个术语指的是人们对正在或可能影响他们（或者他们的设施、他们的环境）的危险的判断和评估。人们对风险的认知在不同时期存在巨大差异。一些研究证明，恐惧感、毁灭的可能性和可控性等对人感知到的风险大小有影响；第二个层次是通过为一般捷思法赋予特定权重而直接或间接影响感知过程的认知和情感因素；第三个层次是个人和群体行动的社会与政治框架；第四个层次指的是控制与决定了多数低层次影响的文化因素。民众对疫情的关注和风险认知一方面与疫情的发展阶段息息相关；另一方面也反映了个体文化认知、社会结构和个体与社会的交互作用关系。本调查在民众疫情关注与风险认知部分主要考察关注度与关注时间、重视程度、基本疫情防控措施、扩散和感染可能性认知、风险判断、安全感和风险比较七个方面。

1. 关注度与关注时间

随着疫情持续时间的延长，虽然民众对疫情依然关注度很高，但关注度和关注时间有所下降。

民众非常关注的比例从时段一的79.1%逐步上升至时段四的82.0%，随后又下降至时段五的69.9%，见图1。关注时长3个小时以上从时段一的45.7%上升至时段二的50.0%，随后又逐步下降至时段五的33.4%，见图2。

从变化趋势来看，从“1完全不关注”到“4非常关注”，中间程度为2.5。民众对疫情的关注程度逐步上升，至2月3日（3.87）最高，随后开始回落中有起伏，见图3。从“1完全不关注”到“5关注时长4个小时以上”，中间程度为3，可以看出，民众对疫情的关注时长有波动，但也呈现下降的趋势，见图4。

2. 重视程度

疫情在加剧，民众对疫情的重视程度已经达到了极端重视的程度，重视

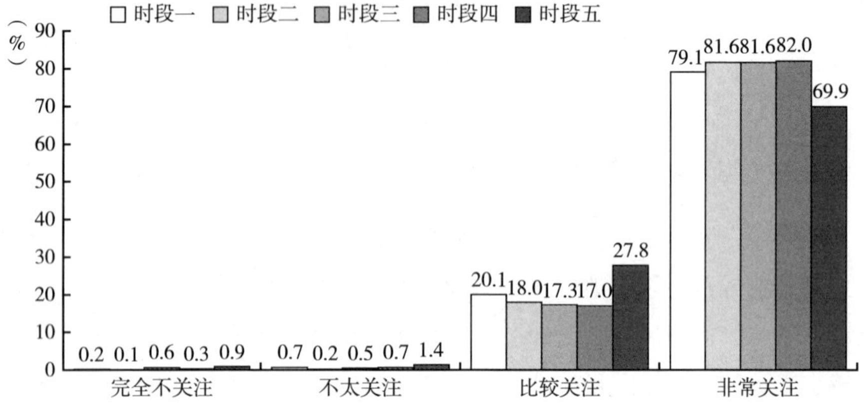

图1　民众疫情关注程度

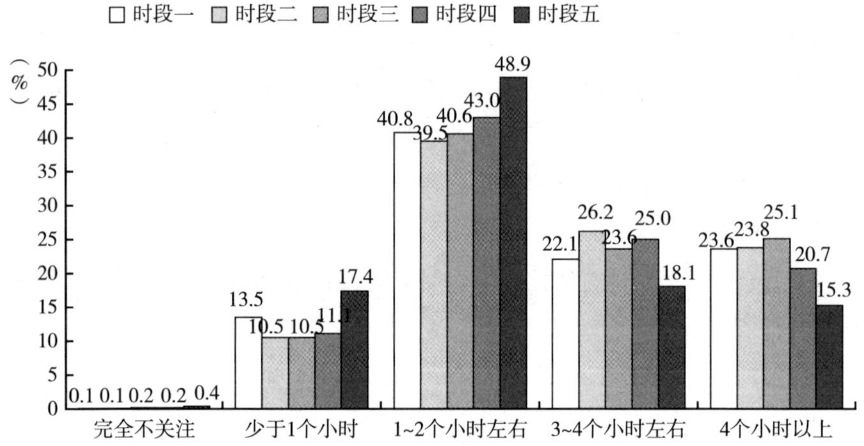

图2　民众疫情关注时长

的比例接近九五成，但随着湖北以外新增病例的减少重视程度略有下降。

民众认为周边人对疫情非常重视的比例从时段一的16.9%逐步上升至时段四的57.8%，随后又下降至时段五的53.4%，时段三后基本稳定在50%以上，见图5。从变化趋势来看，从“1非常不重视”到“4非常重视”，中间程度为2.5，民众认为周围人疫情重视程度的峰值分别出现在2月1日、2月4日和2月10日，对疫情的重视程度有所提升，见图6。

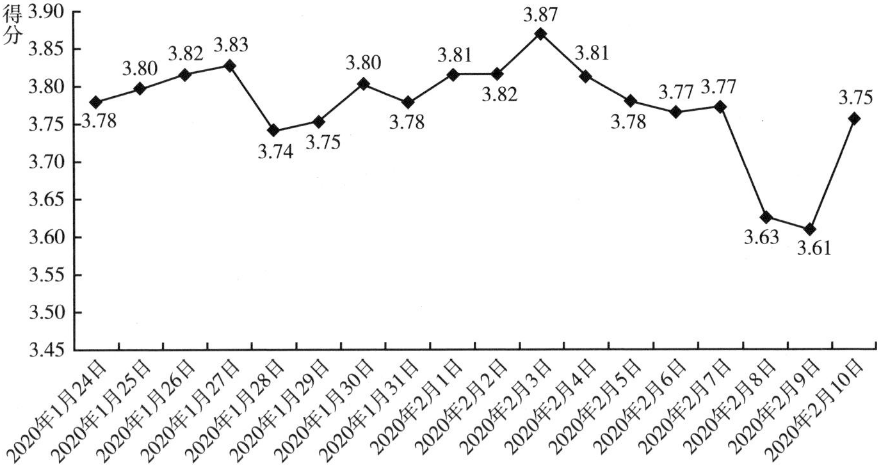

图3　民众疫情关注程度的变化趋势

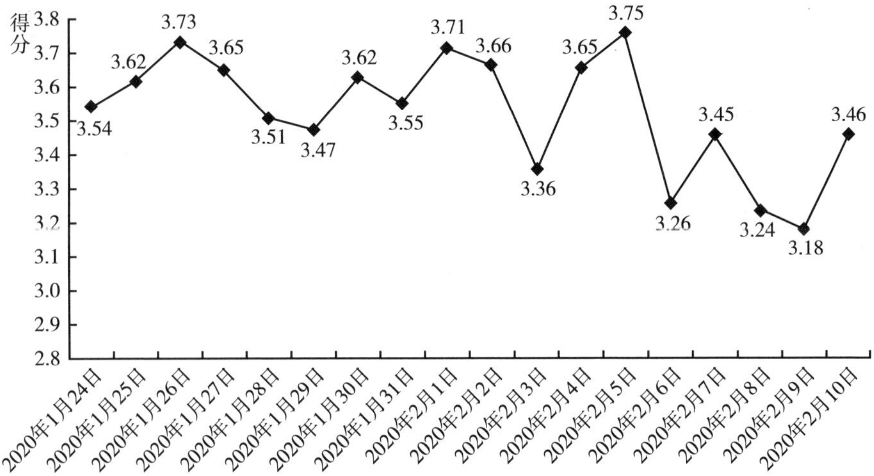

图4　民众疫情关注时长的变化趋势

3. 基本疫情防控措施

飞沫是新冠肺炎传播的主要渠道，口罩可以阻挡大量飞沫进入体内，因此对新冠肺炎防范来说，佩戴口罩是最基本的疫情防控措施。调查发现，随着全国疫情防控达到了高峰，民众对疫情的重视程度不断提高，口罩市场供

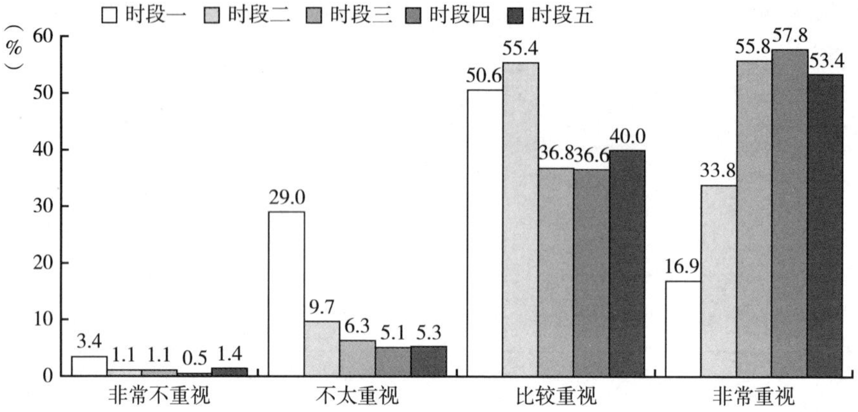

图5　民众对疫情的重视程度

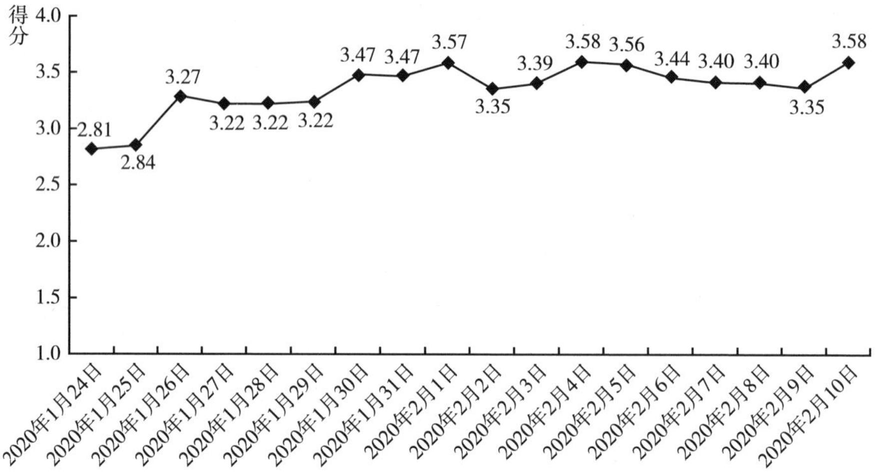

图6　民众对疫情重视程度的变化趋势

应不断改善，公共场所戴口罩已经成为绝大多数人遵守的规范。

从图7可以看出，民众在公共场所几乎都戴口罩的比例从11.3%逐步增长至69.2%，不戴口罩的民众占比一直在2.0%及以下，甚至一度低于1.0%，在时段五，占比略微上升，但仍然维持在低水平的1.0%。从变化趋势来看，从没有戴口罩到几乎都戴，中间程度为2.5，民众认

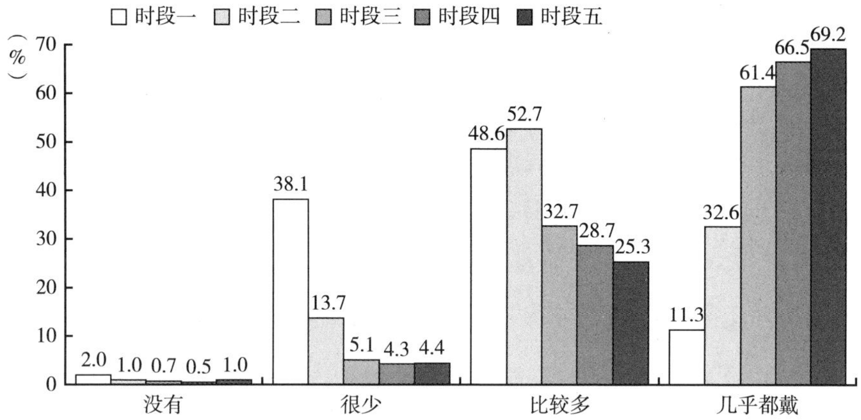

图7　周围民众公共场所戴口罩的比例

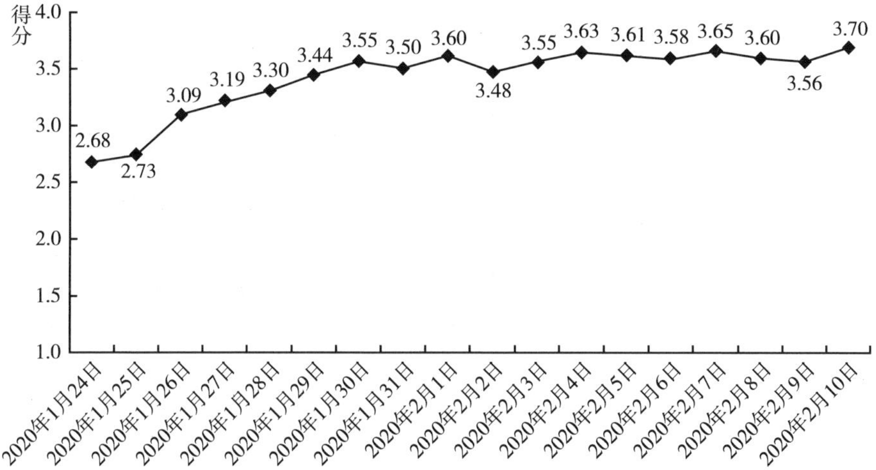

图8　周围民众公共场所戴口罩比例的变化趋势

为周围人戴口罩的比例有持续上升趋势，数值从2.68上升到3.70，具体见图8。

4. 扩散和感染可能性认知

疫情在湖北之外地区得到了初步控制，民众认为疫情扩散到自己社区的可能性在降低，认为自己被感染的可能性下降。

从图9和图10看出，民众认为疫情非常可能扩散到自己所在社区的最高比例是时段三，为11.7%，时段二比例最低，为6.7%，认为疫情非常可能会扩展到自己社区的比例有波动；认为疫情有可能扩散到自己所在社区从时段一的57.3%降低至时段五的43.7%，呈下降趋势；认为完全不可能扩散到自己所在社区的比例从时段一的1.2%呈略微上升趋势，时段四最高，为5.8%。民众认为自己完全没有可能或不太可能感染的比例较稳定，五个时段基本处于75%左右，认为自己非常可能感染的比例在时段三最高，为9.0%。从变化趋势来看，从“1完全不可能”到“4非常可能”，中间程度为2.5，民众认为扩散到自己社区的可能性有下降的趋势，自己感染的可能性较为稳定。具体见图11。

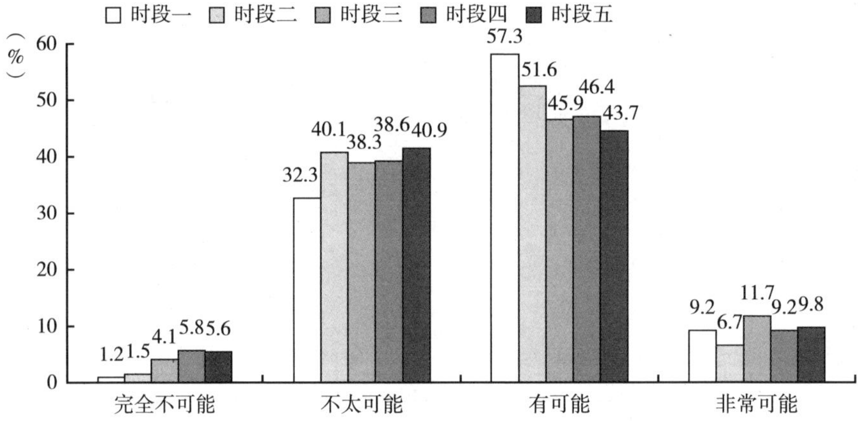

图9　民众认为疫情扩散到自己社区的可能性

5. 风险判断

随着疫情的发展，新冠肺炎的治愈率较为稳定，疫区之外感染者治愈率较高，这些信息使得民众对新型冠状病毒肺炎治愈性的判断更加乐观。

对于新型冠状病毒肺炎，八成左右的调查对象都认为治愈的可能性比较大或非常大，治愈可能性非常大从时段一的14.6%增长至时段三的33.1%再回落至时段五的30.3%。从变化趋势来看，从“1治愈可能性非常小”到“4治愈可能性非常大”，中间程度为2.5，民众认为可治愈性在上升过

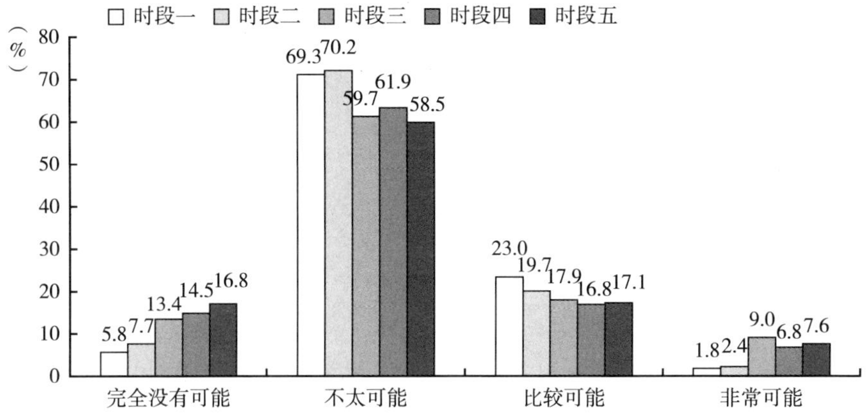

图 10　民众认为自己感染的可能性

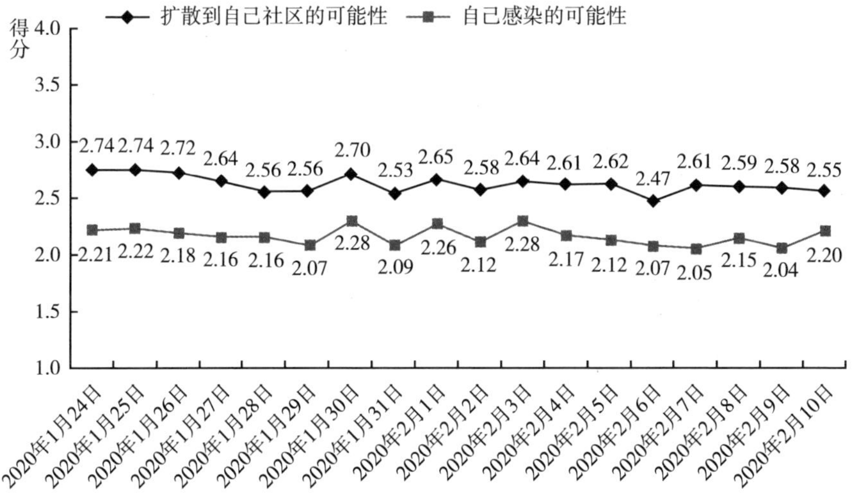

图 11　民众认为扩散到自己社区与自己感染可能性的变化趋势

程中有一定的波动，总体趋势向好。具体见图 12 和图 13。

6. 安全感

随着疫情发展态势的明朗，民众的安全感在波动中呈现逐步上升趋势，近两成民众认为自身非常安全，近六成民众认为自身比较安全。

安全感作为一个心理学重要概念，是衡量社会心态的重要指标。安全感

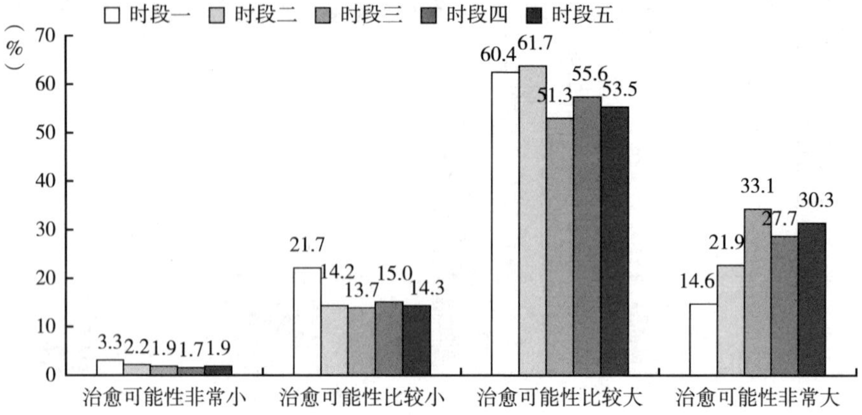

图 12　民众认为新型冠状病毒肺炎治愈的可能性

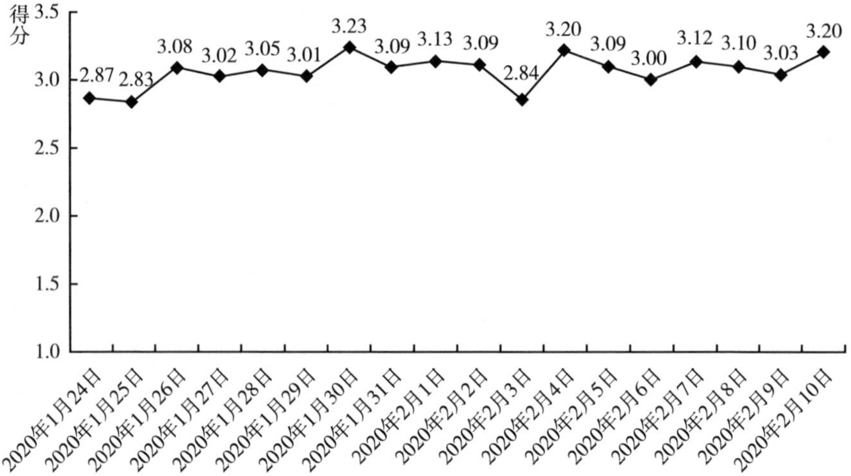

图 13　民众认为新型冠状病毒肺炎治愈可能性的变化趋势

的测量包含了各个维度的含义，本部分的安全感是根据调查中民众对疫情状况下自身安全的直观判断来进行分析的。从图 14 可以看出，民众认为自己非常安全的比例从时段一的 4. 1% 增长至时段五的 22. 5% ，认为比较安全的比例从时段一的 54. 9% 增长至时段二的 65. 5% ，随后回落至时段五的 61. 0% 。从变化趋势来看，从“1 非常不安全”到“4 非常安全”，中间程

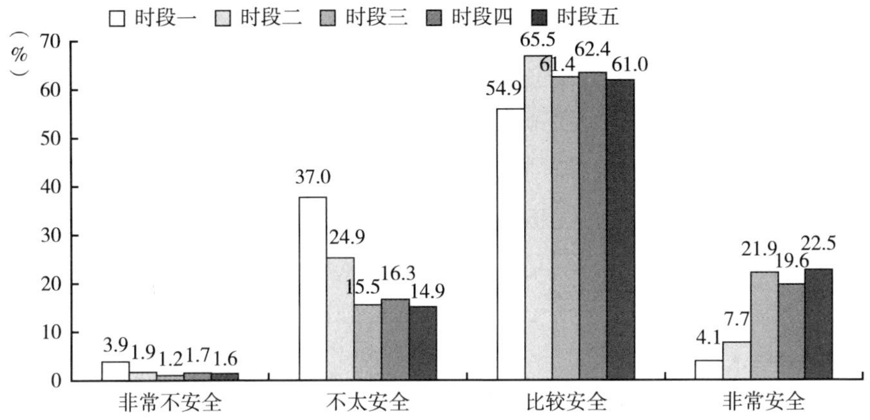

图 14　疫情下民众的安全感

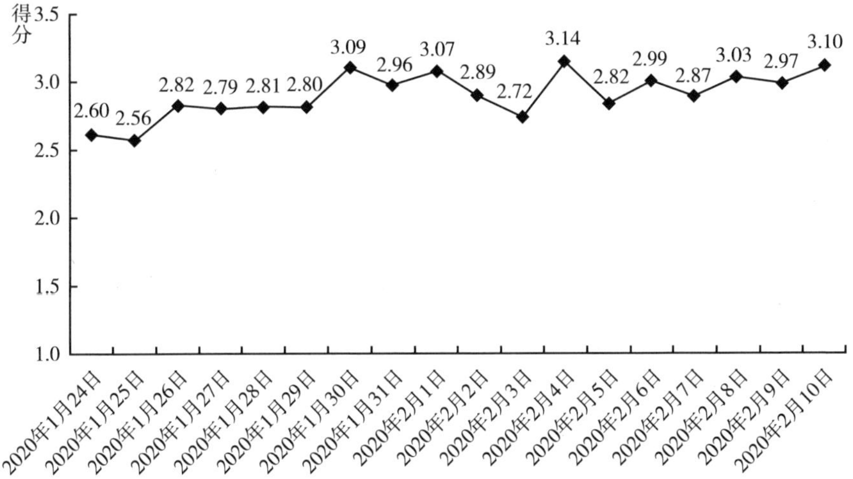

图 15　疫情下民众安全感的变化趋势

度为 2.5，民众的安全感波动中呈提升趋势，具体数值见图 15。

7. 风险比较

本部分调查了民众对新冠肺炎疫情与 2002 年 SARS 疫情危险性的判断，分析民众的风险比较情况。截至 2003 年 8 月 16 日，中国内地累计报告非典型肺炎临床诊断病例 5327 例，而新冠肺炎感染人数大幅超过 SARS 且仍在持续增长，民众因此认为新型冠状病毒肺炎比 SARS 危险的看法有增强趋势，比例逐步升高至四成左右。

从图 16 看出，民众认为新型冠状病毒肺炎比 SARS 危险很多的比例从时段一的 17.4% 逐步升高至时段五的 39.4%。从变化趋势来看，从“1 没有 SARS 危险”到“4 比 SARS 危险很多”，中间程度为 2.5，民众认为新型冠状病毒肺炎比 SARS 危险的看法有增强趋势，数值从 2.28 增长至 2.90，见图 17。

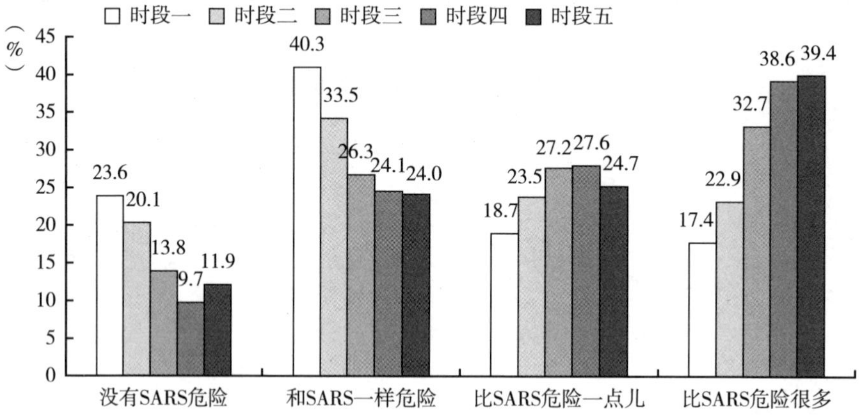

图 16 民众认为新型冠状病毒肺炎与 SARS 相比的危险性

（二）社会情绪

情绪是心理学最核心的概念之一，在社会心态研究中也一样，不同的是，社会心态研究更关注社会情绪。社会情绪是社会心态的重要成分，而且是具有动力倾向的核心要素。社会情绪是一个群体和社会中多数成员共享的情绪体验。这种体验是以个体的情绪为基础的，个体情绪的体验是个体在一定的社会现实下的感受，这种感受伴随着神经生理反应，但又具有主观特性。特定的社会背景下，社会情绪会表现为相对稳定的形态，并逐渐积淀为一个社会在一定时期的情感文化（王俊秀，2013）。社会情绪由其情感基调可以分为正向情绪和负向情绪，正向情绪诸如乐

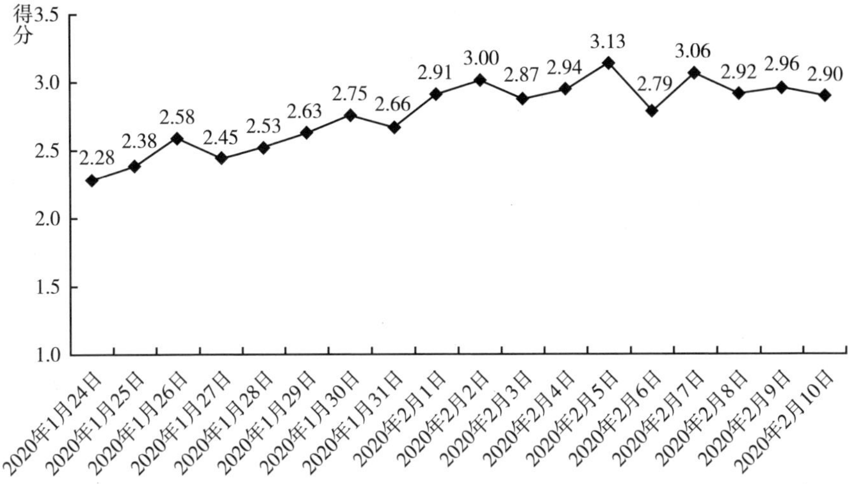

图 17　民众认为新型冠状病毒肺炎与 SARS 相比危险性的变化趋势

观、平静和愉悦等，负向情绪诸如担忧、恐慌、悲伤等。疫情期间的社会情绪随着疫情态势而变化，也折射出个体和各个社会主体应对疫情防控所做工作的客观状况。本调查主要针对疫情期间民众的乐观、平静、担忧、无助、恐惧、悲伤、愤怒和恐慌等八种情绪通过时段变化和时日变化进行分析。

1. 时段变化

随着疫情的变化，社会情绪的反应从疫情初期较高的负向情绪和较低的正向情绪逐渐发生变化，乐观、平静情绪上升至中等偏上程度，担忧、恐惧、愤怒和恐慌情绪逐步下降。

从情绪体验平均程度来看，从“1 完全没有”到“5 非常强烈”，中间程度为 3。民众面对新型冠状病毒肺炎疫情乐观情绪从时段一的 2.70 上升至时段三的 3.52，随后回落至时段五的 3.50。平静情绪从时段一的 2.42 上升至时段三的 3.18，随后回落至时段五的 3.17。担忧情绪从时段一的 4.16 逐步下降至时段五的 3.58。恐惧情绪从时段一的 3.16 逐步下降至时段五的 2.71。愤怒情绪从时段一的 3.09 逐步下降至时段五的 2.81。恐慌情绪从时段一的 2.96 逐步下降至时段五的 2.58。从变化趋势来看，民众乐观、平静上升至中等偏上程度，担忧和恐慌有较明显回落，恐惧和愤怒也有较小回落。具体见图 18 和图 19。

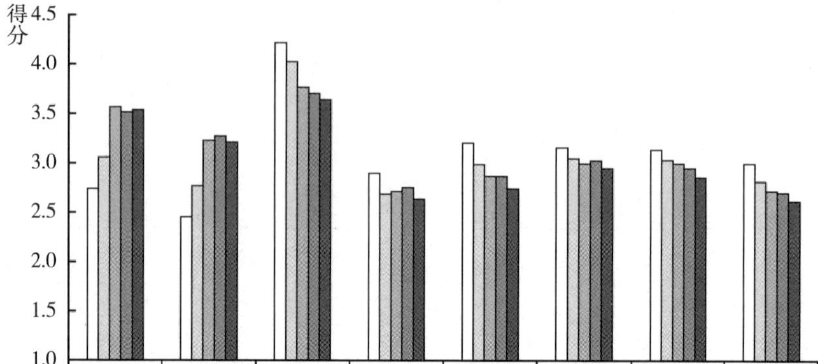

	乐观	平静	担忧	无助	恐惧	悲伤	愤怒	恐慌
□ 时段一	2.70	2.42	4.16	2.86	3.16	3.12	3.09	2.96
时段二	3.02	2.74	3.96	2.64	2.95	3.01	2.99	2.78
时段三	3.52	3.18	3.71	2.68	2.83	2.96	2.95	2.69
时段四	3.47	3.23	3.65	2.72	2.83	2.99	2.91	2.66
时段五	3.50	3.17	3.58	2.60	2.71	2.91	2.81	2.58

图 18　疫情下民众的社会情绪分布

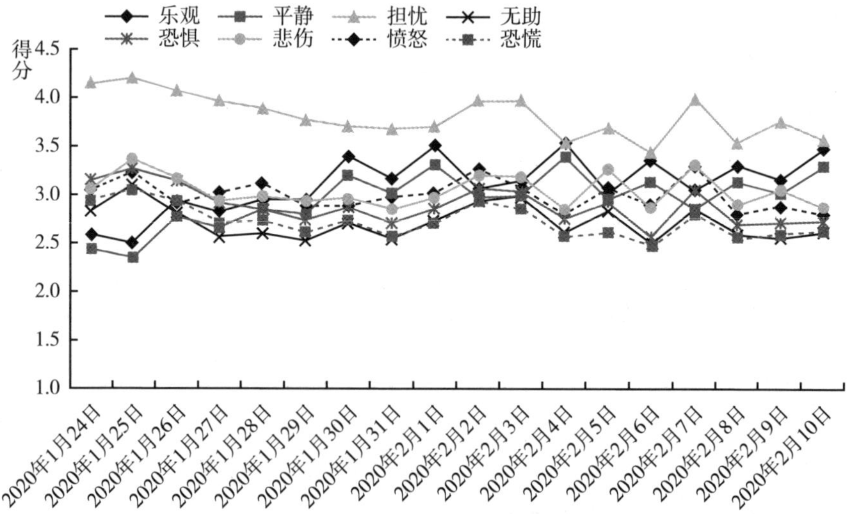

图 19　疫情下民众社会情绪的变化趋势

2. 时日变化

随着疫情的变化，担忧情绪依然最高，但呈下降趋势，愤怒和恐惧情绪随着疫情和舆情而波动，在一些公共事件发生的节点上表现尤其明显，平静和乐观情绪相对较低。在疫情期间，民众对疫情信息的重视和关注度较高，情绪也比较敏感，任何重大公共事件的发生都比较容易引发民众情绪的激荡，因此培育、引导民众的积极情绪显得尤为重要。

（三）疫情信息获取和评价

1. 疫情信息关注方向

民众对疫情信息的关注从自己身边转向了外部，对家人和所在地风险、疫情扩散信息的关注比例在减少，对政府疫情应对的关注经历了降低后略有提高，对疫情防护医学知识的关注持续在一个稳定的水平，对专业机构研究进展的关注略有起伏，对医院等疫情防控机构力量投入的关注升高。

疫情的持续发展以来，民众对新型冠状病毒肺炎有效预防、防护的医学常识和专业知识的关注比例一直维持在45%左右，对自己、家人、亲友所在区域的疫情或潜在风险保持着高度关注，但关注比例从时段一的59.9%下降至时段五的44.4%。对政府部门、有关机构采取的应对、防控、治理等措施的关注比例从时段一的47.8%下降至时段五的41.6%。对医院、防疫、公共安全等有关部门抗击新型冠状病毒肺炎疫情的力量投入情况关注比例从时段一的25.9%逐步上升至时段五的40.0%。具体见图20。

2. 疫情信息评价

民众对疫情信息公开及时性和透明度的认知趋于一致，呈现上升趋势。具体来看，民众认为新型冠状病毒肺炎疫情的信息公开非常及时的比例从时段一的7.3%上升至时段五的34.5%，非常滞后的比例从13.7%下降至3.5%。民众认为新型冠状病毒肺炎疫情信息公开透明非常低或者比较低的比例分别从时段一的9.8%和40.0%，下降至时段五的1.9%和14.9%，认为信息公开透明比较高或者非常高的比例分别从时段一的45.3%和4.9%，升高至时段五的55.6%和27.6%。从变化趋势来看，民

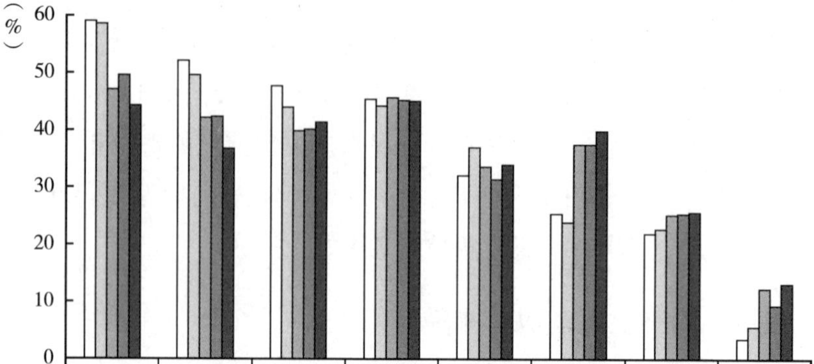

	家人所在地风险	疫情感染扩散信息	政府相关部门应对	预防防护医学常识	专业机构研究进展	医院等抗击力量	权威专家的分析	其他国家经验
□ 时段一	59.9	52.3	47.8	45.7	32.4	25.9	22.5	4.6
□ 时段二	59.3	49.7	44.2	44.5	37.5	24.1	23.2	6.6
■ 时段三	47.2	42.4	40.1	46.0	34.0	37.7	25.8	13.2
■ 时段四	49.8	42.5	40.5	45.4	31.8	37.8	26.0	10.2
■ 时段五	44.4	37.1	41.6	45.3	34.3	40.0	26.3	13.9

图 20　民众最感兴趣的疫情信息排序

众对疫情信息公开及时性和透明度的评价基本一致，均呈现波动中上升的趋势。具体见图 21、图 22 和图 23。

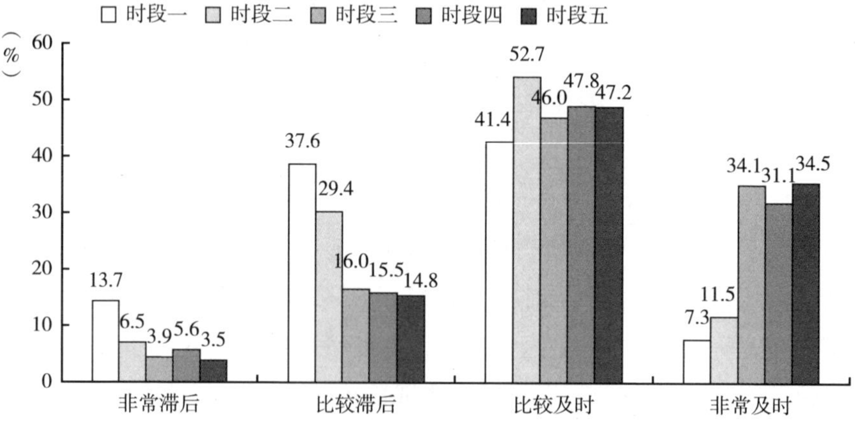

图 21　民众对疫情信息公开及时性的评价

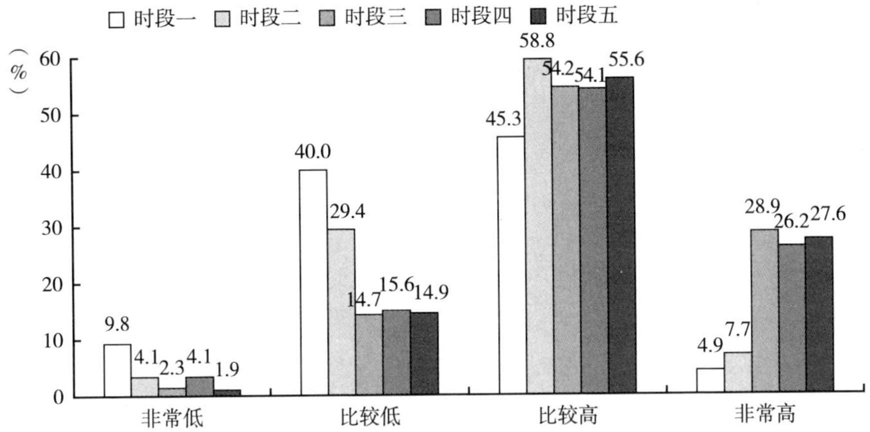

图 22　民众对疫情信息透明度的评价

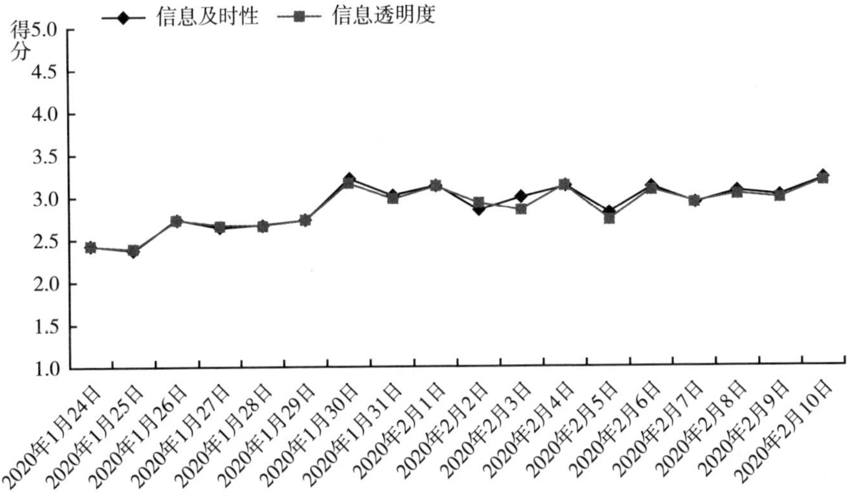

图 23　民众对疫情信息公开及时性和透明度评价的变化趋势

3. 信息获取渠道

民众疫情信息获取渠道排在前面的还是手机上的微信、微博，但电视、网站、新闻客户端的影响是微幅上升趋势。具体来看，在疫情开始至时段五，微信一直是民众了解新型冠状病毒肺炎疫情的主要渠道，时段一比例为82.4%，时段二为84.9%，时段三为79.8%，时段四为81.1%，时段五为77.4%，有下降趋势。微博从时段一（75.7%），到时段二（63.3%）、时段三（60.8%）、时段四（45.9%），到时段五（57.7%），下降趋势明显，但仍然是当下民众了解新型冠状病毒肺炎疫情的第二个渠道。电视从时段一的42.9%逐步上升到时段五的62.9%，成为当下民众了解新型冠状病毒肺炎疫情的第三个渠道。民众通过新闻客户端了解疫情的比例逐步上升至50.9%。民众通过口口相传方式来了解疫情的比例从时段一的28.9%下降到时段五的17.4%；通过报纸来了解疫情的比例从时段一的7.9%到时段五的22.1%，上升趋势明显。可以看到，在本次疫情中，民众通过正式渠道获取信息的比例上升明显，侧面反映出在事关安全的重大公共事件上，民众对权威信息的重视。具体见图24。

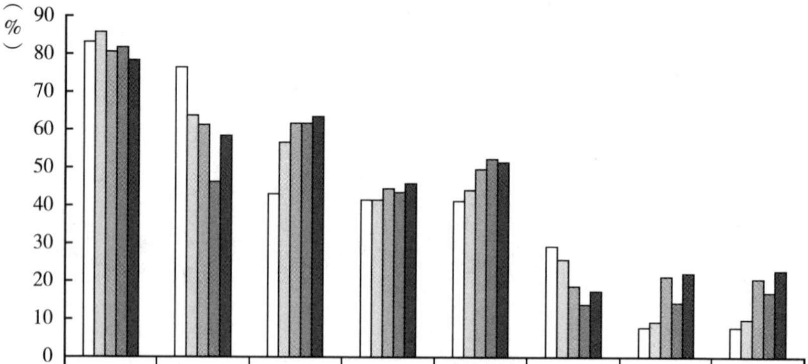

	微信	微博	电视	网站	新闻客户端	口口相传	报纸	本地论坛
□ 时段一	82.4	75.7	42.9	41.1	40.9	28.9	7.9	7.7
□ 时段二	84.9	63.3	56.1	41.2	43.8	25.6	9.4	9.9
■ 时段三	79.8	60.8	61.4	44.1	49.1	18.5	21.2	20.6
■ 时段四	81.1	45.9	61.4	43.2	51.9	13.9	14.3	16.8
■ 时段五	77.4	57.7	62.9	45.4	50.9	17.4	22.1	22.5

图24　民众获取疫情信息的渠道

4. 疫情评价与信心

民众认为疫情未来一个月的缓解程度有明显的提升。总体来看，随着疫情防控态势的发展，民众对疫情的缓解持有较大信心。具体来看，民众认为疫情未来一个月发展势态严重很多的比例从时段一的30.8%下降至时段五的6.5%，严重一些的比例从43.7%下降至15.1%，认为疫情未来一个月会缓解一些的比例逐步上升到48.2%，缓解很多的比例逐步上升至26.0%。从变化趋势来看，从“1 严重很多”到“5 缓解很多”，中间值为3，随着时间的推移，民众认为疫情未来一个月的缓解程度在提升。具体见图25和图26。

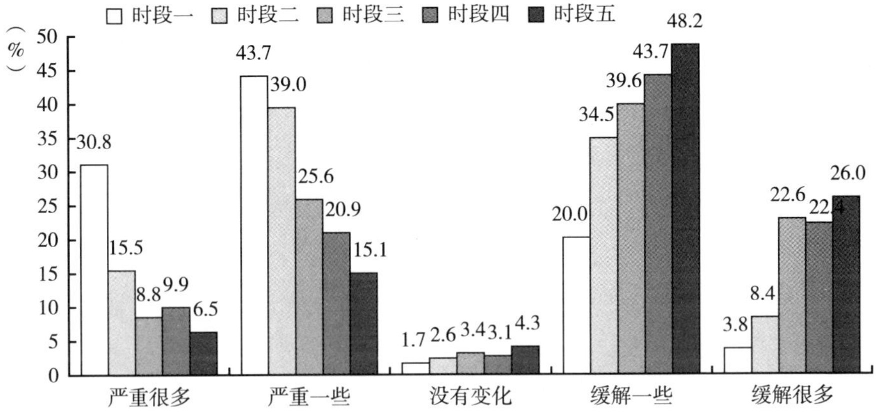

图25　民众对疫情发展的估计

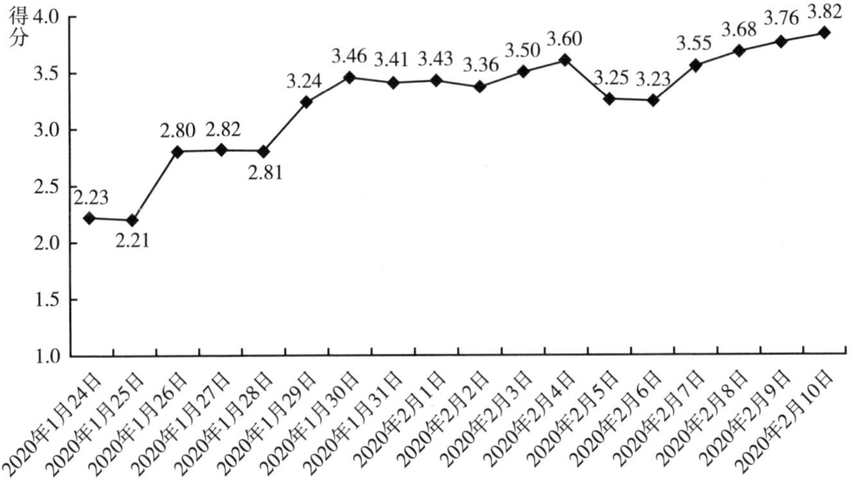

图26　民众对疫情发展估计的变化趋势

（四）疫情防控行为

总的来看，民众疫情防控行为中的居家消毒行为基本达到了防控要求，但过度防范措施的行为也在增加。

数据显示，民众对疫情的防范行为中，出门戴口罩、外出回家后洗手、不去人流较多的场所、减少外出次数、少乘坐公共交通的防范行为一直较为稳定，当下采取这些行为的民众比例维持在98%左右。外出回家后换衣服的比例从时段一的62.2%逐步上升至时段五的89.5%。取消原有的聚餐计划、旅游计划、异地探亲计划和自我隔离的行为比例有较大幅度的提升，从疫情开始时六七成提升至九成五左右。对家中物品进行酒精消毒、购买囤积食物和日常用品的行为比例从三五成提升到七成左右。用醋消毒、盐水漱口、服用抗生素等不恰当的预防行为比例有所上升。其中，用醋消毒的比例从时段一的19.8%上升至时段三的52.5%，再回落到时段五的45.8%。盐水漱口的比例从时段一的23.3%上升至时段三的54.7%，再回落到时段五的48.4%。服用抗生素的比例从时段一的12.7%上升至时段三的35.1%，再回落到时段五的31.9%。具体见图27。

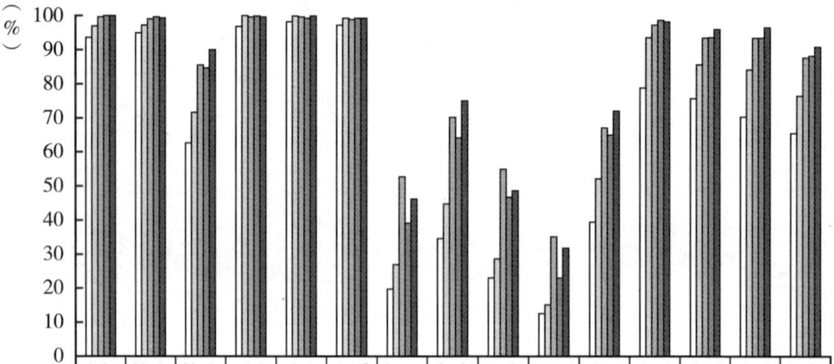

	出门戴口罩	外出回家后洗手	外出回家后换衣服	不去人流较多的场所	减少外出次数	少乘坐公共交通	每日在家用醋消毒	家中物品进行酒精消毒	盐水漱口	服用抗生素	购买囤积食物和日常用品	取消原有的聚餐计划	取消原有的旅游计划	取消原有的异地探亲计划	如果自感不适，自我隔离
□ 时段一	92.9	94.2	62.2	96.1	97.7	96.7	19.8	34.8	23.3	12.7	39.6	78.2	75.0	69.8	65.0
■ 时段二	96.1	96.5	71.2	99.3	99.2	98.6	27.0	44.6	28.8	15.5	52.2	93.0	85.0	83.4	75.9
■ 时段三	98.9	98.2	84.8	98.8	98.8	98.3	52.5	69.7	54.7	35.1	66.8	96.7	92.9	92.7	87.1
■ 时段四	99.1	99.0	84.2	99.1	98.5	98.8	38.9	63.6	46.3	23.1	64.6	97.8	93.0	92.5	87.6
■ 时段五	99.1	98.6	89.5	98.9	99.1	98.8	45.8	74.6	48.4	31.9	71.5	97.2	95.3	95.7	90.4

图27　民众疫情防控行为

四 结论与展望

（一）主要结论

风险社会理论认为，当下我们所面临的许多风险都是全球风险，每一个个体、每一个群体成员、每一个不同形态的社会都必须面对一些共同的风险（伯内德·罗尔曼、奥尔特温·雷恩，2007）。普遍的担忧、恐慌等疫情下的负向社会情绪，认知偏差、行为异常等疫情下的社会认知和行为倾向往往也与疫情本身的风险相互依存。面对不确定的疫情风险环境，无论是通过社会比较来自我确认和纠错、通过心理群体来寻求压力分担和抱团取暖，还是学习或分享疫情观点经验而希望得到回应，都充分印证着个体心理与社会心态的紧密勾连——每个个体的心理深刻地受到疫情下的社会心态影响，社会心态在此期间也快速反映个体的心理状况。

随着疫情的严重，民众对新冠肺炎疫情的关注度攀升至极高水平，防控意识和防控行为也达到高峰，高负向情绪在社会蔓延，疫情态势逐步明朗后，民众对疫情关注和负向情绪均有所回落，安全感、乐观判断、社会信心和正向情绪渐趋上升，民众对疫情关注从内部转向外部，对于疫情信息公开透明度更趋认可，在疫情防控行为上，过度防控行为有所增加。从目前的社会心态看，经历了数周的疫情防控后，人们对于疫情的发展有了一定的心理免疫力，长期的负向情绪下需要进行一定的自我保护和调节，人们的疫情关注有所减少，随着复工、学生开学、春节生活结束，人们的注意力开始有所转移。对于多数人来说，身边的危险性在降低，这使得负向情绪有所缓解，也会使得一些人放松对疫情的警惕。

（二）研究展望

2 月 10 日起全国不同工种逐渐复工，春节后人员回流可能会造成新的疫情变动，前一阶段的疫情防控采取的是静态策略，以居家自我隔离、减少人员流动来防范疫情的传播。2 月 10 日后全国范围的疫情防控进入动态化，在人员流动逐步恢复下来防控，防控的难度将大幅提升，这个阶段疫情的有效防控将决定着疫情是否能够得到有效控制。尽管疫情社会心态已经往积极的方向发展，此后随着疫情发展态势的变化，社会心态出现新的变动特征也将是必然。

经过几轮的调查，我们也发现，信息、信任和信心是疫情防控中社会心态的核心影响因素。信息决定着对疫情风险的认知水平，公开透明的信息是积极社会心态调控的基础和着力点；信任是社会的润滑剂，是不确定环境下社会秩序的保证，只有增进社会互信才能有效应对非常时期的困难挑战；信心是社会心态中最宝贵的资源，只有增强信心才能真正凝聚社会力量、同心抗击疫情（王俊秀，2020）。疫情社会心态在一段时期内仍会随着疫情发展出现各种变化，社会心态研究是一个持续跟进的过程，对疫情社会心态的研究可以为疫情防控提供更多舆情信息和政策参考。

参考文献

奥尔特温·雷恩、伯内德·罗尔曼：《风险感知研究：导论》，张虎彪、赵延东译，北京出版社，2007。

王俊秀：《社会心态的结构和指标体系》，《社会科学战线》2013 年第 2 期。

王俊秀：《社会情绪的结构和动力机制：社会心态的视角》，《云南师范大学学报》（哲学社会科学版）2013 年第 5 期。

王俊秀：《信息、信任、信心：疫情防控下社会心态的核心影响因素》，《光明日报》2020 年 2 月 7 日。

中国社会科学院社会学研究所社会心理学研究中心：《新型冠状病毒肺炎疫情下的社会心态》，电子文献，https：//mp. weixin. qq. com/s/G2tvlQvCpEvbWqPkWfWj7Q，2020。

中国社会科学院社会学研究所社会心理学研究中心：《疫情防控与社会心态的变化》，电子文献，https：//mp. weixin. qq. com/s/w_ 39BV9BTz5UBzYgCEnBGg，2020。

赵国祥、李永鑫、务凯、郭舒婕、王玮、王胜男、陈珅、单格妍：《新型冠状病毒肺炎疫情时期的河南省民众社会心态》，《心理研究》2020 年第 1 期。

B.9

新冠肺炎疫情下不同区域和城市的社会心态比较

应小萍*

摘　要：　疫情社会心态视角下的疫情关注度涵盖个体自己的疫情关注度、感知到周围人疫情重视度、个体对国外疫情关注度三个层面。基于疫情社会心态调查（2020），将按受调查者疫情期间所处城市划分为湖北省内外不同发展水平的一线城市、新一线城市、二线城市、三线城市、四线城市、五线及以下城市。对参与四轮调查的有效样本39830人的疫情关注度进行了不同区域和城市的分析比较，基本上可以发现，城市发展水平越高，民众疫情关注度越高。

关键词：　社会心态　城市发展水平　疫情关注

一　引言

新型冠状病毒肺炎疫情于2020年初突发，为了解民众在疫情下的社会心态，中国社会科学院社会学研究所社会心理学研究中心进行了疫情社会心态调查（王俊秀等，2020）。在社会心态视角下，疫情关注度不是一个单维概念，不仅包括个体自己对疫情的关注程度，也涉及个体感知周围人对疫情的

* 应小萍，中国社会科学院社会学研究所副研究员、社会心理学研究中心副研究员、社会心理与行为实验室副研究员，研究方向为社会心理学。

重视程度。而随着国外疫情快速发展带来的不确定性，在疫情社会心态调查中增加了民众对国外疫情的关注程度的回答，丰富了疫情关注度所涵盖层面。

基于百度搜索数据，从空间和时间对疫情的民众关注度进行分析和研究，发现民众对疫情关注度东西差异大，沿海经济发达城市的民众对疫情关注度高于内陆经济相对不发达地区，疫情关注度也受到疫情是否高发影响，并随疫情变化有波动式下降（孙宇婷、肖凡、周勇、田广增，2020）。而城市化与疫情的关系也在此次疫情暴发和变化中受到学者的关注（赵建，2020）。基于已有研究结果和疫情社会心态调查的特点，将代表不同经济发展水平的一线城市、二线城市、三线城市等纳入研究中，分析所在城市民众的疫情关注度。一线城市、二线城市、三线城市起初作为民间概念而不是学术概念有确切定义和评定（倪鹏飞、李肃，2015），但随着媒体经常报道以及在实践领域广泛应用，业已用于分析社会现象，在社会心态研究中被用于分析生活压力（应小萍，2016）和创业心态（应小萍，2019）。

湖北省是疫情最为严重的省份，本报告将湖北和湖北以外的受调查者分开分析。对参与调查者的所在城市，根据第一财经发布的《2019 年城市商业魅力排行榜》城市名单，依据商业资源集聚度、城市枢纽性、城市人活跃度、生活方式多样性和未来可塑性五大指标划分为一线城市、新一线城市、二线城市、三线城市、四线城市和五线城市，本报告将五线以下城市和五线城市合并，划分为“五线及以下”城市，并对北京、上海、广州和深圳四个一线城市进行了分析，具体参与调查的人数见表 1。为了和湖北以外的新一线城市进行比较，武汉市是湖北的新一线城市，仍列为新一线城市；参与调查者此刻所在湖北的三线城市为荆州、襄樊、宜昌、襄阳；四线城市为黄冈、十堰、咸宁、孝感、恩施；五线及以下城市为仙桃、鄂州、荆门、潜江、随州、天门。

本报告不仅基于民众所在的城市发展水平，也考虑到疫情变化，将持续进行的疫情社会心态调查分为四轮调查：第一轮调查（2020 年 1 月 24 日至 25 日）、第二轮调查（2020 年 1 月 25 日至 2 月 10 日）、第三轮调查（2020 年 2 月 10 日至 3 月 19 日）和第四轮调查（2020 年 3 月 20 日至 30 日）。从疫情关注的三个层面，四轮调查时段，湖北省内外的一线城市、新一线城市、二线城市、三线城市、四线城市、五线及以下城市，分析比较民众的疫情社会心态的特征。

二 研究方法

（一）调查对象

本报告使用的数据来源于中国社会科学院社会学研究所社会心理学研究中心开展的疫情下社会心态调查。该调查是由中国社会科学院社会学研究所社会心理学研究中心编制问卷，于 2020 年 1 月 24 日至 2020 年 3 月 30 日，通过智媒云图在线调查平台“问卷宝”，向在线样本库的全国用户（共约 120 万人，覆盖全国 346 个地级城市）推送。问卷收回后，课题组进一步依据陷阱题、答题完成情况、逻辑检验等对问卷进行筛选。疫情下社会心态调查覆盖全国 31 个省（区、市），年龄范围在 18 ~ 70 岁。

根据疫情进展与变化，课题组编制了三版社会心态调查问卷，每版调查问卷均在前一版基础上增加题项。第一版调查从 2020 年 1 月 24 日 16:00 至 2020 年 2 月 10 日 18:15，回收 22688 份有效问卷；第二版调查从 2020 年 2 月 10 日 18:16 至 2020 年 3 月 19 日，回收 8425 份有效问卷；第三版调查从 2020 年 3 月 20 日至 2020 年 3 月 30 日，回收 8717 份有效问卷。三个版本调查回收有效样本 39830 人。对应疫情发展和变化，划分为四个调查阶段。将第一版调查问卷实施期间划分为第一轮和第二轮调查，第一轮调查从 1 月 24 日 16:00 至 1 月 25 日 12:50，第二轮调查从 1 月 25 日 12:51 到 2 月 10 日，即为第一版问卷实施时间。第三轮调查（2020 年 2 月 10 日至 3 月 19 日）和第四轮调查（2020 年 3 月 20 日至 30 日）即对应第二版和第三版问卷。

表 1 列出了参与四轮调查，并划分为不同发展水平城市的人数。根据受调查者在接受调查时所处的城市，按湖北省内外分别划分为一线城市、新一

线城市、二线城市、三线城市、四线城市、五线及以下城市。表1也列出了属于一线城市的北上广深四个城市。

表1 不同发展水平城市的样本情况

单位：人

地区	第一轮调查（第一版）	第二轮调查（第一版）	第三轮调查（第二版）	第四轮调查（第三版）	合计
合计	11054	11634	8425	8717	39830
湖北以外合计	10478	11208	7906	8275	37867
一线	1412	1160	890	904	4366
北京	810	425	173	215	1623
上海	228	254	201	217	900
广州	264	292	391	287	1234
深圳	110	189	125	185	609
新一线	1424	1186	884	1168	4662
二线	1624	1791	1220	1479	6114
三线	2651	3068	2172	2066	9957
四线	2139	2490	1788	1646	8063
五线及以下	1228	1513	952	1012	4705
湖北合计	576	426	519	442	1963
新一线	137	100	93	96	426
三线	165	98	147	110	520
四线	176	158	187	160	681
五线及以下	98	70	92	76	336

（二）疫情下的社会心态

本报告重点比较和分析不同发展水平城市民众的疫情关注程度，疫情关注程度包括个体对疫情关注程度、感知周围人对疫情重视程度、对国外疫情的关注程度三个方面。个体自己的疫情关注度和感知周围人的疫情重视度基于四轮调查数据进行分析比较；而对国外疫情关注度只在第三版问卷中涉及，所以只对第四轮调查时段数据进行分析比较。

三 结果

采用单因素方差分析和事后检验比较分析疫情下社会心态在不同发展水平城市民众的疫情关注度差异，包括民众自身对疫情的关注程度、感知周围人对疫情的重视程度、对国外疫情的关注程度三个方面的差异分析。

（一）疫情关注程度

图 1 列出了不同发展水平城市的民众在四轮调查中，个体自己对疫情关注程度的分数。参加调查的民众通过 1 ~4 分，从“完全不关注”到“完全关注”，评价自己对疫情的关注程度，分数越高表示关注程度越高。

从四轮调查结果看，民众对疫情的关注度都极其高，在 1 ~4 的关注评价分中，最高的是湖北省内新一线城市武汉民众在菱形点黑线所表示的第一轮调查（2020 年 1 月 24 日至 25 日）中的疫情关注度，为 3. 91 分；最低的是随着疫情防控在叉点黑线所表示第四轮调查（2020 年 3 月 20 日至 30 日）中，湖北省内五线及以下城市民众的疫情关注度，随着疫情变化对疫情关注度降至 3. 47 分。图 1 显示，除了上海，其他城市的民众随着疫情的四轮时间段的发展对疫情的关注度均保持或下降，相比前一轮，在后一轮调查中民众对疫情保持同等关注度或有所下降。

菱形点黑线所表示的第一轮调查（2020 年 1 月 24 日至 1 月 25 日）中，湖北省内民众对疫情的关注程度远超过湖北省外民众，分别为 3. 86 分和 3. 78 分。湖北新一线城市即武汉的民众对疫情关注度最高，显著高于四线城市民众疫情关注度（3. 81 分），湖北省内其他发展水平不同城市间民众的疫情关注度不存在显著差异。湖北省外，第一轮调查中，新一线城市的民众疫情关注度（3. 82 分）显著高于其他城市；二线城市民众疫情关注度（3. 79 分）显著高于三线城市和四线城市的 3. 76 分；三线城市、四线城市和五线及以下城市，一线城市之间不存在显著差异。进一步分析一线的四大城市，北京民众疫情关注度最高（3. 81 分），次之的是上海（3. 79 分）和

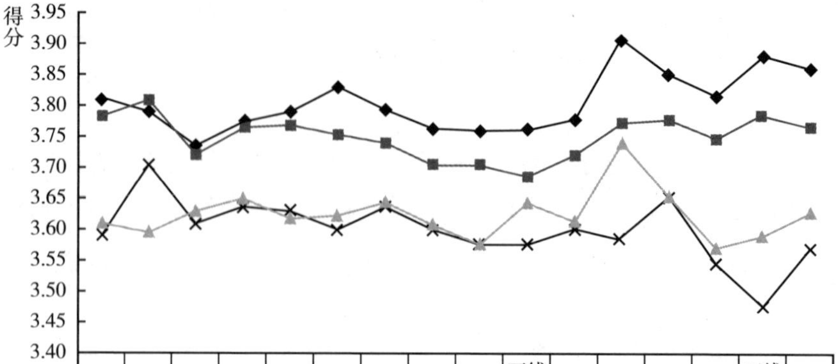

	北京	上海	广州	深圳	一线	新一线	二线	三线	四线	五线及以下	湖北以外	新一线	三线	四线	五线及以下	湖北
	湖北以外											湖北				
—◆— 2020年1月24日~1月25日	3.81	3.79	3.73	3.77	3.79	3.82	3.79	3.76	3.76	3.76	3.78	3.91	3.85	3.81	3.88	3.86
—■— 2020年1月25日~2月10日	3.78	3.81	3.72	3.76	3.77	3.75	3.74	3.71	3.70	3.68	3.72	3.77	3.78	3.75	3.79	3.77
—▲— 2020年2月10日~3月19日	3.61	3.59	3.63	3.65	3.62	3.62	3.64	3.60	3.58	3.64	3.61	3.74	3.65	3.57	3.59	3.63
—×— 2020年3月20日~3月30日	3.59	3.70	3.61	3.63	3.63	3.60	3.63	3.60	3.58	3.57	3.60	3.58	3.65	3.54	3.47	3.57

图1　不同发展水平城市民众的疫情关注度比较

深圳（3.77 分），广州最低，为 3.73 分。统计分析表明，北京民众疫情关注度显著高于广州，上广深三城市的民众疫情关注度上不存在显著差异。

方形灰线所表示的第二轮调查（2020 年 1 月 25 日至 2 月 10 日）中，湖北省内民众对疫情的关注程度超过湖北省外（分别为 3.77 分和 3.72 分）。可以看到随着湖北省内疫情发展，不同城市之间民众的疫情关注度不存在显著差异。湖北省外，随着疫情变化，疫情关注程度和城市发展水平较为一致，城市发展水平越高，民众对疫情关注程度越高；一线城市民众疫情关注度（3.77 分）、新一线城市（3.75 分）和二线城市（3.74 分）显著高于三线城市的 3.71 分、四线城市的 3.70 分和五线及以下城市的 3.68 分；一线城市、新一线城市和二线城市的民众疫情关注度之间不存在显著差异，三线城市、四线城市和五线及以下城市的民众疫情关注度之间也不存在显著差异。对一线四大城市的进一步分析表明，在第二轮调查中，上海民众的疫情关注度（3.81 分）显著高于广州的 3.72 分，其他城市间的民众疫情关注度不存在显著差异。

三角灰线所表示的第三轮调查（2020 年 2 月 10 日至 3 月 19 日）中，湖北新一线城市武汉民众疫情关注度（3.74 分）显著高于四线城市（3.57 分）和五线及以下城市（3.59 分）。湖北省外的数据显示，五线及以下城市民众疫情关注度（3.64 分）相较于其他城市为最高；二线城市的民众疫情关注度（3.64 分）在 0.05 水平边缘显著高于三线城市的 3.60 分，并且显著高于四线城市的 3.58 分；五线及以下城市民众疫情关注度显著高于四线城市。进一步分析一线四大城市民众的疫情关注程度，发现不存在显著差异。

叉点黑线所表示的第四轮调查（2020 年 3 月 20 日至 3 月 30 日）中，湖北省内和省外民众的疫情关注程度分数显示，随着疫情变化，湖北省内反而比省外民众对疫情的关注度低，分别为 3.57 分和 3.60 分。从湖北省内分数可看到，五线及以下城市民众对疫情的关注度最低，显著低于四线城市民众疫情关注度（3.54 分），且比包括湖北省外在内的其他发展水平不同城市都低；五线及以下城市、四线城市民众对疫情关注程度显著低于新一线城市武汉民众的疫情关注度（3.58 分）。而湖北省外，只有上海民众疫情关注度远远高于其他城市，达到 3.70 分；和湖北省内城市类似，也是五线及以下城市、四线城市和三线城市的民众疫情关注度较低，分别为 3.57 分、3.58 分、3.60 分，显著低于一线城市、新一线城市和二线城市的民众疫情关注度（分别为 3.63 分、3.60 分、3.63 分）；三线城市民众疫情关注度显著低于二线城市。在第四轮调查中，上海民众疫情关注度为 3.70 分，仍旧保持较高水平，显著高于北京和广州民众的疫情关注度（分别为 3.59 分和

3.61 分）。

根据四轮调查的数据，基于每一轮调查，比较了不同发展水平城市的民众疫情关注度以后，接下来分析的是发展水平不同城市在四轮调查中的社会心态上的疫情关注度的特征。与湖北省外民众对疫情关注情况不同，从图 1 可以看到湖北省内不同发展水平城市的民众对疫情关注度呈现了不同的变化。新一线城市武汉民众的疫情关注度在菱形点黑线所表示的第一轮调查最高，显著高于第四轮、第二轮和第三轮调查的得分；在第二轮和第三轮调查中，民众疫情关注度非常接近，不存在显著差异，第二轮和第三轮的调查得分显著高于第四轮的民众疫情关注度得分。湖北三线城市、四线城市、五线及以下城市的民众疫情关注度在四轮调查中呈现特征为：在第一轮和第二轮之间无显著差异，在第三轮和第四轮之间不存在显著差异。三线城市民众疫情关注度在第一轮调查中显著高于第三轮和第四轮调查，第二轮调查得分显著高于第三轮得分。而四线城市和五线及以下城市的民众疫情关注度，在第一轮和第二轮调查均显著高于第三轮和第四轮调查。

湖北省外，一线城市民众的疫情关注度在第一轮和第二轮显著高于第三轮和第四轮，在第一轮和第二轮之间没有显著差异，在第三轮和第四轮之间也没有显著差异。新一线城市、二线城市、三线城市、四线城市的民众疫情关注度的得分在第一轮调查中显著高于第二轮、第三轮、第四轮调查；在第二轮调查得分显著高于第三轮和第四轮调查的得分；在第三轮和第四轮调查中得分无显著差异，这和一线城市的结果类似。五线及以下城市民众疫情关注度在第二轮调查中以 0.053 水平边缘显著高于第三轮调查的得分，并在四轮调查之间存在显著差异。

进一步分析北上广深四大城市的民众疫情关注度，发现北上广深具有不同特征。北广深民众的疫情关注度在四轮调查中的变化较为类似，均是第一轮和第二轮调查之间、第三轮和第四轮调查之间不存在显著差异。深圳民众疫情关注度得分在第一轮调查中显著高于第三轮和第四轮调查，在第二轮调查中显著高于第三轮和第四轮调查。从广州的调查得分来看，第一轮高于三四轮，第二轮高于三四轮。上海民众疫情关注度得分在第三轮调查中最低，显著低于其他三轮调查；在第二轮调查中显著高于第三轮和第四轮调查；在第四轮调查中显著高于第三轮调查。

（二）感知周围人的疫情重视程度

从社会心态视角探讨疫情关注度，除了分析个体自身对疫情的关注程度，还需要分析个体感知到的周围人对此次疫情的重视程度。图 2 列出了不同发展水平城市民众感知的周围人对疫情重视程度在四轮调查中的结果，参加调查的民众通过 1 ~ 4 分，从“完全不重视”到“完全重视”，评价自己感知到的周围人对疫情的重视程度，分数越高表示重视程度越高。和图 1 相同，不同颜色和形状的线条代表四轮调查。

从图 2 的四轮调查结果看，民众感知到的周围人疫情重视度在第一轮调查中最低，湖北省外四线城市最低，为 2. 65 分，武汉最高，为 3. 39 分。随着疫情变化，在第二轮和第三轮调查中，民众感知到的周围人对疫情重视程度有大幅增长，而随着疫情防控的进一步发展，在第四轮调查中，不同城市的得分有所回落，但仍旧高于第一轮调查的得分，湖北五线及以下城市民众感知的周围人的疫情重视度最低，为 3. 25 分。四轮调查的每一轮中，和湖北省外相比，省内民众感知的周围人疫情重视度更高。

在第一轮调查中，湖北省内民众感知的周围人疫情重视度为 3. 09 分，远高于省外的 2. 80 分，主要由于疫情严重的武汉为 3. 39 分，远远显著超过其他城市的得分。湖北省内的结果也显示三线城市、四线城市和五线及以下城市之间（3. 01 分、2. 94 分、3. 05 分）不存在显著差异。从湖北省外看，基本趋势是，发展水平越高的城市，其民众感知周围人疫情重视度越高，依顺序，一线城市 3. 12 分最高（超过湖北省内）、新一线城市 2. 89 分次之、接下来的二线城市 2. 83 分、三线城市 2. 72 分、四线城市 2. 65 分；三线城市（2. 72 分）和五线及以下城市（2. 68 分）之间无显著差异，四线城市（2. 65 分）和五线及以下城市（2. 68 分）之间也无显著差异。进一步分析一线城市，可以看到，北京和上海两个城市的民众感知的周围人疫情重视程度分别为 3. 16 分和 3. 22 分，显著高于广州（2. 95 分），也远高于湖北省内

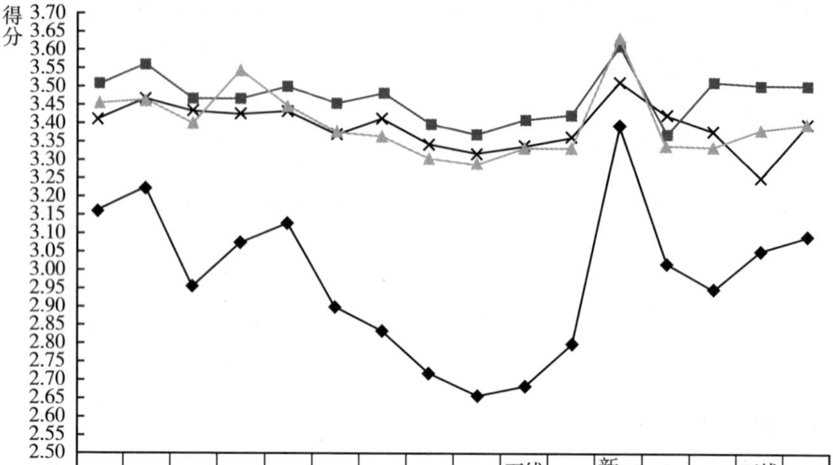

	北京	上海	广州	深圳	一线	新一线	二线	三线	四线	五线及以下	湖北以外	新一线（武汉）	三线	四线	五线及以下	湖北
	湖北以外											湖北				
2020年1月24日~1月25日	3.16	3.22	2.95	3.07	3.12	2.89	2.83	2.72	2.65	2.68	2.80	3.39	3.01	2.94	3.05	3.09
2020年1月25日~2月10日	3.50	3.56	3.47	3.46	3.50	3.45	3.48	3.40	3.37	3.41	3.42	3.61	3.37	3.51	3.50	3.50
2020年2月10日~3月19日	3.46	3.46	3.40	3.54	3.44	3.37	3.36	3.30	3.28	3.33	3.33	3.63	3.34	3.33	3.38	3.40
2020年3月20日~3月30日	3.41	3.47	3.43	3.42	3.43	3.37	3.41	3.34	3.31	3.34	3.36	3.51	3.42	3.38	3.25	3.39

图2 不同发展水平城市民众感知的周围人对疫情重视程度比较

三线城市、四线城市和五线及以下城市。

在第二轮调查中，湖北省内民众感知的周围人疫情重视度（3.50分）仍旧高于省外的3.42分。湖北的新一线城市武汉民众感知的周围人疫情重视度（3.61分）依然最高，并且显著高于三线城市（3.37分），但与四线城市和五线及以下城市的3.51分和3.50分不存在显著差异。湖北省外一线城市民众感知的周围人疫情重视度（3.50 分）最高且显著高于新一线城市、三线城市、四线城市和五线及以下城市的 3.45 分、3.40 分、3.37 分、3.41 分，但与二线城市（3.48 分）无显著差异；新一线城市显著高于四线城市；二线城市显著高于三线城市和五线及以下城市。在第二轮调查中，一线北上广深四大城市的民众感知到的周围人对疫情的重视程度互相之间不存在显著差异。

在第三轮调查中，湖北武汉民众感知到的周围人对疫情的重视程度（3.63 分）仍旧最高，且高于三线城市、四线城市和五线及以下城市；湖北的三线城市（3.34 分）、四线城市（3.33 分）和五线及以下城市（3.38 分），互相之间不存在显著差别。湖北省外一线城市民众感知周围人疫情重视度（3.44 分）最高，而且显著高于其他的新一线城市（3.37 分）、二线城市（3.36 分）、三线城市（3.30 分）、四线城市（3.28 分）和五线及以下城市（3.33 分）；新一线城市显著高于三线城市和四线城市，二线城市显著高于三线城市和四线城市，但在三线城市、四线城市和五线及以下城市之间不存在显著差异。即发展水平越高的城市，民众感知到周围人对疫情越为重视，但在三线及以下城市中没有看到这种现象。进一步分析一线城市发现，深圳民众感知到周围人对疫情重视度最高，为 3.54 分，仅低于武汉，显著高于广州的 3.40 分，也是一线城市分数高的一个原因。

在第四轮调查中，湖北省内，武汉民众感知的周围人对疫情重视程度（3.36 分）高于五线及以下城市 3.25 分，但与三线城市（3.42 分）和四线城市（3.38 分）之间无显著差异。湖北省外，一线城市民众感知周围人疫情重视程度最高，为 3.43 分，二线城市次之，为 3.41 分，两者之间无显著差异，但均显著高于新一线城市（3.37 分）和三线城市、四线城市和五线及以下城市；新一线城市只显著高于四线城市；三线城市（3.34 分）、四线城市（3.31 分）、五线及以下城市（3.34 分）之间无显著差异。一线城市进一步分析发现，北上广深四大城市间民众的疫情重视程度无显著差异。

接下来，对湖北省内外不同发展水平城市的四轮调查数据进行分析。从图 2 可以看到，武汉民众感知到的周围人疫情重视程度，在第一轮调查时高于其他城市但显著低于第二轮和第三轮，在第二轮、第三轮、第四轮调查间无显著差异。湖北省内三线城市民众感知周围人疫情重视程度在第一轮显著低于在第二轮、第三轮、第四轮调查，第二轮、第三轮和第四轮之间不存在显著差异；四线城市，在第一轮时显著低于在第二轮、第三轮、第四轮时，但在第二轮时显著高于在第三轮时，而第三轮和第四轮间无显著差异；五线及以下城市，在第一轮显著低于在第二轮和第三轮时，在第二轮显著高于在第一轮和第四轮时，在第三轮和第四轮间无显著差异。

一线城市民众感知的周围人疫情重视度，在第一轮调查时显著低于其他三轮调查时，在第二轮时显著高于在第一轮和第四轮时。但具体分析北上广深四大城市，均是在第一轮时显著低于其他三轮，而第二轮、第三轮、第四轮间均无显著差异。湖北省外，新一线城市、二线城市、三线城市、四线城市、五线及以下城市类同，民众感知的周围人疫情重视程度，在第二轮时最高并显著高于在第一轮、第三轮、第四轮时，在第三轮时次之并显著高于在第一轮时并低于在第二轮时，在第三轮和第四轮间无显著差异，在第一轮时最低并显著低于在第二轮、第三轮、第四轮时。

（三）国外疫情关注情况

图 3 列出了不同发展水平城市民众对国外疫情的关注情况，从“完全不关注”到“非常关注”，用 1 ~ 4 分评价对国外疫情的关注程度，分数越高表示越为关注，分析在第四轮调查时段的数据。

湖北省外民众比省内更为关注国外疫情，关注度分别为 3.11 分和 2.98 分。湖北省内三线城市民众最为关注国外疫情，为 3.18 分，超过三成民众非常关注国外疫情，超过一半的民众比较关注，关注度显著超过四线城市的 2.91 分和五线及以下城市的 2.83 分；新一线城市武汉对国外疫情关注度为 3.01 分，近四分之一民众非常关注国外疫情，超过一半民众比较关注国外疫情，但武汉和省内其他三线城市、四线城市和五线及以下城市比较后未发现民众在国外疫情关注度上的显著差异；四线城市和五线及以下城市之间也未发现显著差异。

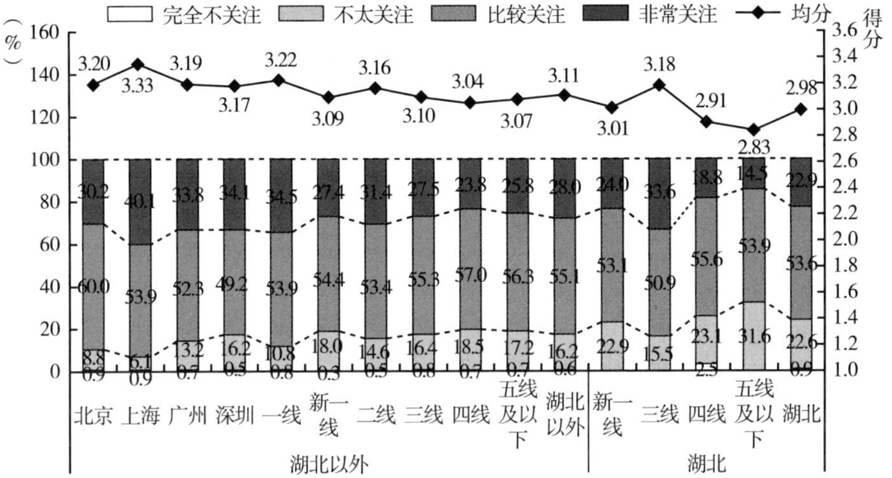

图 3　不同发展水平城市民众的国外疫情关注度比较

湖北省外城市，按各发展水平城市的民众的国外疫情关注度排序，依次为，一线城市近三成五民众非常关注国外疫情，五成以上民众比较关注国外疫情，均分（3.22 分）为最高分且显著高于新一线及以下城市。二线城市超三成民众非常关注、五成以上民众比较关注国外疫情，均分为 3.16 分，除了显著低于一线城市外，显著高于新一线和三线及以下城市。三线城市 27.5% 民众非常关注、55.3% 民众比较关注国外疫情，均分为 3.10 分，显著低于一线城市和二线城市但显著高于四线城市。新一线城市 27.4% 民众非常关注、54.4% 民众比较关注国外疫情，均分为 3.09 分；五线及以下城市超四分之一民众非常关注、56.3% 民众比较关注国外疫情，均分为 3.07 分；四线城市 23.8% 民众非常关注、57.0% 民众比较关注国外疫情；新一线城市、四线城市和五线及以下城市的民众的国外疫情关注度无显著差异。

对国外疫情关注最高的一线城市北上广深进一步分析，上海超四成民众非常关注、超五成民众比较关注国外疫情，达到 3.33 分，显著高于北广深民众的国外疫情关注度。而北广深民众的国外疫情关注度均超过了二线及以下城市，分别为 3.20 分、3.19 分、3.17 分，而且三大城市之间无显著差异。

四 讨论和结论

民众对疫情的关注状况是了解新型冠状病毒肺炎疫情下社会心态的一个重要元素，包括三个方面，一是民众个体自己对疫情的关注程度，二是民众感知周围人对疫情的重视程度，三是民众对国外疫情的关注程度。根据民众在疫情期间所处城市，将其按湖北省内和湖北省外划分为发展水平不同的城市，基于调查的四轮时段的数据，第一轮调查（2020 年 1 月 24 日至 1 月 25 日）、第二轮调查（2020 年 1 月 25 日至 2 月 10 日）、第三轮调查（2020 年 2 月 10 日至 3 月 19 日）和第四轮调查（2020 年 3 月 20 日至 3 月 30 日），在社会心态视角下，对不同区域和城市民众的疫情关注度进行了分析比较。

随着疫情变化，民众自己的疫情关注度均处于较高水平，在四轮间下降或保持稳定；民众对周围人疫情重视度的感知也处于较高水平，但从第一轮的较低水平转向第二轮的较高水平，并在第四轮有小幅回落。

湖北省内和省外的疫情严重程度不同，湖北省内相比省外民众，个体自己对疫情更为关注、感知周围人疫情重视度更高、但个体对国外疫情关注更少些。

个体自身疫情关注度和对周围人疫情重视度感知上，湖北省内和省外基本符合城市发展水平越高的城市民众对疫情关注度越高的特征，湖北武汉民众大都高于省外三线城市、四线城市和五线及以下城市。湖北省外，第三轮调查中出现例外，五线及以下城市民众对自身疫情关注度最高，超过了其他发展水平高的城市；第四轮调查中，新一线城市民众感知的周围人疫情重视度较低，只超过了四线城市。为研究者提供了更多问题考虑的空间，疫情社会心态研究中的民众的疫情关注程度，不仅与民众所在城市的疫情严重程度、所在城市的经济发展水平有关，也存在并会受到需要进一步思考和探索的其他因素的影响。

对国外疫情关注，不论湖北省内还是省外，也是基本遵循城市发展水平越高，其民众个体自身越为关注国外疫情，但对新一线城市民众而言不符合此特征。湖北省外的新一线城市民众对国外疫情的关注低于一线城市和二线城市，与三线城市、四线城市和五线及以下城市处于同一水平。湖北省内新一线城市武汉与其他城市不存在显著差异。由于武汉是疫情最为严重地区，所在地区的疫情严重程度和城市发展水平会共同作用影响民众对国外疫情的关注程度，当然疫情严重与城市发展水平两者之间存在何种关系也是值得并有待进一步探讨的，通过对疫情社会心态调查数据的分析，将有助于回答这一问题。

一线城市内部，北上广深的经济和社会发展的差异，也在此次疫情社会心态调查的疫情关注部分有所体现。个体自身的疫情关注度上，除了在第一轮上北京民众对疫情关注度超过上广深民众，其他三轮都是上海民众最高；国外疫情关注度得分中，上海民众最高并远超北广深。感知周围人疫情重视度上，北上广深民众的差别不是很大，虽然在第一轮上海民众最高以及北京高于广州和深圳民众，在第三轮深圳民众高于广州。而深圳相对于北上广是移民城市，这也为我们进一步深入探讨民众周围人感知疫情重视度的影响因素，提供了不同的视角，疫情严重程度、城市经济发展水平和流动性都有可能互相作用并产生影响民众的疫情社会心态。

参考文献

倪鹏飞、李肃：《中国二、三线城市的竞争力比较研究》，《理论学刊》2015 年第 3 期。

孙宇婷、肖凡、周勇、田广增：《新型冠状病毒肺炎疫情公众关注度的时空差异与影响因素——基于百度搜索指数的分析》，《热带地理》2020 年第 5 期。

王俊秀等：《新冠肺炎疫情下的社会心态调查报告——基于 2020 年 1 月 24 日 ~25 日的调查数据分析》，《国家治理》2020 年第 Z1 期。

应小萍：《创业心态区域和城市比较研究》，载王俊秀主编《中国社会心态研究报告

(2019)》，社会科学文献出版社，2019。

应小萍：《居民生活压力感：城市比较研究》，载王俊秀主编《中国社会心态研究报告（2016)》，社会科学文献出版社，2016。

赵建：《城市化、信息化与国家治理现代化进程中的疫情防控与管理》，《人文杂志》2020 年第 5 期。

B.10

安全、信任与满意

——黑龙江省疫情期间社会心态调查报告*

赵德雷　赵　岩　侯博文　高明华**

摘　要： 2020年初以来新冠肺炎疫情的发展变化牵动亿万人心。黑龙江省与疫情中心远隔千里，但特殊的地方文化、人口构成和气候特点，仍使其防疫形势格外严峻，且在疫情期间还面临不同于其他省份的民生保障工作难点。本报告基于哈尔滨工程大学社会心态研究团队于2020年2～3月进行的黑龙江省社会心态抽样调查数据。结果发现，民众虽然认识到疫情凶险，但并未表现出明显恐慌，绝大多数人认为自己安全、疫情不会在本小区扩散；疫情风险体验在年龄、文化水平和职业类型三个维度上表现出明显的群际差异，且日常情绪在调查涉及时段内随疫情发展而变动的特征明显；黑龙江省民众对政府的信任始终保持在较高水平，这不仅表现为人们对具体治理举措的认可与肯定，更体现在民众对基层社区工作的支持与配合行动中。

关键词： 疫情风险　安全感　信任　满意度

---

* 本报告受黑龙江省哲学社会科学研究规划项目"'规划违背'与制度设计：社会心理学视角下的治理创新"（项目编号18KSB052）和中央高校基本科研业务费项目"新冠病毒肺炎疫情下的社会心态研究"（项目编号3072020CFT1302）的资助。

** 赵德雷，哈尔滨工程大学人文社会科学学院副教授，主要研究方向为群际关系；赵岩，哈尔滨工程大学人文社会科学学院副教授，主要研究方向为社会分层与流动；侯博文，哈尔滨工程大学人文社会科学学院副教授，主要研究方向为组织社会学；高明华，哈尔滨工程大学人文社会科学学院教授，主要研究方向为健康社会学。

一 研究背景

2020 年初，一种现在仍未探明源头和有效治疗方式的新型冠状病毒在华夏大地肆虐，人民的生命财产和国家社会的正常运转面临前所未有的威胁。这种形势下，针对疫情对民众心理的影响，有效开展相关研究活动，对于引导人们理性认识、科学预防疫情侵袭，正确引导社会舆论、巩固抗疫成果有重要意义。疫情伊始，中国社会科学院社会学研究所社会心理学研究中心就率先发起了疫情期间社会心态的全国调查，并持续关注社会心态随时间和地域的发展变化状况。在举国抗疫的两个月时间里，黑龙江省疫情的变化牵动黑龙江百姓的心。为了解这次新冠肺炎疫情的暴发和变动趋势对黑龙江省民众心理的影响，哈尔滨工程大学社会心态研究团队自 2020 年 2 月中旬至 3 月初通过问卷星展开了三轮抽样调查。

首轮调查开始于 2 月中旬。那段时间，黑龙江省疫情发展迅速，民众充分认识到病毒传染的危险性，都明白不聚集、不扎堆的重要性，耐心待在家不出门。各社区已经实施两周的封闭管理。第二次调查在 2 月下旬进行。经过前一期的自动隔离，居家抗疫，疫情并没有在短期内迅速结束。第三轮调查开展于 3 月上旬。当时疫情形势呈现总体平稳的态势，生产生活秩序加快恢复。但日韩等周边国家疫情迅猛发展增加了输入风险；复工复产也增加了人员流动性，仍然存在散发、偶发和集聚性疫情风险。

三轮调查均以 18 ~70 岁成年人为调查对象。依据黑龙江省 2019 年统计年鉴中“按城市分人口比例”设定各地市的抽样比例，问卷填答者所在地覆盖了全省所辖的 12 个地级市和 1 个地区行署。调查共收集有效问卷 4580 份。被调查者的性别比例均衡，年龄、文化水平、职业分布完整，比例均衡。抽样具有一定程度的代表性（见表 1）。

表1　样本基本情况

单位：%

类别		比例	类别		比例
性别	男	42.6	职业	农林牧副渔业	5.7
	女	57.4		初级技术工人	13.7
年龄	25岁及以下	8.1		商业、服务业人员	9.0
	26~35岁	25.5		个体工商户	6.1
	36~45岁	25.0		专业技术人员	21.3
	46~55岁	31.1		办事人员	12.6
	56岁及以上	10.3		私营企业主	1.8
文化程度	小学及以下	3.7		机关事业单位人员	8.0
	初中毕业	18.5		无业失业人员	17.7
	高中毕业	22.9		学生	4.0
	大专	17.8			
	本科	33.7			
	研究生及以上	3.5			

二　疫情期间的安全感

本次疫情的严重性是有目共睹的。前两轮调查曾问到新冠肺炎疫情的危险性，92.4%的人认为此次疫情比非典更严重些。但即便如此，人们并未表现出明显恐慌。具体可从两个方面观察这种心态特点，即关于疫情风险的认知判断和伴随疫情进展的情绪反应。

（一）疫情风险认知

人们对疫情危险性的认识主要从其关于自身安全性和所处环境安全性的判断中反映出来。

1. 关于自身安全性的判断

虽然疫情肆虐，但是大多数人感觉自己比较安全。三轮调查中，认为自己安全的被调查者都占到80%以上，且越到后期，这个比例越高。

自评健康状况对安全判断的影响明显。自评身体健康的人，在评估身处疫情的安全性时，明显比自评身体不健康的人更加乐观。三轮调查中表现出类似的趋势，因而将三次数据统合报告。从表2中可以看出，自评不健康的被调查者中，有22.7%的人认为自己不安全，而自评健康的被调查者中，认为自己安全的人数比例（85.1%）明显更高。

表2　自评健康状况不同的人对自身疫情期间安全性的判断

单位：%

类别	非常不安全	不太安全	比较安全	非常安全
自评不健康组	3.0	19.7	57.6	15.7
自评健康组	2.8	12.0	62.8	22.3

注：Mann－Whitney U检验，自评健康组与自评不健康组间的差异在0.05的水平上显著。

不同年龄的人在三次调查中对自身安全性的感受也有差异。总体来看，三次调查中25岁以下年龄组对自身安全性的评价都更乐观，认为自己安全的比例都最高。利用秩变换分析法进行组间差异检验发现，第一轮调查中，25岁以下年龄组的自身安全性评估均值显著高于其他年龄组。而36～45岁年龄组的不安全感则在各组中最强，安全评估均值显著低于除46～55岁之外的其他年龄组。46～55岁年龄组的安全感知也较低。第二轮调查中，36～45岁年龄组的安全感仍然最低，只是各组间的差异不再明显。第三轮调查中，除25岁以下年龄组仍然持有比其他组明显更乐观的态度，36～45岁年龄组的安全感也有提高，55岁以上年龄组的人反而表现得比较悲观（见表3）。

表3　不同年龄组对自身疫情期间安全性的判断

单位：%

时间	类别	25岁以下	26～35岁	36～45岁	46～55岁	55岁以上
第一轮调查	非常不安全	2.3	5.9	4.1	6.2	1.1
	不太安全	8.5	14.1	22.3	15.5	12.1
	比较安全	70.9	65.6	64.0	66.4	71.4
	非常安全	18.3	14.5	9.5	11.9	15.4

续表

时间	类别	25 岁以下	26～35 岁	36～45 岁	46～55 岁	55 岁以上
第二轮调查	非常不安全	1.2	3.7	2.0	4.1	5.3
	不太安全	6.7	17.1	17.5	14.5	8.9
	比较安全	65.0	58.2	62.0	55.4	60.4
	非常安全	27.0	21.1	18.5	26.1	25.4
第三轮调查	非常不安全	0.6	3.3	2.4	2.2	4.3
	不太安全	5.5	9.7	10.3	12.2	16.3
	比较安全	59.8	64.1	62.6	60.0	50.7
	非常安全	34.1	22.9	24.7	25.6	28.7

2. 关于环境安全性的判断

新冠病毒具有较强的传播扩散性，预测病毒是否会在所在社区扩散，也表明人们对其威胁切近性的体验。三轮调查中，第二次调查期间的人们态度明显更悲观些，认为疫情有可能扩散的比例（43.4%）比第一次（33.5%）和第三次（35%）都更多，认为疫情肯定不会在自己小区扩散的人数比例（53.1%）则显著较少。但综合三次调查，认为疫情肯定会在小区扩散的人数占比仍相对较少，且随着时间推移，担心疫情扩散的人数比例越来越小，大多数人都认为疫情不太可能进一步发展（见图 1）。

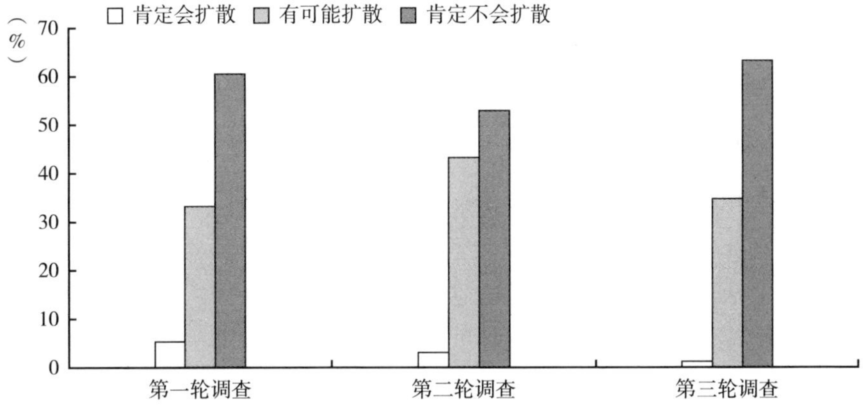

图 1　三次调查中关于疫情在本社区扩散可能性的评估变动情况

（二）疫情风险体验

如果说关于疫情风险的判断是经过思考权衡的有意识加工，那么通过日常情绪而显露出来的风险体验则更加直观和真实。调查根据“过去一周体会各种情绪的频繁程度”，将情绪体验分成高低五个程度，1 代表“从来没有”，5 代表“总是”，3 为中等频率。图 2 展示了三轮调查中，各种情绪体验频繁程度均值的变化情况。

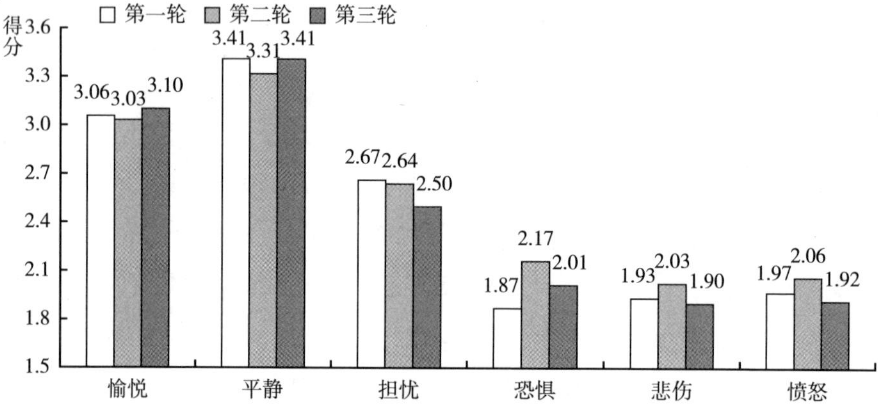

图 2　三轮调查中各种情绪体验频繁程度的均值

1. 愉悦与平静

愉悦和平静是积极情绪的代表。愉悦体验一直维持中等水平。平静则在第二次调查时出现明显降低（$M=3.31$，$p<0.05$），第三次调查时又回到与第一次调查相同的水平（$M=3.41$）。

三次调查中，两种情绪体验在年龄、文化水平和职业类别层面上都表现出明显的群体间差异。年龄方面，25 岁及以下群体的积极情绪体验最多，其愉悦频率显著高于其他各年龄组，且在三轮调查中都明显高于 26～35 岁和 36～45 岁年龄组（$p<0.05$）。而 36～45 岁年龄组的愉悦体验始终都最少（见表 4）。

文化水平方面，我们将所有被调查者分为初中及以下、高中（大专）

和本科及以上三个组（见表5）。结果发现，三次调查中，本科及以上文化水平组的愉悦和平静情绪都显著多于其他两组（$p<0.05$）。

表4　三次调查中愉悦情绪体验的年龄组间分布情况

单位：%

时间	类别	25岁及以下	26～35岁	36～45岁	46～55岁	56岁及以上
第一轮调查	较少体验	17.4	37.1	32.2	35.4	26.4
	中等频率	33.8	32.0	32.2	32.8	33.0
	较多体验	48.8	30.9	35.5	31.8	40.7
	总体	100.0	100.0	100.0	100.0	100.0
第二轮调查	较少体验	21.5	30.4	41.4	39.4	44.4
	中等频率	27.0	36.5	26.3	25.2	23.1
	较多体验	51.5	33.1	32.3	35.4	32.5
	总体	100.0	100.0	100.0	100.0	100.0
第三轮调查	较少体验	23.8	32.2	34.4	38.1	35.4
	中等频率	26.2	28.9	28.5	26.7	23.0
	较多体验	50.0	39.0	37.2	35.2	41.6
	总体	100.0	100.0	100.0	100.0	100.0

表5　三次调查中平静情绪体验的文化水平组间分布情况

单位：%

时间	类别	初中及以下	高中(大专)	本科及以上
第一轮调查	较少体验	27.1	17.5	14.7
	中等频率	28.8	32.3	36.2
	较多体验	44.1	50.2	49.2
	总体	100.0	100.0	100.0
第二轮调查	较少体验	32.0	22.3	18.2
	中等频率	22.6	31.8	28.7
	较多体验	45.5	46.0	53.0
	总体	100.0	100.0	100.0
第三轮调查	较少体验	30.3	24.2	16.3
	中等频率	21.2	26.7	31.2
	较多体验	48.6	49.1	52.5
	总体	100.0	100.0	100.0

职业方面的差异主要出现在专业技术人员、服务业人员和无业失业人员等群体之间。第一次调查期间，专业技术人员的愉悦体验频率最高，且显著高于服务业人员和个体工商户群体（$p<0.05$）。在第三次调查时，无业失业人员的愉悦情绪最低，且显著低于除服务业人员之外的所有其他职业（$p<0.05$）。

2. 担忧与恐惧

相比其他消极情绪，担忧情绪在调查期间一直处于较高的水平。只是随疫情向好，第三次调查时降到明显低于前两次调查的水平（$M=2.50$，$p<0.05$）。第一次调查中，恐惧情绪的频率均值是1.87，表明人们只偶尔会有恐惧。但在第二次调查时，恐惧频率明显升高（$M=2.17$，$p<0.05$）。到第三次调查时，虽有所回落（$M=2.01$），但仍显著高于第一次调查、低于第二次调查的水平。

担忧情绪的年龄组间差异和文化水平组间差异不甚明显，但职业群体间的差异从第二次调查开始突显出来（见表6）。私营企业主的担忧情绪最高，农林牧副渔业群体的担忧情绪最少，且显著低于无业失业人员、服务业人员、个体工商户和办事人员四个群体（$p<0.05$）。第三次调查期间，无业失业群体的担忧情绪则是最高的，且显著高于初级技术工人、服务业人员、专业技术人员和办事人员四个群体（$p<0.05$）。私营企业主的担忧情绪则有很大改善。

恐惧情绪的年龄组间差异最明显，具体表现为25岁及以下和26～35岁的年轻人群体在第一次调查时的恐惧情绪最高（见表7）。25岁及以下年龄组的恐惧情绪显著高于36岁以上的各个年龄组（$p<0.05$）。26～35岁年龄组的恐惧情绪其次，且显著高于46岁以上的各个年龄组（$p<0.05$）。到第三次调查时，56岁以上年龄组的恐惧情绪蹿升至最高，且显著高于36～45岁和46～55岁两个年龄组（$p<0.05$）。

3. 愤怒与悲伤

与恐惧情绪的波动状况类似，悲伤和愤怒在第二次调查时也明显升高（$M_{悲伤}=2.03$；$M_{愤怒}=2.06$），但在第三次调查时回落到比第一次调查还低的水平（$M_{悲伤}=1.90$；$M_{愤怒}=1.92$）。

表 6　三次调查中担忧情绪体验的职业组间分布情况

单位：%

时间	类别	无业失业人员	农林牧副渔业人员	初级技术工人	服务业人员	个体工商户	办事人员	专业技术人员	私营企业主或部门负责人	机关、党群组织、企事业单位负责人	缺失
第一轮调查	较少体验	49.8	48.9	46.4	54.3	57.8	46.9	57.5	38.1	52.3	
	中等频率	25.6	23.4	34.5	24.8	21.7	33.8	27.0	28.6	27.1	
	较多体验	24.6	27.7	19.1	20.9	20.5	19.2	15.5	33.3	20.6	
	总体	100.0	100.0	100.0	100.0	100.0	100.0	100.0	100.0	100.0	
第二轮调查	较少体验	52.3	66.3	56.8	50.3	51.2	47.8	59.9	48.0	60.0	59.8
	中等频率	18.1	16.9	23.7	23.0	20.0	31.2	26.5	20.0	27.1	26.8
	较多体验	29.6	16.9	19.4	26.7	28.8	21.0	13.6	32.0	12.9	13.4
	总体	100.0	100.0	100.0	100.0	100.0	100.0	100.0	100.0	100.0	100.0
第三轮调查	较少体验	52.6	58.3	60.4	64.5	57.3	68.8	63.6	59.5	55.6	65.0
	中等频率	24.0	20.9	23.0	19.1	16.9	24.6	22.3	27.0	21.6	21.3
	较多体验	23.4	20.9	15.5	16.4	25.8	6.6	14.2	13.5	22.8	13.8
	总体	100.0	100.0	100.0	100.0	100.0	100.0	100.0	100.0	100.0	100.0

表 7　三次调查中恐惧情绪体验的年龄组间分布情况

单位：%

时间	类别	25 岁及以下	26 ~ 35 岁	36 ~ 45 岁	46 ~ 55 岁	56 岁及以上
第一轮调查	较少体验	68.5	75.0	82.2	85.5	85.7
	中等频率	21.6	18.0	12.0	10.1	11.0
	较多体验	9.9	7.0	5.8	4.4	3.3
	总体	100.0	100.0	100.0	100.0	100.0
第二轮调查	较少体验	72.4	64.9	70.7	71.6	69.8
	中等频率	16.0	22.4	17.8	14.8	16.6
	较多体验	11.7	12.7	11.4	13.6	13.6
	总体	100.0	100.0	100.0	100.0	100.0
第三轮调查	较少体验	69.5	71.1	76.1	79.2	66.0
	中等频率	18.3	19.4	15.6	13.3	16.7
	较多体验	12.2	9.5	8.3	7.5	17.2
	总体	100.0	100.0	100.0	100.0	100.0

这两种情绪在第三次调查中表现出明显的文化水平组间差异（见表 8、表 9）。初中及以下文化水平群体体验悲伤和愤怒情绪的频率均显著高于其他两组的水平（$p<0.05$）。另外，35 岁及以下的年轻人始终体验更多的悲伤和愤怒情绪。而无业失业人员的愤怒和悲伤情绪在第一次调查时多于农林牧副渔业人员和专业技术人员群体（$p<0.05$）；在第三次调查时多于工人、服务业人员、专业技术人员和办事人员（$p<0.05$）。

表 8　三次调查中悲伤情绪体验的文化水平组间分布情况

单位：%

时间	类别	初中及以下	高中、大专	本科及以上
第一轮调查	较少体验	77.7	78.0	75.0
	中等频率	14.8	17.9	18.7
	较多体验	7.4	4.1	6.3
	总体	100.0	100.0	100.0
第二轮调查	较少体验	76.9	77.2	74.9
	中等频率	11.8	16.4	18.8
	较多体验	11.3	6.4	6.4
	总体	100.0	100.0	100.0

续表

时间	类别	初中及以下	高中、大专	本科及以上
第三轮调查	较少体验	74.2	79.1	80.9
	中等频率	15.8	14.2	14.1
	较多体验	10.0	6.7	5.0
	总体	100.0	100.0	100.0

表 9　三次调查中愤怒情绪体验的年龄组间分布情况

单位：%

时间	类别	25 岁及以下	26～35 岁	36～45 岁	46～55 岁	56 岁及以上
第一轮调查	较少体验	60.1	68.4	78.1	83.7	83.5
	中等频率	25.8	25.8	16.1	13.7	13.2
	较多体验	14.1	5.9	5.8	2.6	3.3
	总体	100.0	100.0	100.0	100.0	100.0
第二轮调查	较少体验	70.6	64.9	80.1	80.0	77.5
	中等频率	17.2	24.4	16.5	12.2	12.4
	较多体验	12.3	10.7	3.4	7.8	10.1
	总体	100.0	100.0	100.0	100.0	100.0
第三轮调查	较少体验	70.7	71.3	80.4	84.9	75.1
	中等频率	18.9	20.5	13.2	11.6	11.0
	较多体验	10.4	8.1	6.3	3.5	13.9
	总体	100.0	100.0	100.0	100.0	100.0

三　疫情期间的社会信任

在疫情期间，面对其他省份对疫情控制已见成效，黑龙江省的确诊病例曲线却依然攀高；民众时刻担心自己周围是否会有确诊或疑似病例；总是担心物资储备不足，以及能否及时返岗复工……所有这些在平时都会令人焦虑的事情，在疫情期间会在人们心理上产生更广、更大的消极影响。不过，如果社会成员之间以及社会群体之间建构起强大的信任堡垒，则会在一定程度上抵御并消解这种作用。

（一）整体信任水平

图 3 是用三轮调查中黑龙江居民信任感原始数据制作的“总体信任感”概率分布图。横坐标是信任满意度，1 表示“完全不信任”，5 表示“完全信任”。三轮调查的总体信任平均值分别为 3. 27、3. 36、3. 59，黑龙江居民社会信任的总体趋势向好；从概率密度分布图看，均值以上群体所占比重在增加，“比较信任”和“完全信任”群体的比重明显增加。

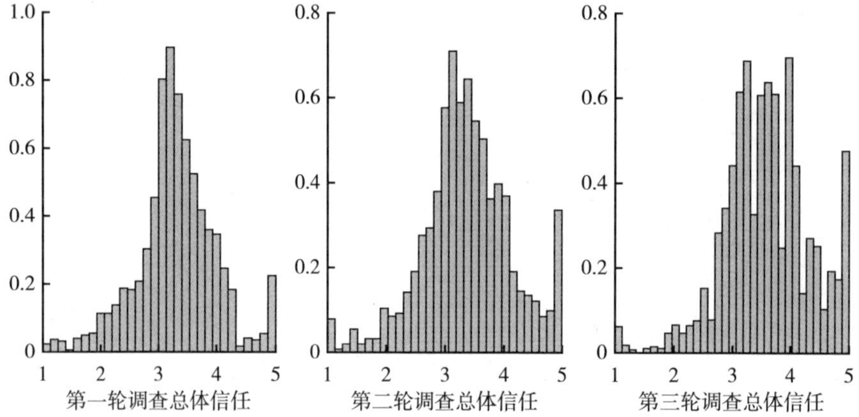

图 3　三轮调查中总体社会信任情况

（二）政府信任表现突出

本研究依据对信任题项的因子分析，将“社会信任”操作化为四类：①对政府和医疗机构的“政府信任”，指对政府和医疗机构的信任；②对生活物资供应和服务提供者的“生活服务信任”，指对物流、公共交通乘务员、售货员群体的信任；③对支撑情感需求者的“情感支持信任”，指对同学、同事、邻居等群体的信任；④对未知群体的“陌生人信任”，指对外地人和陌生人的信任。

由于不同类别的社会信任所涵盖的题项个数不统一，所以简单平均得分后，数据尺度不统一而不能进行直接比较。为此，我们对每个题项得分做了标准化处理，并将标准分取值范围设置在［0，10］区间内，使得各类社会信任之间可以比较。四类社会信任在三轮调查中呈现一致的结构。三轮数据合并后的结果如图4所示：政府信任在四类信任中的得分最高，情感支持信任次之，对陌生人的信任程度最低。

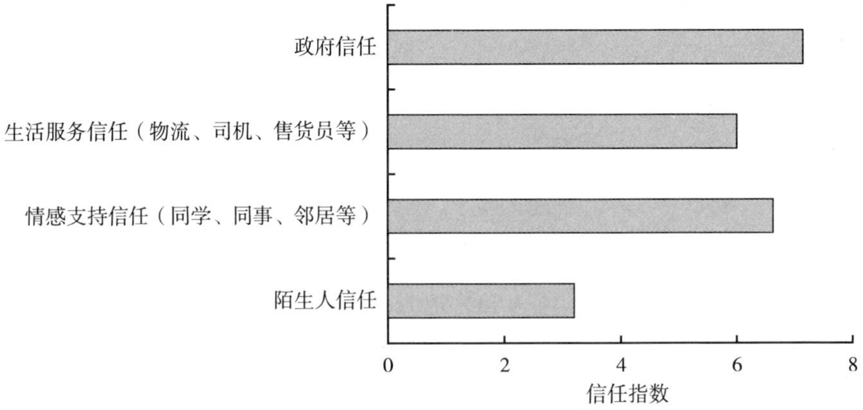

图4　四类信任的总体状况

与此相呼应，在问及“哪个群体在这次抗击疫情过程中发挥了最大的作用”时，超过8成的被访者选择了“政府相关部门”，超过9成的被访者选择了“医院”（见图5）。

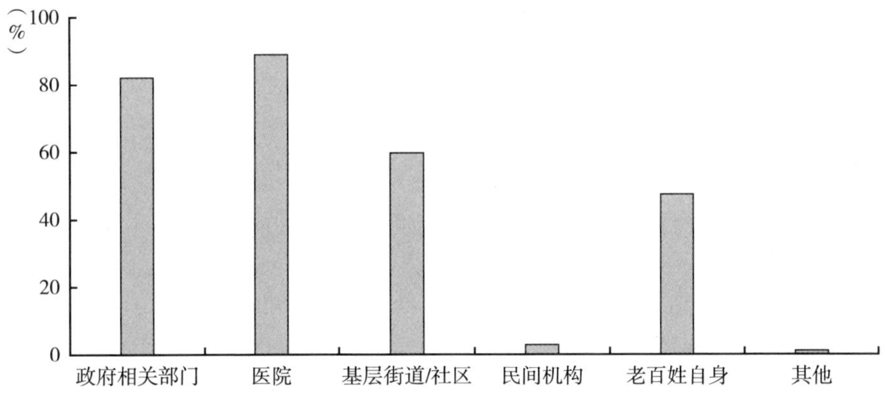

图5　在疫情防控中发挥最大作用的群体

（三）不同学历、职业群体的信任焦点存在异质性差异

尽管整体上看民众社会信任较高，但内部仍存明显群际差异，主要体现在学历、职业两个维度上。行政区划、政治面貌、户口等其他维度的异质性分析结果显示，维度内的社会信任水平趋同。

1. 学历

调查结果显示（见图6），本科（含在读）学历群体对政府信任的程度最高；高中（中专/技校/职高）学历群体对生活服务人员（物流从业者、售货员、保洁员、公共交通乘务员、中小企业主）信任度最高；初中学历群体的情感支持信任度在最后一轮调查时较前两轮下降明显，且低于高学历群体。不同学历群体均对陌生人和外地人不太信任。

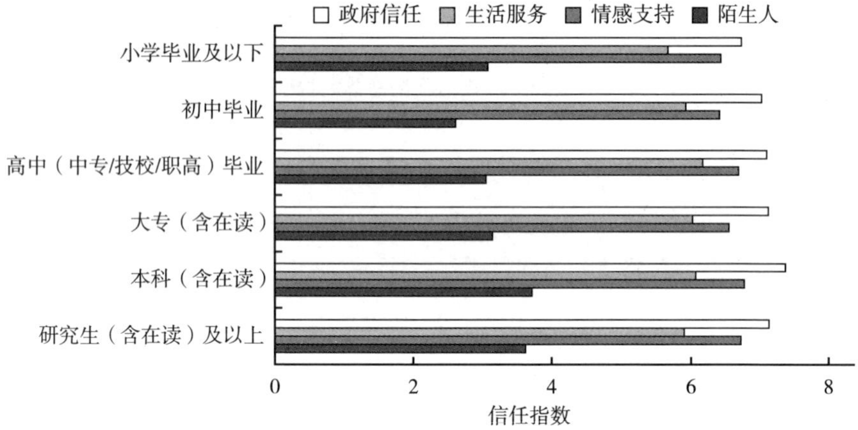

图6 不同学历群体间在四类社会信任方面的差异

2. 职业

我们借鉴国际劳动组织（International Labour Organization）和《中华人民共和国职业分类大典》对职业的界定，依据职业技术劳动复杂程度标准将被访者职业划分为9类：国家机关、党群组织、企事业单位负责人；私营企业主或部门负责人；专业技术人员；办事人员；个体工商户；服务人员；

初级技术工人；农林牧副渔人员；无业失业半失业人员。用雷达图对不同职业群体在三轮调查中的四类社会信任进行呈现。结果如图 7 所示，私营企业主或部门负责人群体的“政府信任”在三次调查中的波动最大，即该群体对政府的信任在第二轮时，较第一轮有较大下降，而在第三轮时又有明显反弹。第二轮调查接近 2 月底，但黑龙江省内的疫情并不允许大规模复工复产，对私营企业造成了巨大冲击。该群体的焦虑情绪也在问卷中表现出来。到第三轮调查时已到 3 月初，疫情得到进一步控制，且省里也出台了有计划、分阶段复工复产的政策，让私营企业主们看到了希望。所以政府信任又达到比较高的水平。同时我们发现，该群体在“情感支持信任”维度上的变化也较明显，主要反映在第一轮、第二轮调查结果上。

总体而言，在第三轮调查时，各职业群体的社会信任呈现整体提升态势，其中“私营企业主及部门负责人”在各方面的增幅都最显著。这既说明黑龙江省复工复产政策已经发挥作用，同时也反映了该职业群体受疫情影响相较于其他职业群体是较明显的，对政策的敏感度也最高。

（四）单位发挥重要社会支持作用

调查中询问了被访者在疫情期间从哪些方面得到支援（见图 8）。综合来看，有 90% 的群体获得了来自医疗机构的支援。虽然以往研究发现，教育地位对选择正式支持的概率的正向作用更强（范晓光，2012）。但如果依然从职业角度对“社会支持”做异质性分析，会发现有无固定“单位”成为区分社会支持构成特征的重要变量。例如国家机关、企事业单位从业人员，或者是私企职员、办事员等有明确单位的被访者中，有近 60% 的群体获得了单位的支援，主要是医疗物资和生活保障物资等；而没有明确用人单位的被访者中只有不到 20% 的人获得了类似渠道的支援。

综合以上分析，黑龙江居民在疫情期间的社会信任水平高，能否安全有效地复工复产成为影响社会信任的重要因素。政府的疫情防控措施收到良好效果，但如何将疫情对黑龙江居民的收入和生活带来的负面影响最小化，将是摆在决策者面前的更大挑战。

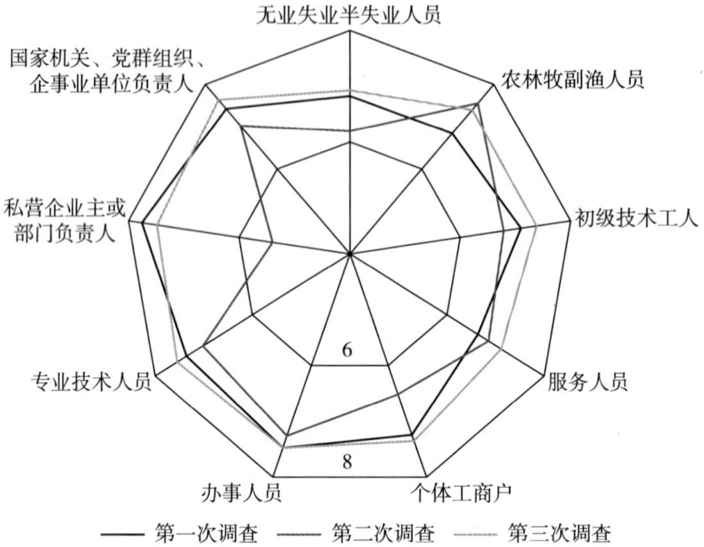

a. 各职业群体的政府信任

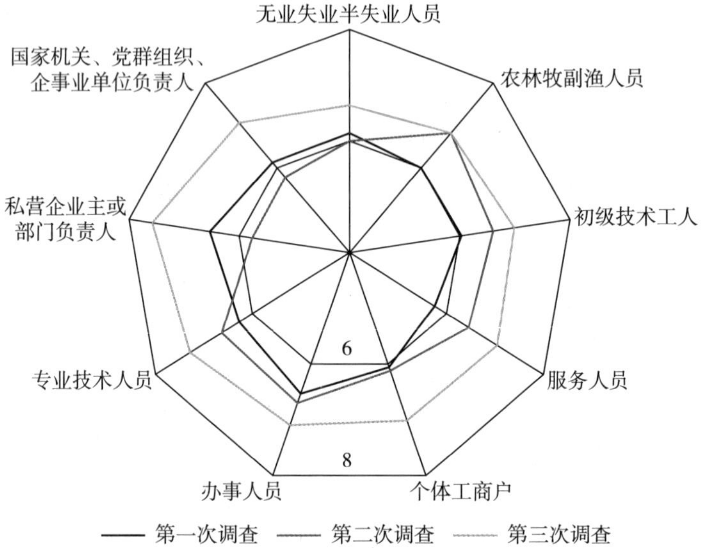

b. 各职业群体情感支持信任

图 7　三轮调查中各职业群体政府信任和情感支持信任的变动情况

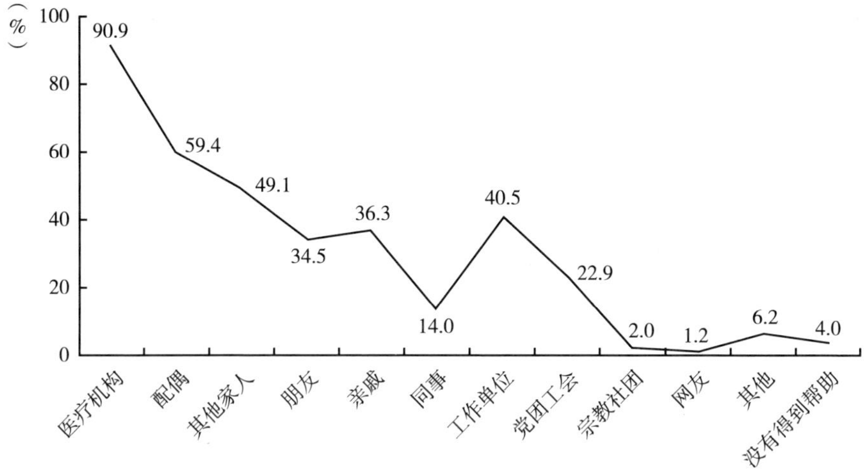

图 8　社会支持体验

四　对疫情防控的满意度

（一）对政府治理能力的整体评价

政府治理能力的提升，让黑龙江省民众心态呈现“三心”特征，即“稳心：社会情绪得到疏导”“宽心：疫情信息及时到位”“信心：防控工作精准有效”。综合三轮调查结果，88% 以上的被访者认为，地方政府此次应对新冠肺炎疫情比 2003 年应对“非典”疫情时“有进步”或“有很大进步”；在经历过“非典”肺炎的民众中，该指标更是超过 90% 。人们对政府工作的肯定主要体现在舆情引导和信息沟通两个方面。

首先，被访者对政府在“公众心态和社会情绪”方面的工作给予积极评价。第三轮调查中，人们认为政府在把握公众心态、引导社会情绪方面的成效，有了明显提升。相较第一轮和第二轮调查，对于该方面工作满意的人数比例分别提升了 10 个和 25 个百分点。其次，人们认为政府的信息整合、应急管理，以及社会沟通能力也有显著提升。相较第一轮和第二轮调查，对于该方面工作满意的人数比例分别提升了 12 个和 25 个百分点。

（二）疫情期间具体治理举措及影响

1. “疫情防控”和“民生保障”兼顾

调查结果反映，基层管控与服务工作都得到公众高度认可。被访者对社区居民便利服务（如帮助收取快递、商品购买）给予高度评价。但公众仍希望政府能够持续提升“非常时期民生保障能力”。有接近40%的被访者认为，这是政府最应该加强的治理能力。具体要让疫情期间老百姓“三不愁”：不愁吃、不愁穿、不愁住（在黑龙江省主要表现在冬季室内温度），具体落实“稳物价”“系人心”，进而打赢“疫情防控”的战役。

疫情期间，人们最担心自己和家人的健康。前两轮调查中，表示非常担心的人数比例均超过半数。到第三轮调查的时候，这个比例则有所下降，根本不担心、不太担心的人数比例相应增加（见图9）。对生活必需品供应的担忧也表现出类似的变动特点（见图10）。

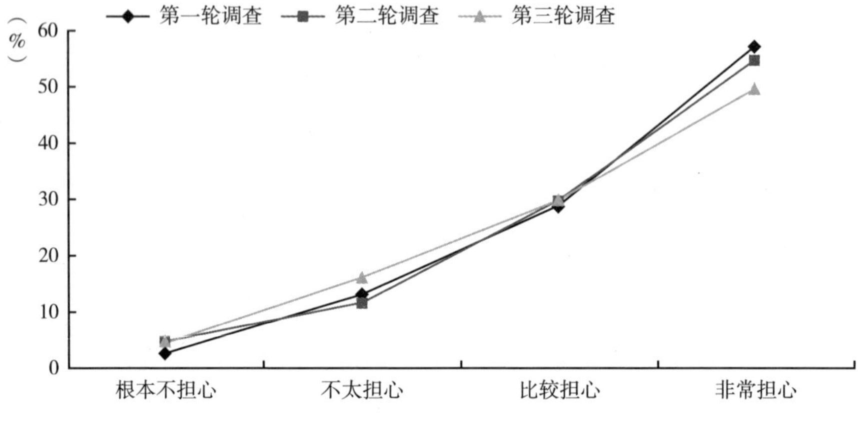

图9　三轮调查中担忧疫情期间家人健康的人数比例

2. 复工复产相关政策的配套出台

除了对当下、短期的健康安全和日常生活问题感到焦虑，人们也担忧相对长期和持续的生活保障。第一轮调查时非常担心自己收入的被访者为24.60%（2月20日），第二轮调查时这一比例猛增至34.33%（2月25

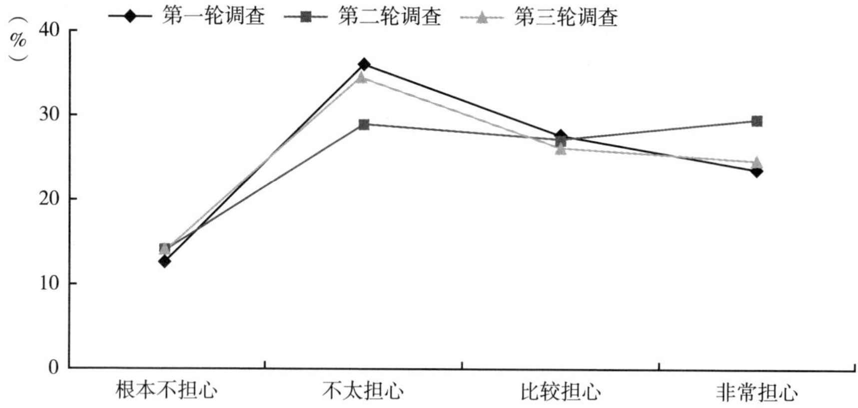

图 10　三轮调查中担忧疫情期间食物等生活必需品供应的人数比例

日)，第三轮调查时这一比例又降至 13.73%（见图 11）。从三轮调查来看，被访者认为，疫情过后，有四个比较紧迫的事情需要做：“民众心理调适”“社会应急体系完善”“有阶段的复工复产”“出台政策支持企业渡过难关”。其中，接近 40% 的被访者认为“有阶段的复工复产”将是接下来黑龙江省最为重要的事情（截至 2020 年 3 月 7 日）。

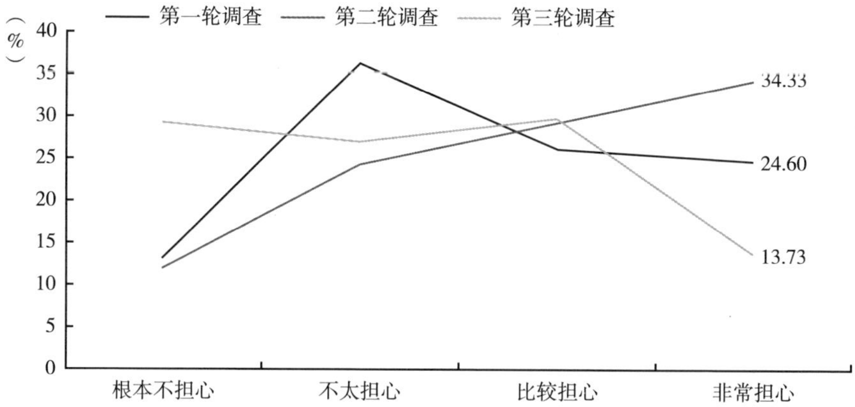

图 11　担心疫情期间收入的人数比例

根据人民网的数据，3 月上旬黑龙江省规模以上工业企业复产达到 2830 户，复产率达 80.8%，省政府也落实了国家和省 67 份文件并形成 1 个政策汇编、3 个分类专题、81 条摘录政策，为保障黑龙江省复工复产做了非常扎实的工作[①]。但被访者复工比例和黑龙江省复产企业情况相比，仍有落差。这提示，黑龙江省中小企业复产问题仍需得到关注。它关系着更为广泛中小企业劳动者的生活保障和黑龙江长期的社会稳定。另外，在第三轮调查中，已有接近 50% 的被调查者开始工作。但是，他们中超过六成的人遇到了防护用品短缺（如口罩）的突出困难（截至 2020 年 3 月 7 日）。

（三）社区工作满意度

基层社区的管理、保障、服务工作在这次抗击疫情的战役中发挥了重要作用。社区是防控疫情的第一线。党中央也在宏观层面提出“不回避矛盾，杜绝形式注意、官僚主义，要坚持务实作风、实事求是、切实解决问题，提升群众满意度”的总体要求。

在第三轮调查中，我们加入了社区专项调查，并将具体的社区工作分为“执行社区封闭管理”“提供便民服务”“沟通与服务态度”三项。整体而言，对社区服务工作持满意态度的人居多，认为执行社区封闭管理工作“非常好”的比例最高（见表 10）。这极大支持了疫情防控工作和政策的具体落地。黑龙江社区工作人员在此次疫情防控工作中，承受了巨大压力，付出了十足辛劳，也得到了极大认可（满意人数比例达到 90%）。此外，疫情期间，云平台网购成为很多人添置物资的首选方式，社区帮忙收取快递等服务，暖心抗疫作用巨大（满意人数比例达到 83%）。

表 10　疫情防控时期对社区工作人员工作和态度的评价

单位：%

类别	非常不好	不太好	比较好	非常好
社区封闭管理	3.70	5.48	44.79	46.02
社区居民便利服务（如帮助收取快递、商品购买）	4.99	12.15	44.89	37.98
社区工作人员沟通、服务态度	3.70	6.67	46.72	42.91

① 截至 2020 年 3 月 8 日，数据来源人民网 · 黑龙江。

（四）“公众—政府”协同抗疫行动

疫情期间，黑龙江省民众对各个小区实施封闭式管理体现出“协同行动”的积极配合态度。从疫情初期到3月初疫情相对稳定时，民众始终非常支持、遵守这种管理举措。大多数人认为阻断传染路径是抗击新冠肺炎疫情重要且有效的防范手段，封闭管理的举措十分必要。因而人们对于“发现确诊病例”“发现疑似病例”“发现确诊病例密切接触者”均非常重视，认为一旦发现上述情况，就愿意支持将本小区封闭，配合疫情防控，具体表现为支持封闭小区的人数比例均高于87%（见图12）。

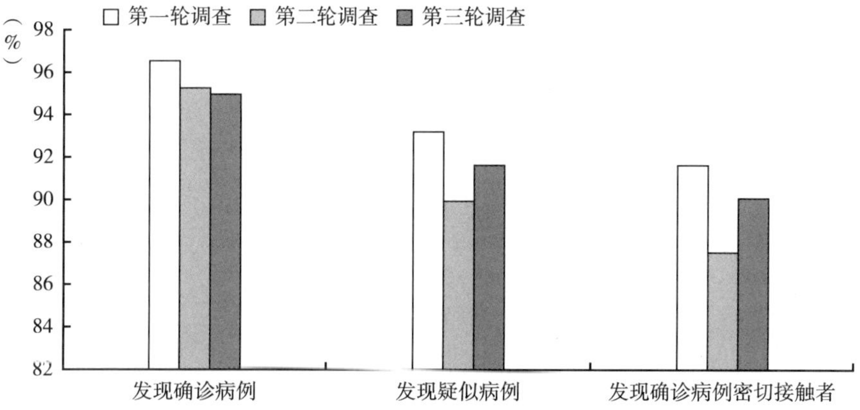

图12　疫情期间对小区封闭的态度

五　讨论与结论

此次疫情发展和防控过程中，黑龙江省遭遇了许多不同于其他省份的挑战。

首先，疫情暴发时正处于冰雪旅游旺季的冬季。黑龙江作为冰雪旅游名省，是众多游客的首选之地，这给疫病输入提供了机会。

其次，春节前夕是外出打工人群返乡高峰，而赴湖北打工的黑龙江人数量众多。大量返乡人员和途经疫情高风险地区的人员成为黑龙江省疫情输入的重要原因。春节前后走亲访友、串门的节日习俗，拜年、团聚的生活习惯，更加重了人员流动，扩大了疫情传播风险。哈尔滨市仅聚集性疫情就涉及111个病例，占确诊病例的79.3%。其中典型案例是一女子分别在自家和亲戚家聚会聚餐，其丈夫、儿子、外孙女等16人先后染病，教训十分深刻。与南方逐渐变暖的气候形成鲜明对比，由于黑龙江气候寒冷，冬季房屋开窗通风不好，家庭聚会非常容易造成家庭成员之间的内部传染。

最后，黑龙江省的老年人口比例高，有基础性疾病的人口比例高，这使得易感人群比例大，且更脆弱。老年人和慢性病人群是罹患新冠肺炎的高危人群。黑龙江省每年有5～6个月的寒冷天气，因此肺部疾病发病率较高，包括支气管炎、慢性肺阻病、肺气肿等。这次新型冠状病毒攻击和侵袭的主要靶器官是肺脏，在原有肺脏疾病基础上合并新冠病毒感染将对患者造成更严重打击。

正因为上述这些因素，黑龙江省这样一个与武汉远隔千里的地方，也成了疫情的“红色区域”，防疫形势十分严峻。

同时，疫情期间黑龙江省的民生保障工作，也面临不同于其他省份的重点和难点。比如黑龙江本土冬天不生产蔬菜和水果，大部分的新鲜蔬果都靠外运。疫情高发时，省际和城际道路关卡林立，加大了运输困难，提高了运输成本。老百姓能否购买到足够量的蔬菜，能否以合理的价格购买到蔬菜？东北冬季寒冷，室内温度是否适宜？这都是黑龙江民众关注的重要民生问题。再如，2003年SARS对广州、北京等地区影响巨大，对黑龙江影响较小，黑龙江省无死亡病例。17年后的今天，民众对传染病也缺少必要的防范意识。

特殊的地方文化、人口构成和气候特点，使得围绕具体省情开展有针对性调查的意义显得尤为突出。综观前述调查结果，疫情期间黑龙江省社会心态主要表现出三方面特点。

第一，人们在调查涉及时段的安全感知，随疫情发展而变动的特征明显。心理测量范式的风险认知研究认为，风险是受心理、社会、制度和文化等多种因素影响的，是个人主观定义的（王俊秀，2013）。公众的风险认知更容易受到期望水平、风险可控度、知识结构、成就动机等诸多因素的影响（刘金平等，2006）。首轮调查时，人们抗击疫情的决心和信心都较强，因而对疫情风险和未来发展的态度也相对乐观。但第二轮调查时，春节已过，假期似乎越过越长，疫情发展的未来前景不是很明朗，人们不知道未来还要坚持多长时间。因而，风险判断和情绪等都陷入低谷。而第三轮调查时，疫情已经呈现稳中向好的发展趋势。在这种情形下，如何慎终如始，是保证和推进抗疫战果的必要态度。民众心态也重新朝着积极乐观方向发展。

第二，疫情风险体验在年龄、文化水平和职业类型三个维度上表现出明显的群际差异。年龄方面，25岁及以下青年人群体，无论是愉悦等正性情绪体验，还是担忧、恐惧等负性情绪体验，都表现得比其他群体更强烈。而36~45岁和46~55岁群体的情绪压力相对最突出，他们大部分人家中有老人、孩子需要照顾，又担负更大社会责任，要顶着疫情风险复工复产，担忧、恐惧情绪明显，较多体验愤怒、悲伤情绪的人所占比例也较高。文化水平方面，本科及以上学历群体的愉悦和平静情绪最明显，初中及以下文化水平群体的悲伤和愤怒情绪体验最频繁。面对疫情风险，大学及以上学历群体对政府信任最高；初中及以下学历群体对情感支持的诉求较为强烈，高中、中专学历群体则比较重视生活保障支持。职业类型方面，人们情绪反应是与其日常生活和收入受疫情影响的程度大小而变化的。总体上看，农林牧副渔业人员和专业技术人员的情绪波动较小、消极情绪最少，而无业失业半失业群体的担忧、悲伤、愤怒等负性情绪最突出。此结果提示我们，作为人口输出省份，能否及时返岗复工是黑龙江居民疫情期间的关注重点。研究发现，疫情可控性认知，无论对于短期还是长期经济信心，都有积极预测作用（辛自强，2020）。因此要提升民众的经济信心，就必须切实做好疫情防控工作，提高人们对疫情可控性的信念。

第三，政府信任始终保持在较高水平，这不仅表现为人们对具体治理举措的认可与肯定，更体现在民众对基层社区工作的支持与配合行动中。信任的本质是社会成员在面对社会不确定性和复杂性增加时体现出的对自己依赖对象所维持的时空性特征（翟学伟，2014）。社会信任是信任在社会领域中的延伸。政府和医疗系统在构建社会信任方面发挥着基础保障作用。首轮调查开始的2月中旬，国内其他各省份的疫情均得到不同程度的有效控制，但黑龙江的疫情红线却持续走高。面对严峻形势，省委、省政府加大管控力度，出台有史以来最严格的限行令，不但从铁路、航空、省际省内公路严格审查制度，而且对各区县内社区也采取了积极有效的管控措施。有效的措施不但抑制住了疫情的再度蔓延，更是发挥了最大的社会动员力量，把疫情防控变成全民战、阻击战。因此，在此后的两轮调查中（第二轮、第三轮调查均间隔了一周）民众的社会信任才有显著提升。基层社区在疫情防控和便民生活保障方面发挥的重要作用，也进一步巩固了民众对政府的信任。在第三轮的社区专项调查中，有近76%的民众对社区工作人员“比较信任”或“非常信任”。

社会情绪以情感能量的形式体现在外，并受社会需要、期望和社会认知共同影响。积极的情感能量能够导致社会团结，而消极的情感能量则会导致社会疏离（王俊秀，2013）。作为东北老工业基地，黑龙江民众的集体意识和邻里观念浓厚。在疫情暴发期间，民众守望相助、相互支持，亲密关系群体的支持有效缓解了疫情期间的负面情绪，对于缓解焦虑紧张和惶恐不安发挥了积极作用。而对陌生人信任最低，也正符合疫情面前对不确定因素保持高度警惕的认知特征。这种警惕性不仅有利于时下各项疫情防控相关政策的落实与推进，更对此后可能通过韩、日、俄等周边国家进入黑龙江省的输入型病例打了“预防针”。

参考文献

范晓光：《资源分布、阶层地位与社会支持——基于东亚华人社会的比较》，《社会》2012年第4期。

刘金平、周广亚、黄宏强：《风险认知的结构、因素及其研究方法》，《心理科学》2006年第2期。

辛自强：《公众的疫情风险认知与经济信心调查》，《人民论坛》2020年第5期。

王俊秀：《风险认知与安全感及其测量》，载杨宜音、王俊秀等著《当代中国社会心态研究》，社会科学文献出版社，2013。

王俊秀：《社会情绪的结构和动力机制：社会心态的视角》，《云南师范大学学报》（哲学社会科学版）2013 年第 5 期。

翟学伟：《信任的本质及其文化》，《社会》2014 年第 1 期。

抗疫信心与社会态度

Anti-epidemic Confidence and Social Attitudes

B.11
新冠肺炎疫情下民众抗疫信心影响因素研究

高文珺*

摘　要： 在新冠肺炎疫情期间，民众的社会心态不断发生变化。本研究分析了影响民众抗击疫情信心的因素，以期了解面对突发公共卫生事件时，如何提升民众信心，凝聚社会力量。数据来源于“疫情下社会心态调查”三次调查所得的39830份问卷信息。研究显示，民众抗击疫情的信心随着疫情逐步获得控制而增强，人口学特点不同的民众信心有差异。影响民众的抗疫信心的因素包括三个方面：媒体信任、信息公开和社会心态。提升民众抗击疫情信心的方式包括：提高民众对媒体，特别是对官

* 高文珺，中国社会科学院社会学研究所，博士，副研究员，中国社会科学院社会学研究所社会心理学研究中心副研究员、中国社会科学院社会心理与行为实验室副研究员，研究方向为社会心理学。

方媒体和官方信息的信任；疫情信息做到发布及时、公开透明；加强社会心理建设，提升民众生活满意度、社会公平感和一般社会信任感，以积极的社会心态为应对突发事件做缓冲。

关键词： 新冠肺炎疫情　信心　媒体信任　信息透明　社会心态

一　引言

从新型冠状病毒肺炎（COVID－19）（以下简称新冠肺炎）疫情暴发至今，经过全国人民的努力，国内疫情逐渐得到有效控制，各地疫情防控应急响应级别纷纷下调，有序进行复工复产复学。但是，疫情对经济、生活、社会心理的影响还在继续，疫情应对上的经验还需做进一步深入分析和总结，以提高社会面对风险的抵抗力。可以说，新冠肺炎这一席卷全球的重大突发公共卫生事件，几乎将每个人都卷入其中，让人们处于一种灾难的应激状态之下。在这种情形下，民众的社会心态也在不断发生变化（王俊秀、高文珺等，2020；王俊秀、陈满琪等，2020）。构建积极的社会心态既是疫情防控工作顺利开展的保障，也是疫情防控工作的重点，更是一个社会应对风险和重大突发事件的基础。与此次疫情防控工作关系紧密的社会心态核心因素之一就是信心，增强民众抗击疫情的信心，有利于凝聚社会力量同心抗击疫情（王俊秀，2020）。本研究将根据疫情期间的持续调查，分析哪些因素会影响民众对政府防控工作的信心，提出提升民众信心的建议。

现有研究虽然较少系统分析民众对于政府突发公共卫生事件应对工作的信心来源，但一些相关研究对本研究具有启发意义。首先，有研究显示，公众对政府的认知与综合评价是影响社会信心的一个重要因素（Johnson & Kaye，2015）。这种认知一定程度上受媒介信息传播的影响，传统的媒体信任能够促进公众对政府的信心（Gronke & Cook，2007），但随着信息化社会发展，社交媒体介入信息传递之中，这可能提高也可能损害公众的社会信心

（Porumbescu，2017；Song & Lee，2016）。最近一项在新冠肺炎疫情期间的调查显示，官方社交媒体信任可以增强公众对战胜疫情的信心（姚琦等，2020）。因此，媒体信任可能是影响民众抗疫信心的一个因素。其次，还有研究者认为，公开、透明、及时、权威的确定性信息，能消除民众的恐惧心理，增强其战胜疫情的信心（刘琼莲，2020）。因此，民众对于信息公布的评价也可能会影响民众的抗疫信心。最后，社会心态具有稳定性和动态性的特点，由稳定性的成分和阶段性、变动性的成分共同组成（王俊秀，2014）。本研究的假设认为，民众战胜疫情的信心是特定时期涌现的、变动性相对较强的一种社会心态，这一动态变化的社会心态，可能会受到一些长期存在的、相对稳定的社会心态成分的影响，比如生活满意度、一般社会信任、社会公平感等，因为这些相对稳定的社会心态会影响民众在应激情形下做出的认知判断和行为表现。基于上述分析，本研究假定在新冠肺炎疫情期间，民众战胜疫情的信心受到至少三方面因素的影响：一是对媒体的信任；二是对信息公开的评价；三是生活满意度、社会信任和社会公平感等基本的社会心态要素。

二　研究方法

（一）调查对象

本报告使用的数据来源于中国社会科学院社会学研究所社会心理学研究中心开展的“疫情下社会心态调查”。本文使用的调查数据采集从2020年1月24日持续至2020年3月30日，通过智媒云图在线调查平台“问卷宝”，向在线样本库的全国用户（共约120万人，覆盖全国346个地级城市）推送问卷进行线上调查。根据疫情进展与变化，课题组编制了三版社会心态调查问卷，每版调查问卷均在前一版基础上增加题项。第一版调查从2020年1月24日至2020年2月10日，回收22688份有效问卷，其中，男性占47.9%，女性占52.1%，平均年龄28.41±9.90岁。第二版调查从2020年2月10日至2020年3月19日，回收8425份有效问卷，其中，男性占

59.9%，女性占40.1%，平均年龄28.61±9.65岁。第三版调查从2020年3月20日至2020年3月30日，回收8717份有效问卷，其中，男性占56.4%，女性占43.6%，平均年龄28.91±8.87岁。三个版本调查回收有效样本39830人，其中男性占52.3%，女性占47.7%，平均年龄28.56±9.63岁。调查对象来自北京、安徽、福建、甘肃、广东、广西、贵州、海南、河北、河南、黑龙江、湖北、湖南、吉林、江苏、江西、辽宁、内蒙古、宁夏、青海、山东、山西、陕西、上海、四川、天津、西藏、新疆、云南、浙江和重庆31个省（区、市）。性别比例与第六次全国人口普查数据（男性人口占51.27%，女性人口占48.73%）相比，男性比例略高，但没有显著差别。受互联网用户年龄分布特点影响，样本库里中青年人（18~45岁）比例相对更大，受教育程度也比全国人口普查情况更高。具体样本情况见表1。

表1　样本基本情况（N=39830）

单位：人，%

属性	类别	人数	百分比
性别	男	20829	52.3
	女	19001	47.7
受教育程度	初中毕业及以下	1588	4.0
	高中/中专/职高/技校	7178	18.0
	大专	7655	19.2
	大学本科	18415	46.2
	研究生及以上	4994	12.5
出生年份	“50~60后”	1480	3.7
	“70后”	2910	7.3
	“80后”	7787	19.6
	“90后”	20566	51.6
	“00后”	7087	17.8

（二）测量

1. 抗击疫情信心测量

本研究从三个方面测量民众抗击疫情的信心，一是对疫情发展形式的预期，询问未来一个月内疫情的发展如何，5 点量表计分，得分越高，预期越乐观。二是对自身受到疫情影响的预期，包括 3 个题目，分别是自己感染新冠肺炎的可能性、疫情在自己社区扩散的可能性、感染后被治愈的可能性，均为 4 点量表计分，得分越高，感知到的可能性越大。三是对政府工作的信心，询问对政府部门在战胜新冠肺炎疫情过程中的表现是否有信心，4 点量表计分，得分越高，信心越强。

2. 信息公开评价

采用 2 个题目测量人们对于新冠肺炎疫情信息公开的及时程度和公开透明程度的评价，4 点量表计分，得分越高，代表信息公开越及时，公开透明程度越高。

3. 媒体信任

媒体信任包括两个方面的测量，一是对不同媒介渠道的信任程度，包括中央媒体（如央视、新华社、人民网等）、地方新闻媒体等官方媒体，微博大 V、知名微信公众号等自媒体。二是对于疫情防控信息的信任程度，包括政府部门发布的疫情整体判断和医学专家提出的疫情防范建议。

4. 社会心态测量

在以往社会心态研究使用的量表中各选 1 题分别测量了生活满意度、社会公平感和一般社会信任（高文珺，2015），5 点量表计分，得分越高，代表生活满意度越高，社会公平感越强，一般信任程度越高。

三　研究结果

（一）民众抗疫信心随疫情发展的变化

如前所述，民众的抗疫信心是更具动态的一种社会心态，随着新冠肺炎疫情防控情况的变化，民众战胜疫情的信心也会发生相应的变化。为了更清晰呈现不同时间节点民众抗疫信心的变化特点，根据全国疫情数据的变动趋势（新浪网，2020）和关键事件，将本研究的调查数据划分为三个时段，第一段为国内疫情急剧上升期（1 月 24 日至 2 月 18 日），这一时期，全国疫情累计确诊趋势呈陡坡增加，在 2 月 18 日首次出现新增出院病例超过新增确诊病例。第二段为国内疫情缓慢上升期（2 月 19 日至 3 月 9 日），这一时期，全国疫情累计确诊增长趋势放缓，每日新增病例开始降至 1000 以下。第三段为国内疫情平缓期，全国疫情累计确诊趋势平缓，3 月 10 日武汉市方舱医院全部关闭，与此同时，疫情开始有全球暴发的趋势，意大利于 3 月 10 日起在全国范围内实行封城禁令。

表 2 至表 4 列出了不同时期民众抗疫信心的特点，从中可以看出，随着国内疫情日趋平缓，民众的抗疫信心不断增强。在疫情急剧上升期，共有 46.1% 的人预期未来一个月会严重很多或严重一些①，而到了疫情平缓期，只有 7.2% 的人这样认为，人们对于疫情会缓解的信心大幅增强。对于疫情对自身的影响，在疫情急剧上升期，合计有 23.8% 的调查对象表示比较可能或非常可能感染新冠肺炎，合计 58.1% 的人认为疫情比较可能或非常可能在自己所在社区扩散；随着疫情缓解，这两个比例开始减少，到了疫情平缓期，这两个比例分别降至 14.9% 和 29.9%。认为感染后治愈可能性较大或非常大的人数比例也从最初的 80.2% 升至了 90.2%。对于政府在战胜疫情中的表现，比较有信心或非常有信心的人数比例从最初的 81.7% 上升到了 95.1%。

表 2　不同时期民众对于疫情发展趋势的预期（N = 39830）

单位：%

预期疫情未来变化	疫情急剧上升期	疫情缓慢上升期	疫情平缓期
严重很多	17.0	1.8	1.8
严重一些	29.1	3.7	5.4
没有变化	2.9	2.6	2.8
缓解一些	35.5	45.9	35.0
缓解很多	15.5	46.0	55.0

① 46.1% 为急剧上升期选择严重很多（17.0%）和严重一些（29.1%）的人数比例相加所得。下同。

表 3　不同时期民众对于疫情影响程度的预期（N = 39830）

单位：%

类别	可能性	疫情急剧上升期	疫情缓慢上升期	疫情平缓期
自己感染新冠肺炎	完全没可能	11.6	19.1	22.9
	不太可能	64.6	63.9	62.2
	比较可能	19.5	14.3	12.2
	非常可能	4.3	2.7	2.7
自己社区疫情扩散	完全没可能	3.4	8.3	12.7
	不太可能	38.5	58.5	57.4
	比较可能	49.3	28.7	25.9
	非常可能	8.8	4.5	4.0
感染后治愈	完全没可能	2.5	1.0	1.3
	不太可能	17.3	11.3	8.5
	比较可能	57.2	60.3	56.0
	非常可能	23.0	27.4	34.2

表 4　不同时期民众对于政府战胜疫情的信心（N = 39830）

单位：%

项目	疫情急剧上升期	疫情缓慢上升期	疫情平缓期
完全没有信心	3.8	1.7	0.9
不太有信心	14.5	6.3	4.0
比较有信心	48.9	50.6	40.7
非常有信心	32.8	41.4	54.4

（二）民众抗疫信心的人口学特征

为检验民众的抗疫信心是否会因性别、年龄和受教育程度不同而有所变化，比较了不同人口学特征民众的信心状况。由于前面分析已经表明疫情发展阶段会影响信心程度，因此将填答问卷的日期作为协变量处理，以排除疫情发展的影响，结果见表 5 至表 7。

从表 5 看，在控制了疫情发展阶段的影响之后，男女在战胜疫情的信心方面，存在一定的差异，男性信心相对而言高于女性，更相信疫情未来一个月会缓解较多，感染后治愈可能性较高，对于政府抗疫工作的信心也更强。两者在对感染新冠肺炎和疫情扩散可能性的感知上差异不明显。

表5　不同性别民众抗疫信心特点（N = 39830）

类别	性别	均值	性别F值	填答日期F值
未来一个月疫情发展	男	3.613	22.239 ***	18150.126 ***
	女	3.318		
自己感染可能性	男	2.086	5.153	976.664 ***
	女	2.103		
疫情在自己社区扩散可能性	男	2.466	0.048	3612.835 ***
	女	2.531		
感染后治愈可能性	男	3.130	100.934 ***	1260.039 ***
	女	3.023		
对政府战胜疫情的信心	男	3.311	225.212 ***	3907.898 ***
	女	3.133		

注：*** 表示 $p < 0.001$。

从表6看，控制了疫情发展阶段的影响之后，受教育程度不同的调查对象在抗疫信心上存在一定的差异。整体上，受教育程度高的调查对象信心会相对弱些，大学本科和研究生及以上受教育程度的调查对象对于疫情未来发展的预期、对于治愈可能性的估计、对于政府抗疫工作的信心基本都要比其他受教育程度的调查对象低，他们对于自己感染的可能性和对于疫情在自己社区扩散的可能性的估计，则要比其他受教育程度的民众高。

表6　不同受教育程度民众抗疫信心特点（N = 39830）

类别	受教育程度	均值	受教育程度F值	填答日期F值
未来一个月疫情发展	初中毕业及以下	3.829	165.567 ***	14731.520 ***
	高中/中专/职高/技校	3.882		
	大专	3.859		
	大学本科	3.356		
	研究生及以上	2.605		

续表

类别	受教育程度	均值	受教育程度 F 值	填答日期 F 值
自己感染可能性	初中毕业及以下	2.017	4.092 **	865.357 ***
	高中/中专/职高/技校	2.075		
	大专	2.057		
	大学本科	2.101		
	研究生及以上	2.178		
疫情在自己社区扩散可能性	初中毕业及以下	2.422	8.885 ***	3344.796 ***
	高中/中专/职高/技校	2.459		
	大专	2.427		
	大学本科	2.504		
	研究生及以上	2.659		
感染后治愈可能性	初中毕业及以下	3.060	7.818 ***	1196.846
	高中/中专/职高/技校	3.114		
	大专	3.150		
	大学本科	3.067		
	研究生及以上	2.969		
对政府战胜疫情的信心	初中毕业及以下	3.358	121.407 ***	2975.149 ***
	高中/中专/职高/技校	3.401		
	大专	3.372		
	大学本科	3.169		
	研究生及以上	2.922		

注：*** 表示 $p<0.001$，** 表示 $p<0.01$。

从表 7 看，控制了疫情发展阶段的影响之后，不同年龄的调查对象的抗疫信心存在一定差异。大体的趋势是，和其他年龄段调查对象相比，“80后”的信心更强，“90 后”的信心更弱。“80 后”对于疫情未来的发展和治愈可能性的预期更乐观，对政府战胜疫情的信心更强，对于感染和扩散的预估都比较低。“90 后”则呈现相反模式，对于疫情减缓和可以治愈的预期都比其他人低，对于政府抗疫的信心更弱，对于感染和扩散的预期则要高于其他年龄段调查对象。

表 7 不同年龄民众抗疫信心特点（N = 39830）

类别	年龄	均值	年龄 F 值	填答日期 F 值
未来一个月疫情发展	"50 ~ 60 后"	3. 431	51. 845 ***	18530. 298 ***
	"70 后"	3. 578		
	"80 后"	3. 699		
	"90 后"	3. 358		
	"00 后"	3. 518		
自己感染可能性	"50 ~ 60 后"	2. 151	8. 924 ***	979. 592 ***
	"70 后"	2. 043		
	"80 后"	2. 084		
	"90 后"	2. 104		
	"00 后"	2. 086		
疫情在自己社区扩散可能性	"50 ~ 60 后"	2. 497	35. 850 ***	3656. 690 ***
	"70 后"	2. 398		
	"80 后"	2. 425		
	"90 后"	2. 530		
	"00 后"	2. 522		
感染后治愈可能性	"50 ~ 60 后"	3. 071	91. 917 ***	1333. 708 ***
	"70 后"	3. 173		
	"80 后"	3. 201		
	"90 后"	3. 047		
	"00 后"	3. 000		
对政府战胜疫情的信心	"50 ~ 60 后"	3. 232	51. 707 ***	4156. 817 ***
	"70 后"	3. 293		
	"80 后"	3. 331		
	"90 后"	3. 167		
	"00 后"	3. 254		

注：*** 表示 $p < 0.001$。

（三）媒体信任与民众抗疫信心

本研究采用卡方分析，比较在人们对媒介和信息内容的信任程度不同时，是否会在抗疫信心上表现出差异，结果见表 8 至表 12。

整体上，对官方媒体的信任程度和对于政府疫情判断的信任程度会影响人们的抗疫信心。具体而言，在对疫情未来一个月发展趋势进行预测的时候，媒体信任程度越高，预期会越乐观（见表8）。在认为中央媒体非常不可靠和不太可靠的人当中，分别有合计66.0%和59.8%的人认为未来一个月疫情会严重很多或严重一些①；但在认为中央媒体非常可靠和比较可靠的人当中，认为疫情会更严重的人数比例则分别只有24.5%和39.2%，而认为疫情会缓解一些或缓解很多的人则分别达到了74.2%和57.3%。对地方媒体信任程度和疫情预期之间关系的分析显示出相似的模式，认为地方新闻媒体非常不可靠和不太可靠的人当中，分别有70.5%和53.4%的人认为疫情会更严重；认为地方新闻媒体非常可靠和比较可靠的人当中，分别有77.4%和63.8%的人认为疫情会缓解一些或缓解很多。对微博大V和知名微信公众号信任程度与疫情发展预期之间关系的分析，得到相似结果，不相信这些媒体的人里有更多人觉得未来会更严重，相信的人里则有更多人觉得未来一个月疫情会缓解，不过差异没有像对官方媒体信任程度不同的人之间那样大。对政府发布的疫情判断的信任程度不同，也会导致明显的预期差异，认为非常不可靠和不太可靠的人当中，分别有合计75.4%和65.2%的人觉得疫情会变得更严重，而认为比较可靠和非常可靠的人当中，则分别有60.5%和78.8%的人觉得疫情会有所缓解。

表8　媒体信任与疫情发展预期（N=39830）

单位：%

媒体	类别	未来一个月内疫情发展					卡方值
		严重很多	严重一些	没有变化	缓解一些	缓解很多	
中央媒体	非常不可靠	42.2	23.8	6.3	17.5	10.2	4633.111***
	不太可靠	29.5	30.3	11.6	22.4	6.2	
	比较可靠	13.8	25.4	3.5	39.1	18.2	
	非常可靠	7.9	16.6	1.3	34.8	39.4	

① 注：此处66.0%为表8中，认为中央媒体非常不可靠的人中，选择严重很多的人数百分比（42.2%）与选择严重一些的人数百分比（23.8%）相加的结果；59.8%为认为中央媒体不太可靠的人中，选择严重很多和严重一些的人数百分比相加。

续表

媒体	类别	未来一个月内疫情发展					卡方值
		严重很多	严重一些	没有变化	缓解一些	缓解很多	
地方新闻媒体	非常不可靠	47.3	23.2	6.1	14.8	8.7	4318.500***
	不太可靠	23.3	30.1	5.9	28.7	12.0	
	比较可靠	10.7	22.8	2.7	39.2	24.6	
	非常可靠	7.2	13.8	1.6	33.1	44.3	
微博大V	非常不可靠	20.4	27.8	3.2	28.2	20.4	1616.977***
	不太可靠	13.7	25.5	2.7	34.8	23.4	
	比较可靠	10.0	19.0	3.0	38.9	29.1	
	非常可靠	8.5	11.2	2.7	32.1	45.5	
知名微信公众号	非常不可靠	20.6	27.4	4.7	27.0	20.3	1530.938***
	不太可靠	14.9	25.4	3.0	34.6	22.0	
	比较可靠	10.5	20.7	2.7	38.1	28.1	
	非常可靠	8.5	11.9	2.8	31.9	44.8	
政府发布疫情判断	非常不可靠	53.1	22.3	4.8	13.8	6.1	6606.809***
	不太可靠	31.1	34.1	6.0	21.5	7.2	
	比较可靠	11.4	24.9	3.1	39.5	21.0	
	非常可靠	6.0	13.5	1.7	35.6	43.2	
医学专家防范建议	非常不可靠	27.8	23.6	13.4	21.8	13.4	2254.139***
	不太可靠	17.2	26.4	14.0	28.9	13.5	
	比较可靠	13.7	24.5	3.4	38.2	20.3	
	非常可靠	10.0	17.8	1.6	34.0	36.5	

注：①*** 表示 $p<0.001$。②表中百分比表示在每行所对应的信任程度里的人数百分比。

预估自己感染新冠肺炎的可能性的时候，相信媒体和官方信息的人信心会更强（见表9）。相信中央媒体，认为其非常可靠和比较可靠的人当中，分别有81.7%和77.7%的人认为自己完全没可能或不太可能感染新冠肺炎，而认为中央媒体非常不可靠和不太可靠的人当中，对应百分比则分别降至68.5%和68.2%。对地方新闻媒体的分析结果与之类似。对微博大V和知名微信公众号等自媒体信任程度不同的人，也有相似的感染可能性预估差异。认为政府发布的疫情判断非常可靠和比较可靠的人当中，分别有81.1%和79.5%的人认为不可能感染，而当人们认为政府发布的疫情判断非常不可靠和不太可靠的时候，相应比例分别降至64.0%和71.8%。医学专家防范建议信任程度与信心水平的关系分析结果与之类似。预估疫情在自己社区扩散可能性的时候，同样是媒体信任程度越高，则越少认为疫情会扩散到自己所在社区（见表10）。

表9　媒体信任与自己感染可能性预期（N＝39830）

单位：%

媒体	类别	自己感染新冠肺炎的可能性				卡方值
		完全没可能	不太可能	比较可能	非常可能	
中央媒体	非常不可靠	12.5	56.0	25.4	6.1	1250.855 ***
	不太可靠	10.2	58.0	27.7	4.0	
	比较可靠	10.8	66.9	20.4	1.9	
	非常可靠	19.4	62.3	13.1	5.2	
地方新闻媒体	非常不可靠	11.7	52.9	28.6	6.7	1907.365 ***
	不太可靠	10.0	64.6	22.7	2.7	
	比较可靠	12.6	67.9	17.7	1.8	
	非常可靠	23.0	56.3	12.7	8.0	
微博大V	非常不可靠	15.5	64.4	17.3	2.8	2476.869 ***
	不太可靠	12.4	68.7	17.2	1.7	
	比较可靠	14.8	64.6	17.9	2.7	
	非常可靠	25.2	46.3	14.1	14.3	
知名微信公众号	非常不可靠	18.5	59.8	18.5	3.3	2264.310 ***
	不太可靠	12.5	67.9	17.8	1.8	
	比较可靠	13.9	66.2	17.5	2.4	
	非常可靠	24.4	48.4	14.0	13.1	
政府发布疫情判断	非常不可靠	10.5	53.5	30.0	6.1	1772.889 ***
	不太可靠	8.2	63.6	25.2	2.9	
	比较可靠	11.4	68.1	18.6	1.8	
	非常可靠	21.7	59.4	12.7	6.2	
医学专家防范建议	非常不可靠	19.4	46.3	23.1	11.1	901.416 ***
	不太可靠	13.0	55.4	26.3	5.4	
	比较可靠	11.4	66.9	19.6	2.1	
	非常可靠	18.7	61.9	14.3	5.1	

注：①*** 表示 $p<0.001$。②表中百分比表示在每行所对应的信任程度里的人数百分比。

表 10　媒体信任与疫情扩散的预期（N = 39830）

单位：%

媒体	类别	疫情在自己所在社区扩散的可能性				卡方值
		完全没可能	不太可能	比较可能	非常可能	
中央媒体	非常不可靠	6.3	31.3	45.3	17.2	1343.353***
	不太可靠	3.2	35.1	49.7	12.0	
	比较可靠	3.4	42.8	48.6	5.3	
	非常可靠	9.1	47.9	34.9	8.1	
地方新闻媒体	非常不可靠	4.8	28.1	47.2	19.8	1699.717***
	不太可靠	3.3	38.5	49.6	8.6	
	比较可靠	4.5	46.7	44.1	4.7	
	非常可靠	11.4	45.0	32.7	10.9	
微博大 V	非常不可靠	7.1	43.6	40.9	8.5	1410.625***
	不太可靠	5.1	46.3	43.0	5.5	
	比较可靠	5.9	45.9	43.0	5.2	
	非常可靠	11.3	37.5	33.1	18.2	
知名微信公众号	非常不可靠	8.1	41.1	42.2	8.6	1336.046***
	不太可靠	4.9	45.2	43.8	6.1	
	比较可靠	5.7	46.5	42.7	5.1	
	非常可靠	11.3	39.0	33.0	16.7	
政府发布疫情判断	非常不可靠	3.8	28.1	45.8	22.3	1886.776***
	不太可靠	2.7	33.2	54.3	9.9	
	比较可靠	3.9	45.3	46.0	4.8	
	非常可靠	10.3	47.9	33.1	8.8	
医学专家防范建议	非常不可靠	11.1	33.8	39.8	15.3	740.027***
	不太可靠	5.6	40.2	44.8	9.4	
	比较可靠	3.9	44.1	46.6	5.4	
	非常可靠	8.5	45.9	36.9	8.6	

注：①*** 表示 $p < 0.001$。②表中百分比表示在每行所对应的信任程度里的人数百分比。

预估治愈可能性的时候，同样是媒体信任程度越高，越相信新冠肺炎可以治愈（见表 11）。如认为中央媒体非常不可靠和不太可靠的人当中，分别合计有 61.4% 和 60.7% 的人相信新冠肺炎治愈可能性比较大或非常大，而认为中央媒体非常可靠和比较可靠的人当中，相应比例则分别达到了 89.2% 和 80.0%。对地方新闻媒体的信任差异也引起了相似的对治愈可能性预期的差异。对微博大V和知名微信公众号的信任差异，同样会造成对治愈可能性预期的差异，只是差异没有官方媒体信任所致差异大。认为政府发布的疫情判断非常不可靠和不太可靠的人当中，分别有55.7%和66.6%的人认为新冠肺炎治愈可能性比较大或非常大；而认为政府发布的疫情判断非常可靠或比较可靠的人当中，相应比例则分别达到了89.9%和82.6%。类似的，对医学专家的防范知识的信任程度不同也会造成治愈信心的差异。

表11　媒体信任与治愈可能性（N=39830）

单位：%

媒体	类别	新冠肺炎治愈的可能性				卡方值
		可能性非常小	可能性比较小	可能性比较大	可能性非常大	
中央媒体	非常不可靠	12.2	26.5	44.9	16.5	3870.463***
	不太可靠	5.6	33.7	51.2	9.5	
	比较可靠	2.2	17.8	64.7	15.3	
	非常可靠	1.3	9.4	51.5	37.7	
地方新闻媒体	非常不可靠	12.2	30.9	44.1	12.7	3883.630***
	不太可靠	3.9	25.4	57.2	13.5	
	比较可靠	1.7	14.5	63.1	20.7	
	非常可靠	1.4	8.5	45.3	44.8	
微博大V	非常不可靠	4.2	16.8	55.4	23.6	1586.177***
	不太可靠	2.0	16.4	60.0	21.6	
	比较可靠	1.8	13.9	59.3	25.0	
	非常可靠	2.0	8.7	40.8	48.4	
知名微信公众号	非常不可靠	5.7	17.5	51.5	25.4	1783.988***
	不太可靠	2.2	17.8	59.2	20.8	
	比较可靠	1.7	13.7	60.5	24.1	
	非常可靠	2.1	9.1	41.4	47.4	
政府发布疫情判断	非常不可靠	13.4	30.9	45.1	10.6	4403.011***
	不太可靠	4.7	28.7	55.5	11.1	
	比较可靠	1.7	15.7	64.6	18.0	
	非常可靠	1.4	8.7	48.7	41.2	
医学专家防范建议	非常不可靠	17.1	30.1	37.5	15.3	2242.325***
	不太可靠	4.9	28.1	51.5	15.5	
	比较可靠	2.2	17.1	63.3	17.4	
	非常可靠	1.6	11.1	51.9	35.4	

注：①***表示 $p<0.001$。②表中百分比表示在每行所对应的信任程度里的人数百分比。

在对政府部门在战胜疫情当中的表现的信心方面，媒体信任程度越高的人对政府部门的抗疫工作越是有信心（见表12）。认为中央媒体非常不可靠和不太可靠的人当中，分别只有37.6%和41.4%的人对政府的抗疫表现有信心，而认为中央媒体非常可靠和比较可靠的人当中，则分别有高达94.7%和82.7%的人表示比较有信心或非常有信心。认为地方新闻媒体非常不可靠和不太可靠的人当中，分别有28.8%和61.5%的人对政府的抗疫表现有信心，而认为其非常可靠和比较可靠的人当中，则分别有高达96.3%和88.2%的人对政府部门抗疫工作有信心。对微博大V和知名微信公众号信任程度越高，对政府的表现也会越有信心，但差距没有因官方媒体信任不同而造成的信心差异大。认为政府发布的疫情判断非常不可靠和不太可靠的人当中，分别有21.7%和46.2%的人对政府抗疫有信心，而认为政府发布的疫情判断信息非常可靠和比较可靠的人当中，相应比例高达96.9%和87.4%。

表12　媒体信任与对政府抗疫的信心（N=39830）

单位：%

媒体	类别	对政府部门在战胜疫情中的表现的信心				卡方值
		完全没信心	不太有信心	比较有信心	非常有信心	
中央媒体	非常不可靠	38.6	23.8	23.6	14.0	14077.145***
	不太可靠	13.7	44.9	34.4	7.0	
	比较可靠	2.6	14.7	64.8	17.9	
	非常可靠	1.0	4.3	33.4	61.3	
地方新闻媒体	非常不可靠	37.8	33.5	19.6	9.2	13975.791***
	不太可靠	7.6	31.0	46.9	14.6	
	比较可靠	1.6	10.2	59.1	29.1	
	非常可靠	0.9	2.8	22.9	73.4	
微博大V	非常不可靠	8.1	19.8	43.8	28.3	4695.480
	不太可靠	2.9	14.9	53.1	29.2	
	比较可靠	2.3	8.5	49.9	39.2	
	非常可靠	1.7	3.1	16.7	78.6	

续表

媒体	类别	对政府部门在战胜疫情中的表现的信心				卡方值
		完全没信心	不太有信心	比较有信心	非常有信心	
知名微信公众号	非常不可靠	10.6	20.9	40.7	27.7	5148.855 ***
	不太可靠	3.7	16.6	51.6	28.1	
	比较可靠	2.1	9.3	52.1	36.6	
	非常可靠	1.6	3.2	17.7	77.5	
政府发布疫情判断	非常不可靠	47.1	31.2	16.6	5.1	20812.59 ***
	不太可靠	10.1	43.8	39.3	6.9	
	比较可靠	1.4	11.2	64.9	22.5	
	非常可靠	0.7	2.4	27.5	69.4	
医学专家防范建议	非常不可靠	33.8	25.9	26.9	13.4	6610.800 ***
	不太可靠	10.2	32.9	41.9	15.0	
	比较可靠	3.2	14.0	60.7	22.2	
	非常可靠	1.8	7.1	34.4	56.7	

注：① *** 表示 $p<0.001$。②表中百分比表示在每行所对应的信任程度里的人数百分比。

（四）信息透明度感知与民众抗疫信心

采用卡方分析比较在人们对疫情信息公开程度的评价不同时，在抗疫信心上的差异。

从表 13 和表 14 所列结果看，当人们认为疫情相关的信息公开及时、信息公开的透明程度高的时候，抗疫的信心就会较强。在那些认为信息公开非常及时的人当中，合计有 83.6% 的人认为未来一个月疫情会缓解一些或缓解很多①，80.2% 的人认为自己完全没可能或不太可能感染新冠肺炎，59.6% 的人认为疫情完全没可能或不太可能在自己的社区扩散，92.4% 的人认为新冠肺炎治愈的可能性比较大或非常大，97.6% 的人对政府战胜疫情比较有信心或非常有信心。相对的，在那些认为信息公开非常滞后的人当中，合计只有 22.7% 人认为未来一个月疫情会缓解，68.9% 的人认为自己感染

① 此处 83.6% 为表 13 中，认为信息公开非常及时的人当中，选择未来一个月疫情会缓解一些的人数比例（32.7%）和选择缓解很多的人数比例（50.9%）相加而得。

新冠肺炎可能性低，31.9%的人认为疫情在自己社区扩散可能性低，61.7%的人认为新冠肺炎治愈可能性高，41.2%的人对政府部门在战胜疫情中的表现有信心。

在那些认为信息公开的透明程度非常高的人当中，合计有83.1%的人认为未来一个月疫情会缓解，77.0%的人认为自己感染新冠肺炎可能性低，58.3%的人认为疫情在自己社区扩散的可能性低，93.0%的人认为新冠肺炎治愈可能性大，97.6%的人对政府部门在战胜疫情中的表现有信心。相应的，在那些认为信息公开透明程度非常低的人当中，合计只有18.1%的人认为未来一个月疫情会缓解，67.3%的人认为自己感染新冠肺炎可能性低，30.3%的人认为疫情在自己社区扩散可能性低，57.0%的人认为新冠肺炎治愈可能性高，只有33.2%的人对政府部门在战胜疫情中的表现有信心。

表13　信息公开及时与民众抗疫信心（N=39830）

单位：%

题目	类别	疫情信息公开是否及时				卡方值
		非常滞后	比较滞后	比较及时	非常及时	
未来一个月疫情发展	严重很多	47.1	21.1	7.4	5.1	8769.008***
	严重一些	27.8	33.8	20.8	9.9	
	没有变化	2.5	4.4	2.9	1.5	
	缓解一些	16.6	29.3	42.4	32.7	
	缓解很多	6.1	11.4	26.4	50.9	
自己感染可能性	完全没可能	9.7	9.8	13.4	24.5	2245.215***
	不太可能	59.2	66.4	67.7	55.7	
	比较可能	26.0	21.9	17.0	11.4	
	非常可能	5.1	1.9	2.0	8.5	
疫情在自己社区扩散可能性	完全没可能	3.3	2.9	4.8	12.7	2642.894***
	不太可能	28.6	37.5	48.8	46.9	
	比较可能	51.0	52.3	42.3	29.3	
	非常可能	17.1	7.3	4.0	11.0	
感染后治愈可能性	可能性非常小	9.0	2.8	1.4	1.2	5302.542***
	可能性比较小	29.3	23.5	13.0	6.4	
	可能性比较大	49.6	60.0	63.8	43.0	
	可能性非常大	12.1	13.7	21.8	49.4	

续表

题目	类别	疫情信息公开是否及时				卡方值
		非常滞后	比较滞后	比较及时	非常及时	
对政府战胜疫情的信心	完全没信心	22.3	4.2	1.1	0.6	14161.746***
	不太有信心	36.5	24.9	7.0	1.8	
	比较有信心	29.8	53.2	58.2	22.6	
	非常有信心	11.4	17.7	33.6	75.0	

注：①*** 表示 $p<0.001$。②表中百分比表示在每列所对应的信息公开程度里的人数百分比。

表 14　信息透明程度与民众抗疫信心（N＝39830）

单位：%

题目	类别	疫情信息公开透明程度				卡方值
		非常低	比较低	比较高	非常高	
未来一个月疫情发展	严重很多	54.6	22.3	7.1	5.6	8465.924***
	严重一些	24.9	34.0	19.9	9.4	
	没有变化	2.4	4.2	2.7	1.8	
	缓解一些	12.9	28.9	41.6	31.0	
	缓解很多	5.2	10.6	28.7	52.1	
自己感染可能性	完全没可能	9.5	10.2	13.9	25.9	2760.085
	不太可能	57.8	67.1	67.5	51.1	
	比较可能	27.2	21.1	16.7	11.8	
	非常可能	5.4	1.6	2.0	11.2	
疫情在自己社区扩散可能性	完全没可能	3.3	2.9	5.2	14.0	2828.137***
	不太可能	27.0	38.4	48.8	44.3	
	比较可能	50.0	51.2	41.9	28.1	
	非常可能	19.8	7.5	4.0	13.7	
感染后治愈可能性	可能性非常小	12.0	3.4	1.2	1.3	5968.819***
	可能性比较小	31.1	25.1	12.1	5.8	
	可能性比较大	45.9	58.7	63.3	39.0	
	可能性非常大	11.1	12.8	23.5	54.0	
对政府战胜疫情的信心	完全没信心	30.7	4.7	0.9	0.7	15535.521***
	不太有信心	36.1	27.1	6.4	1.7	
	比较有信心	24.1	53.4	55.4	17.4	
	非常有信心	9.1	14.8	37.3	80.2	

注：①*** 表示 $p<0.001$。②表中百分比表示在每列所对应的信息透明程度里的人数百分比。

（五）社会心态与民众抗疫信心

本研究将分析生活满意度、社会公平感和一般社会信任这些相对稳定的社会心态成分对于民众抗疫信心的影响，由于社会心态测量只在第二版调查中涉及，因此这一部分分析的数据为第二版调查的8425份数据，样本基本特点参见前述调查对象。

采用卡方分析比较社会心态不同的调查对象在抗疫信心上的差异，为了便于理解结果，将5点计分的社会心态根据得分划分高低组进行比较，结果见表15和表16。从结果看，整体上，生活满意度越高、社会公平感和一般信任感越强的调查对象，其抗疫的信心水平就越高。具体而言，生活满意度高的人当中（见表15），有88.3%的人认为未来一个月疫情会缓解一些或缓解很多，88.7%的人认为新冠肺炎治愈可能性比较大或非常大，94.9%的人对政府部门的抗疫表现有信心。而在生活满意度低的人当中，相应有71.9%的人认为疫情将会缓解，73.6%的人认为治愈可能性高，而对政府部门的抗疫表现有信心的人数比例降至74.7%。对于感染可能性和疫情扩散可能性的估计上，也是生活满意度高的人比低的人更乐观，只是差异不是很大。

表15　生活满意度与民众抗疫信心（N = 8425）

单位：%

题目	类别	生活满意度		卡方值
		低	高	
未来一个月疫情发展	严重很多	5.8	2.5	326.125***
	严重一些	14.6	6.8	
	没有变化	7.7	2.4	
	缓解一些	47.9	44.3	
	缓解很多	24.0	44.0	
自己感染可能性	完全没可能	16.5	21.0	29.575***
	不太可能	63.1	62.7	
	比较可能	18.0	13.3	
	非常可能	2.3	3.0	

续表

题目	类别	生活满意度		卡方值
		低	高	
疫情在自己社区扩散可能性	完全没可能	5.4	9.0	49.179 ***
	不太可能	49.9	55.2	
	比较可能	40.1	31.2	
	非常可能	4.6	4.5	
感染后治愈可能性	可能性非常小	4.3	1.1	306.783 ***
	可能性比较小	22.2	10.2	
	可能性比较大	58.8	57.1	
	可能性非常大	14.8	31.6	
对政府战胜疫情的信心	完全没信心	5.8	0.9	773.425 ***
	不太有信心	19.5	4.2	
	比较有信心	53.9	44.4	
	非常有信心	20.8	50.5	

注：①*** 表示 $p < 0.001$。②表中百分比表示在每列所对应的生活满意度程度里的人数百分比。

如表 16 所示，社会公平感高的人当中，有 88.4% 的人认为未来一个月疫情会缓解一些或缓解很多，90.0% 的人认为新冠肺炎治愈可能性比较大或非常大，96.5% 的人对政府部门的抗疫表现有信心。而在生活满意度低的人当中，相应有 80.5% 的人认为疫情将会缓解，78.8% 的人认为新冠肺炎治愈可能性高，81.7% 的人对政府部门的抗疫表现有信心。其他信心指标上因社会公平感不同而出现的差异相对较小。

表 16　社会公平感与民众抗疫信心（N = 8425）

单位：%

题目	类别	社会公平感		卡方值
		低	高	
未来一个月疫情发展	严重很多	3.7	2.6	163.162 ***
	严重一些	10.5	6.9	
	没有变化	5.3	2.1	
	缓解一些	47.5	43.7	
	缓解很多	33.0	44.7	

续表

题目	类别	社会公平感		卡方值
		低	高	
自己感染可能性	完全没可能	18.8	21.0	37.998***
	不太可能	65.4	61.5	
	比较可能	14.4	13.8	
	非常可能	1.5	3.6	
疫情在自己社区扩散可能性	完全没可能	7.4	9.0	15.139**
	不太可能	55.3	54.0	
	比较可能	33.7	32.1	
	非常可能	3.6	5.0	
感染后治愈可能性	可能性非常小	3.0	0.9	303.094***
	可能性比较小	18.3	9.1	
	可能性比较大	59.4	56.4	
	可能性非常大	19.4	33.6	
对政府战胜疫情的信心	完全没信心	4.1	0.5	852.082***
	不太有信心	14.2	3.0	
	比较有信心	54.5	41.8	
	非常有信心	27.2	54.7	

注：①*** 表示 $p<0.001$，** 表示 $p<0.01$。②表中百分比表示在每列所对应的社会公平感程度里的人数百分比。

如表 17 所示，一般信任感高的人当中，有 90.0% 的人认为新冠肺炎治愈可能性比较大或非常大，95.3% 的人对政府部门的抗疫表现有信心。而在生活满意度低的人当中，相应有 81.0% 的人认为新冠肺炎治愈可能性高，86.6% 的人对政府部门的抗疫表现有信心。其他信心指标上因一般信任感不同而出现的差异相对较小。

表 17　一般信任感与民众抗疫信心（N = 8425）

单位：%

题目	类别	一般信任感		卡方值
		低	高	
未来一个月疫情发展	严重很多	3.4	2.7	73.515***
	严重一些	9.5	7.0	
	没有变化	4.0	2.6	
	缓解一些	47.3	43.3	
	缓解很多	35.9	44.4	

续表

题目	类别	一般信任感		卡方值
		低	高	
自己感染可能性	完全没可能	19.5	20.8	50.312 ***
	不太可能	65.9	60.7	
	比较可能	13.0	14.7	
	非常可能	1.6	3.8	
疫情在自己社区扩散可能性	完全没可能	7.3	9.3	48.734 ***
	不太可能	56.8	52.8	
	比较可能	33.0	32.2	
	非常可能	2.9	5.6	
感染后治愈可能性	可能性非常小	2.4	1.0	290.578 ***
	可能性比较小	16.6	8.9	
	可能性比较大	60.8	55.0	
	可能性非常大	20.2	35.0	
对政府战胜疫情的信心	完全没信心	2.7	1.0	386.943 ***
	不太有信心	10.7	3.7	
	比较有信心	51.8	41.8	
	非常有信心	34.8	53.5	

注：①*** 表示 $p<0.001$。②表中百分比表示在每列所对应的一般信任感程度里的人数百分比。

四 讨论与结论

本研究从疫情发展预期、自身受到疫情影响的估计和对政府战胜疫情的信心三个方面去衡量民众的抗疫信心，分析在新冠肺炎疫情背景下影响民众抗疫信心的因素，得到如下结论。

（一）民众抗疫信心随疫情逐渐得到控制而增强，信心强度存在人口学差异

本研究的结果表明，民众的抗疫信心是动态变化的一种社会心态，随着疫情防控日渐取得成效，人们的信心会从多个方面有大幅提升，对疫情缓解的预期更乐观，对自身或周围人感染新冠肺炎的担心降低，对政府战胜疫情

的信心增强。而除了疫情发展的影响之外，民众抗疫信心还因人口学特点而存在差异，相对而言，男性、受教育程度较低和“80 后”受访者对于疫情的估计会更乐观，对政府战胜疫情的信心更强。

（二）提高媒体信任可以增强民众的抗疫信心

本研究发现，民众对于媒体，特别是对于官方媒体的信任，会增强其抗疫信心。无论是对中央媒体还是对地方新闻媒体，更信任这些媒体的民众对疫情的发展预期和对自身的影响评估都更为乐观，对政府更具有信心。对自媒体的信任也能提升抗疫信心，但整体上没有对官方媒体的信任的影响力强，这与以往研究结果相一致（姚琦等，2020）。对政府发布的疫情判断和对专家的防范建议更信任的民众，抗疫信心也更强。这一结果也与一些学者的建议相呼应，政府部门、医学专家第一时间公布疫情防控措施、进展，普及防疫知识，有助于消除民众的恐惧心理，增强其抗疫信心（刘琼莲，2020）。

（三）信息公开及时透明可以增强民众的抗疫信心

本研究结果显示，疫情相关信息的及时公布和公开透明，可以大幅提升民众的抗疫信心。比如，认为信息公布及时的人超过八成相信疫情一个月内会有缓解，九成多的人都对政府有一定程度的信心。而认为信息公布滞后的人只有两成多相信疫情会有所缓解，仅有四成的人对政府有信心。认为信息公开透明的人中，七成多相信未来一个月疫情会有缓解，九成多的人对政府有信心，而认为信息公开透明程度低的人中，只有不到两成的人相信疫情会有缓解，仅有三成多的人对政府有信心。这一结果也印证了研究者的观点，面对突发公共卫生事件，信息的及时、公开、透明对舆情引导、社会信任的建立和社会心态的稳定都具有重要作用（曹劲松、曹鲁娜，2020；黄文瀚，2020；王俊秀，2020）。

（四）积极的社会心态可以增强民众的抗疫信心

本研究结果显示，积极的社会心态可以在很大程度上提升民众的抗疫信心。生活满意度越高，社会公平感越强，一般社会信任程度越高，人们对疫情的发展预期越积极，对自身感染新冠肺炎的担心越少，对政府的信心越强。这一结果表明积极稳定的社会心态在突发公共卫生事件发生时，可以起到一定的缓冲作用，有助于应对和修复突发事件的负面影响。这也侧面印证了社会心理建设对于社会治理的重要性，不仅是社会稳定的基石，还能提升社会应对风险和突发事件的能力。

参考文献

曹劲松、曹鲁娜：《突发公共卫生事件下的信息沟通与传播治理》，《南京社会科学》2020 年第 4 期。

高文珺：《“应然”与“实然”：社会文化价值特点与影响》，《学术交流》2015 年第 7 期。

黄文瀚：《突发公共卫生事件中舆情引导与社会信任建设研究》，《江南大学学报》（人文社会科学版）2020 年第 2 期。

刘琼莲：《新冠肺炎突发公共卫生事件应对密码：建设社会治理共同体与发挥“五治”合力》，《天津行政学院学报》2020 年第 2 期。

王俊秀：《社会心态理论：一种宏观社会心理学》，社会科学文献出版社，2014。

王俊秀：《信息、信任、信心：疫情防控下社会心态的核心影响因素》，《光明日报》2020 年 2 月 7 日。

王俊秀、陈满琪、应小萍、高文珺、谭旭运、刘晓柳：《疫情期间社会心态变化调查》，《北京日报》2020 年 2 月 10 日。

王俊秀、高文珺、陈满琪、应小萍、谭旭运、刘晓柳：《新冠肺炎疫情下的社会心态调查报告——基于 2020 年 1 月 24 日 ~25 日的调查数据分析》，《国家治理周刊》2020 年第 2 期。

《新型冠状病毒肺炎疫情实时动态追踪》，新浪网，https：//news. sina. cn/zt_ d/yiqing0121，2020。

姚琦、崔丽娟、王彦、杨莹：《社交媒体信任对重大突发公共卫生事件中公众网络谣言自治行为的影响》，《心理科学》2020 年第 2 期。

Gronke，P.，& Cook，T. E.，“Disdaining the Media：the American Public's Changing Attitudes toward the News.” *Political Communication*，3（2007）.

Johnson，T. J. ，& Kaye，B. K.，“Site Effects：How Reliance on Social Media Influences

Confidence in the Government and News Media." *Social Science Computer Review*, 2 (2015).

Porumbescu, G., "Linking Transparency to Trust in Government and Voice." *The American Review of Public Administration*, 5 (2017).

Song, C., & Lee, J., "Citizens' Use of Social Media in Government, Perceived Transparency, and Trust in Government." *Public Performance & Management Review*, 2 (2016).

Abstract

This book is the ninth annual report of the Blue Book of Social Mentality, issued by Center for Social Psychological Studies (CSPS), Institute of Sociology, Chinese Academy of Social Science (CASS). The theme of this book is the social mentality under the COVID – 19. The authors are mainly from CSPS. The whole book focuses on risk perception and future expectations, social mood and social mentality, anti – epidemic confidence and social attitude, tring to restore the characteristics and changes of people's social mentality from the early stage of the epidemic to the normal period of epidemic prevention and control, and prospecting the impact of the epidemic on the future social mentality.

This book found that the degree of risk perception among the people differed at different stages of the epidemic. The degree of risk perception among different groups was also different and affected by the degree of information disclosure. People's expectations for life in the next year had dropped significantly. People's social emotions were mainly worried and optimistic. Positive emotions showed an upward trend and negative emotions showed a downward trend with the progress of the epidemic. Social attitudes were increasingly positive as the epidemic was controlled. People's satisfaction and trust in the government were maintained at a relatively high level. Increasing people's trust in official media and official information, and enhancing the degree of epidemic information release had strengthened people's confidence in anti-epidemic. The impact of the epidemic on the future social mentality should focus on avoiding the risks of increased negative social mood, deepening interpersonal mistrust, forming social consensus in difficulty and the prevalence of some undesirable individual values. Therefore, we should construct a normal social psychological construction system for maintaining individual mental health and society rational social mentality to eliminate the impact of the epidemic. In the future, social governance and emergency management should straighten out the mechanism of social psychological service system construction, and build a social psychological construction system under normal conditions.

Keywords: Social Mentality; Social Psycholgical Construction; COVID - 19

Contents

I General Report

Abstract: In this report we analyzed the social mentality of the public of China at different stages of the COVID −19 epidemic. In the early stage of the epidemic, the public was widely concerned about it, but not taking it very seriously. During the large − scale outbreak, the government toke strict control measures toward the epidemic, the public started to pay more attention to it, and their satisfaction with the government as well as the confidence in defeating the epidemic were significantly increased. After the epidemic was fully under control, the social mentality (such as life satisfaction, social justice and social trust) of the public was positive, but great pressure regarding economic, employment and work performance was also reported by the public. When the epidemic was basically under control in China while widely spread all over the world, in comparison with foreign countries, the public spoke highly of China's performance in the face of the epidemic. After the epidemic became normal, the public is more in favor of strict control, and most people believed that China has done the best in epidemic prevention and control.

Keywords: Social mentality; COVID −19; Epidemic Prevention and Control; Satisfaction with the Government

Ⅱ Risk Perception and Future Expect

Abstract: The COVID -19 outbreak is another major public health risk event since the SARS epidemic in 2003. In the face of the outbreak, some people may overestimate the risk, while others may underestimate the risk. People may have different emotional and behavioral responses since different risk perception. Present study explored the demographic factors that influence people's risk perceptions towards COVID -19, and further explored the emotional and behavioral responses of people with different risk perception (overestimated risk, underestimated risk, and correctly estimated risk). The results showed that male tend to underestimate risk, older people tend to overestimate risk than younger people, and those with low education level or with high income tend to overestimate or underestimate risk. The subjects in the overestimated and underestimated risk group had stronger positive emotional responses towards the epidemic, while the subjects in the underestimated risk group had weaker negative emotional responses towards the epidemic. The subjects in the overestimated and underestimated risk group took more reasonable and unreasonable prevention behaviors.

Keywords: COVID -19; Risk Perception; Emotional Responses; Prevention Behaviors

Abstract: Security is barometer of social stability and harmony. During the prevention and control of the new coronavirus pneumonia epidemic, the maintenance of people's security is particularly important. This research used survey data from the Research Center for Social Psychology of the Institute of Sociology of the Chinese Academy of Social Sciences during the outbreak to examine the relationship between risk perception and security, and examines the moderating role of information disclosure and its role in different time periods difference. The results showed that (1) risk perception could significantly negatively predict the security; (2) information disclosure could moderate the relationship between risk perception and security, and this effect had significant time differences. Compared with the initial period of the epidemic, after the first-level response was launched by the provinces and cities, the disclosure of information significantly weakened the negative impact of risk perception on security. Therefore, during the epidemic, to strengthen the timeliness and transparency of the information disclosure of the epidemic can help to improve the public's psychological security.

Keywords: Risk Perception; Security; Information Disclosure; Time Difference

B. 4 Social Psychological Expectations of the Public under the COVID -19 Epidemic

Tan Xuyun, Lv Miao and Dou Xuejiao / 048

Abstract: Social Psychological Expectations is a subjective judgment made by the people on the future life of individuals and the future development of society within a certain period of time. The emergence of the COVID -19 epidemic has brought many challenges to the social and economic development of China and the world and the daily life of the people. The guidance of social mentality, especially positive and rational psychological expectation, is crucial to the restoration of epidemic prevention and control and social-economic order. Based on the stage data of the "Social Mentality Survey under the COVID -19 Epidemic" by the

Social Psychology Research Center of the Institute of Sociology, Chinese Academy of Social Sciences, this report analyzed the status quo of people's social psychological expectations at different levels under the COVID −19 epidemic by examining people's expectations of personal difficulties, social mobility and national development (emergency response ability and improvement of international status). At the same time, it further examines impacts of demographic variables such as gender, age, place of residence, education level and income, as well as factors such as epidemic attention, emotion, sense of life stress and social support. The survey found that while the COVID −19 epidemic has brought about an increase in people's expectations of short-term living difficulties, their social class mobility expectations and national development expectations are more positive; the sense of life pressure is the core factor to raise the expectations of life difficulties, and the COVID −19 epidemic has a greater impact on the short-term life of middle and low-income groups; and social support such as relatives, communities and units can effectively improve people's social psychological expectations. In the normalized prevention and control stage of the epidemic, it is necessary to adopt a series of targeted measures to try our best to ensure the needs of the people's living, at the same time, guide the formation of positive and rational social psychological expectations of the people, and help win the war of resistance in epidemic prevention and control.

Keywords: COVID −19 Epidemic; Social Psychological Expectations; Social Mobility Expectations; National Development Expectations

Abstract: As the level of urbanization is getting higher and higher, migrant workers are becoming more and more citizenized. The original title is gradually replaced by "new citizens". New citizens are no longer the passers-by of the city, but the masters of the city. The outbreak of the new coronavirus virus occurred around the Spring Festival in 2020. At this time, most of the new citizens in cities have returned to their hometowns. The continuous spread of the outbreak has caused a serious impact on the industry. People are concerned about the living conditions of new citizens. On the other hand, the contradiction between the demand for masks and workers returning to their hometowns resulting in insufficient production capacity and the urgent need for workers to resume production. Under the epidemic situation, the role of new citizens in the city is becoming more and more critical. At this time, it is particularly important for researching the new citizens' current living conditions and their willingness to resume work. This article mainly investigates the living conditions of new citizens under the epidemic situation, concerns and prevention of epidemic situation, behavior tendency, epidemic risk cognition and willingness to resume work. The survey results show that most new citizens have a good understanding of the epidemic situation. The expenses in the hometown are small, but the remaining living expenses are still very small, and they look forward to making money as early as possible. Despite the severe epidemic, for new citizens, the economic situation is the main reason for their returning to work. The other conclusions of the survey also show that the epidemic awareness of new citizens differs significantly in demographic variables of gender, age, and educational level, and the willingness to return to work differs significantly in educational level. The willingness to resume work is also influenced by the age of new citizens and the epidemic's attention. Generally speaking, the older the age, the more the epidemic's attention is paid, and the new citizens with less residual living expenses are more inclined to work as early as possible after resumption of work nationwide. The uncertain risk of the economic and employment environment due to the epidemic has increased. After the epidemic, more new citizens hope to find more stable jobs.

Keywords: New Citizens; Living Conditions; Willing to Resume Work; COVID -19

Abstract: The COVID –19 came suddenly on the eve of the Chinese New Year, which caught the whole society by surprise. It was necessary to control the movement of people to fight against the epidemic. However, the personal information collected for this purpose has been leaked intentionally. This paper starts from the personal information leakage incidents in this epidemic, analyzes the reasons and results of people's behavior of intentionally disclosing others' information from the two aspects of social deviant behaviors and group conflicts, and discusses the availability of people's personal information under the epidemic.

Keywords: COVID –19; Epidemic Prevention and Control; Disclosure of Personal Information; Privacy Availability Boundaries

Ⅲ Social Mood and Social Mentality

Abstract: The COVID –19 that broke out in early 2020 has not been completely reliefed, and the public's emotional experience has changed as the epidemic progresses. Discussing the public's emotional experience and emotional process could let us understand the public's emotional response to major public health emergencies, and provide a reference for how to conduct emotional governance in the face of major public health emergencies. The study found that people's emotions were mainly worried and optimistic, positive emotions showing an upward trend with the progress of the epidemic, and negative emotions showing a downward trend. Different groups showed different emotional susceptibility and emotional recovery in the early, middle and late stages of the epidemic. Emotional governance should focus on the post-90s and post-00s groups, and excavate their own psychological resilience and emotional recovery to cope with the epidemic. In the early stage of the epidemic, the focus should be on urban areas, while in the later period, the focus should be on rural areas. By increasing public awareness of COVID -19 can change their emotional experience.

Keywords: COVID -19; Social Emotion; Emotional Governance

Abstract: Under the high-risk and emergency situation of COVID -19, features of social mentality become more prominent and visible than usual. For the different stages of epidemic development, understanding the changes in social mentality on one hand, can provide a reference for government decision-making. On the other hand, the guidance of social mentality is also conducive to epidemic prevention and control. Through a continuous social mentality questionnaire survey in epidemic situations, the quantitative description of people's attention and risk awareness, social emotion, epidemic situation information acquisition and evaluation, and epidemic prevention and control behaviors is carried out. The article points out that with the seriousness of the epidemic, the public's attention to COVID -19 has climbed to a very high level, the awareness and behavior of prevention and control have reached a peak, and high negative sentiment has spread in society. After the epidemic situation gradually became clear, the public's concern and negative emotions all declined. The sense of security, optimism, social confidence, and positive emotions gradually increased. The public's attention to the epidemic turned from the inside to the outside, and the transparency of the epidemic information became more approved.

Keywords: Epidemic Prevention and Control; Social Mentality; Risk Perception; Social Emotion

Abstract: The study of social mentality on COVID −19 aimed to explore people attention on COVID −19, which included personal attention, around people's attention, attention on oversea COVID −19. Based on the analysis of data from Social Mentality Survey on COVID −19 (2020), the current living city of 39830 participants was collected and recoded. The report showed the characteristic of people attention on COVID −19 among cities with different urban development level according to four-round defined data. In general, the higher the urban development level, the more the people attention on COVID −19 was.

Keywords: Social Mentality; Urban Development Level; Pay Attention to COVID −19

Abstract: Since the beginning of the year the situation of the "COVID −19" pneumonia epidemic have affected hundreds of millions of people. Heilongjiang Province is thousands of miles away from the epidemic center, but the epidemic prevention task there is still extremely challenging because of its special local culture, population composition and climatic characteristics. The government have to faces difficulties in ensuring people's livelihood during the epidemic that are different from other provinces. This report is based on the sample survey data of the social mentality of Heilongjiang Province, which is conducted by the social mentality research team of Harbin Engineering University from February to March 2020. It was found that although the people recognized the danger of the epidemic, they did not show obvious panic. There are obvious inter-group differences, and the characteristics of daily emotions that change with the progress of the epidemic during the investigation period are obvious; the trust of the people in Heilongjiang Province has always remained at a high level, which is not only reflected in people's recognition and affirmation of the governance effectiveness, it is even more reflected in the support and cooperative actions of the people in the work of grassroots communities.

Keywords: Epidemic Risk; Sense of Security; Trust; Satisfaction

Ⅳ Anti-epidemic Confidence and Social Attitudes

B.11 Research on Factors Influencing People's Confidence in Against COVID -19 Pandemic *Gao Wenjun* / 182

Abstract: During the COVID -19 pandemic, the public's social mentality is constantly changing. The current study analyzes the factors that affect people's confidence in fighting against COVID -19, to understand how to increase people's confidence and enhance the social cohesion in the outbreak of public health emergency. The data of 38380 residents come from the online survey of the "Social Mentality Survey under COVID -19 pandemic" . Results showed that public's confidence is strengthened as the epidemic gradually gains control and, and people with different demographic characteristics vary in the levels of confidence. Three factors were found to affect confidence: media trust, information communication and social mentality. Ways to increase people's confidence in anti-epidemic include: increasing people's trust in the media, especially official media and official information; reinforcing timely, open and transparent information dissemination; strengthening social psychological construction to improve people's satisfaction with life, the perception of social fairness and social trust, using positive social mentality to buffer the shock of emergencies.

Keywords: COVID -19 Pandemic; Confidence; Media Trust; Information Transparency; Social Mentality

皮 书

智库报告的主要形式
同一主题智库报告的聚合

皮书定义

皮书是对中国与世界发展状况和热点问题进行年度监测，以专业的角度、专家的视野和实证研究方法，针对某一领域或区域现状与发展态势展开分析和预测，具备前沿性、原创性、实证性、连续性、时效性等特点的公开出版物，由一系列权威研究报告组成。

皮书作者

皮书系列报告作者以国内外一流研究机构、知名高校等重点智库的研究人员为主，多为相关领域一流专家学者，他们的观点代表了当下学界对中国与世界的现实和未来最高水平的解读与分析。截至 2020 年，皮书研创机构有近千家，报告作者累计超过 7 万人。

皮书荣誉

皮书系列已成为社会科学文献出版社的著名图书品牌和中国社会科学院的知名学术品牌。2016 年皮书系列正式列入“十三五”国家重点出版规划项目；2013~2020 年，重点皮书列入中国社会科学院承担的国家哲学社会科学创新工程项目。

S 基本子库
UB DATABASE

中国社会发展数据库（下设 12 个子库）

整合国内外中国社会发展研究成果，汇聚独家统计数据、深度分析报告，涉及社会、人口、政治、教育、法律等 12 个领域，为了解中国社会发展动态、跟踪社会核心热点、分析社会发展趋势提供一站式资源搜索和数据服务。

中国经济发展数据库（下设 12 个子库）

围绕国内外中国经济发展主题研究报告、学术资讯、基础数据等资料构建，内容涵盖宏观经济、农业经济、工业经济、产业经济等 12 个重点经济领域，为实时掌控经济运行态势、把握经济发展规律、洞察经济形势、进行经济决策提供参考和依据。

中国行业发展数据库（下设 17 个子库）

以中国国民经济行业分类为依据，覆盖金融业、旅游、医疗卫生、交通运输、能源矿产等 100 多个行业，跟踪分析国民经济相关行业市场运行状况和政策导向，汇集行业发展前沿资讯，为投资、从业及各种经济决策提供理论基础和实践指导。

中国区域发展数据库（下设 6 个子库）

对中国特定区域内的经济、社会、文化等领域现状与发展情况进行深度分析和预测，研究层级至县及县以下行政区，涉及地区、区域经济体、城市、农村等不同维度，为地方经济社会宏观态势研究、发展经验研究、案例分析提供数据服务。

中国文化传媒数据库（下设 18 个子库）

汇聚文化传媒领域专家观点、热点资讯，梳理国内外中国文化发展相关学术研究成果、一手统计数据，涵盖文化产业、新闻传播、电影娱乐、文学艺术、群众文化等 18 个重点研究领域。为文化传媒研究提供相关数据、研究报告和综合分析服务。

世界经济与国际关系数据库（下设 6 个子库）

立足“皮书系列”世界经济、国际关系相关学术资源，整合世界经济、国际政治、世界文化与科技、全球性问题、国际组织与国际法、区域研究 6 大领域研究成果，为世界经济与国际关系研究提供全方位数据分析，为决策和形势研判提供参考。

法律声明